Adolf Spaniol

Der Weg zum Meisterbrief

Meisterwissen für Existenzgründer

Adolf Spaniol

Der Weg zum Meisterbrief

Meisterwissen für Existenzgründer

- Grundwissen in Wirtschaft und Recht
- Die Meistervorbereitung im Handwerk
- Prüfungsstoff und Prüfungsfragen
- Tipps und Hilfen für den Start in die Selbständigkeit

2., neu bearbeitete und erweiterte Auflage 2002
© by Hans Holzmann Verlag, Bad Wörishofen
Alle Rechte, insbesondere die der Vervielfältigung, fotomechanischen Wiedergabe und
Übersetzung nur mit Genehmigung des Verlages.
Das Werk darf weder ganz noch teilweise ohne schriftliche Genehmigung des Verlags in
irgendeiner Form (Druck, Fotokopie, Mikrofilm oder ähnliches Verfahren) gespeichert,
reproduziert oder sonst wie veröffentlicht werden.

Lektorat: Achim Sacher, Holzmann Buchverlag
Layout: Ilse Wagner, Holzmann Buchverlag
Satz: kaltnermedia GmbH, Bobingen
Druck: Schätzl Druck, Donauwörth

Artikel-Nr. 1720
ISBN 3-7783-0543-3

Inhaltsverzeichnis

Vorwort		8
I.	Die Meistervorbereitung	11
1.	Das sollten Sie wissen: Allgemeines zur Meistervorbereitung	11
1.1	Ziel und Inhalt der Meisterprüfung	11
1.2	Zulassungsvoraussetzungen	14
1.3	Meisterschulen und Meistervorbereitungslehrgänge	15
1.4	Förderung der Meistervorbereitung – Meister-BaföG	17
2.	Das müssen Sie wissen: Der Prüfungsstoff	21
	Ein Wort zuvor: Lernen leicht gemacht	21
2.1	Fach „Wirtschaft und Betrieb"	22
2.1.1	Wirtschaftsordnung und Wirtschaftsorganisationen	22
2.1.2	Markt und Marketinginstrumente	32
2.1.3	Personalplanung und Entlohnung	39
2.1.4	Betriebsablaufs- und Finanzplanung	45
2.2	Fach „Recht und Steuern"	55
2.2.1	Wirtschafts- und Wettbewerbsrecht	56
2.2.2	Steuern und Versicherungen	62
2.2.3	Arbeits- und Sozialrecht	82
2.2.4	Verträge und Vertragsprobleme	88
2.3	Fach „Rechnungswesen und Controlling"	107
2.3.1	Buchführung und Jahresrechnung	107
2.3.2	Kostenrechnung und Kalkulation	110
2.3.3	Erfolgsrechnung und Kennzahlen	115
3.	Tipps und Hilfen für Meisterschüler	120
3.1	Abc wirtschaftlicher Grundbegriffe	120
3.2	Prüfungsvorbereitung: Die 300 häufigsten Fragen aus der Meisterprüfung	123
3.3	Testprüfung: „So wird man Meister – A, B, C oder D?"	141

Inhaltsverzeichnis

II.	**Die Existenzgründung**	**151**
	Ein Wort zuvor: Die Qualifikation zum Unternehmer	151
1.	**Das sollten Sie wissen: Existenzgründung mit und ohne Meisterbrief**	**152**
1.1	Gründung als Einzelunternehmen	153
1.2	Gesellschaftsgründung	155
1.3	Gründung im handwerksähnlichen Gewerbe	160
2.	**Das müssen Sie wissen: Die Grundentscheidungen des Existenzgründers**	**165**
2.1	Der Beginn	165
2.1.1	Geschäftsidee und Unternehmenskonzept	165
2.2	Der Standort	166
2.2.1	Standortwahl und Betriebsgenehmigung	166
2.2.2	Betriebs- und Geschäftsstättenplanung	169
2.2.3	Betriebsübernahme und Kaufpreisermittlung	171
2.3	Die Rechtsform	175
2.3.1	Einzelunternehmen	175
2.3.2	Gesellschaft bürgerlichen Rechts	176
2.3.3	Gesellschaft mit beschränkter Haftung	176
2.4	Kapitalbedarf und Finanzierung	179
2.4.1	Ermittlung des Kapitalbedarfs	179
2.4.2	Finanzierung des Kapitalbedarfs	181
2.4.3	Umsatz- und Ertragsvorschau	189
3.	**Tipps und Hilfen für Existenzgründer**	**192**
3.1	Berechnungsschemas	192
3.1.1	Mindestgewinn	192
3.1.2	Rohgewinn	192
3.1.3	Mindestumsatz	193
3.2	Richtwerte	194
3.2.1	Durchschnittsumsätze	194
3.2.2	Rohgewinne	194

3.3	Musterverträge	196
3.3.1	GbR-Vertrag	196
3.3.2	Arbeitsvertrag	200
3.3.3	Werkvertrag	203
3.4	Behördenwegweiser	209
3.4.1	Die acht Schritte zum eigenen Betrieb	209
III.	Spezialinfos für alle Gewerke	211
1.	Das hilft Ihnen weiter: Anschriften und Webadressen	211
1.1	Fachschulen	211
1.2	Fachpresse	245
1.3	Fachmessen	249
1.4	Fachorganisationen	251

Der Autor	254
Stichwortverzeichnis	255

Vorwort

Liebe Leserinnen und Leser!

„Seinen Meister machen" ist das erstrebenswerte Ziel vieler junger Leute. Mit Recht. Meisterliche Fähigkeiten werden hoch geschätzt. Der Meisterbrief ist der Ausweis des qualifizierten Fachmanns. Meisterinnen und Meister im Handwerk genießen, wie alle Umfragen bestätigen, hohes soziales Ansehen. Der Meisterbrief stellt das am weitesten verbreitete „Diplom" im außerakademischen Bereich dar.

Mit diesem Buch möchte ich Mut machen, den Weg zum Meisterbrief zu beschreiten und den Junghandwerkern die Informationen an die Hand geben, die sie zum Erwerb des Meistertitels benötigen. Kernpunkt des Buches ist der **Prüfungsstoff** der betriebswirtschaftlichen und rechtlichen Grundkenntnisse, das von den **Prüflingen aller Gewerke** beherrscht werden muss. Zahlreiche Tipps, Hinweise und Hilfen, die zur Prüfung und zur praktischen Anwendung des Wissens gegeben werden, sollen den Meisterschülern den Weg zum Meisterbrief erleichtern und das Erlernen des Prüfungsstoffes interessant und Nutzen bringend gestalten.

Im Handwerk ist der Meisterbrief vor allem auch das Sprungbrett in die Selbstständigkeit und zum Unternehmer. Ich meine aus gutem Grund. Das Risiko eines Scheiterns im oft schweren Wellengang der Selbstständigkeit wird mit meisterlichem Können und meisterlichen Kenntnissen erheblich verringert. Auch hier zeigen die Statistiken: Die „Überlebensrate" des selbstständigen Handwerksmeisters übertrifft die der Jungunternehmer ohne Meisterbrief um ein Vielfaches.

In diesem Zusammenhang werden oft Fragen nach dem Wert oder Unwert des Meisterbriefes als generelle Gründungsvoraussetzung im Handwerk gestellt und dabei die Möglichkeiten einer Existenzgründung ohne Meisterprüfung erörtert. So hat der Gesetzgeber Möglichkeiten geschaffen, unter bestimmten Voraussetzungen auch ohne Meisterbrief im Handwerk und im handwerksähnlichen Gewerbe selbstständig zu werden. Auch hierüber wollen wir in diesem Buch Auskunft geben.

Ohne Zweifel zeigen die außerordentlich hohen Fluktuationsraten im handwerksähnlichen Gewerbe und die Schicksale vieler Existenzgründungen, nicht zuletzt auf den so genannten „Neuen Märkten", dass pures Fachwissen und Unternehmungsgeist als Startrampe für das Unternehmersein allein nicht ausreichen. In der mittelständischen Wirtschaft steht der Fachmann/die Fachfrau in der Regel selbst und höchst persönlich in der unternehmerischen Verantwortung und muss sich in allen wesentlichen Entscheidungen auf eigene Grundkenntnisse der Unternehmensführung stützen können. Dies gilt gleichermaßen für den Handwerksmeister wie für den Existenzgründer im IK-Bereich ohne Meistertitel.

Wie auch immer, mit oder ohne Nachweis einer Meisterprüfung: Die hier vorgestellten und in der Meisterprüfung nachzuweisenden betriebswirtschaftlichen und rechtlichen Kenntnisse sollte jeder Existenzgründer auf allen Märkten und in allen Branchen besitzen. **Meisterwissen** als **Allgemeinwissen eines jeden Unternehmers**. In diesem Sinne will dieses Buch eine **Handreichung für alle Existenzgründer** sein.

Mit einem guten Schatz an Allgemeinwissen in Wirtschaft und Recht, zu dem neben einem soliden Fachwissen Ideenreichtum und ein Schuss unternehmerischer Wagemut hinzukommen müssen, scheinen mir beide, der Handwerker mit bestandener Meisterprüfung und der Jungunternehmer mit dem im Selbststudium erworbenen Meisterwissen, beste Voraussetzungen zu haben, erfolgreiche Unternehmer zu werden.

Anregung und Ansporn zu diesem Buch gaben mir vor allem die zahlreichen Handwerker und Jungunternehmer, denen ich im persönlichen privaten Lebensbereich und beruflich, in den Kreishandwerkerschaften und in der Handwerkskammer des Saarlandes, begegnet bin. Mein Dank gilt den Kolleginnen und Kollegen in den Kammern, Meisterschulen, Verbänden und vielen weiteren Institutionen, denen ich wertvolle Hilfe und manch guten Rat verdanke. Meinen beiden Söhnen Thomas und Stefan ein besonders herzliches Dankeschön für die tatkräftige Unterstützung bei der Erstellung des Manuskriptes.

Weitere ausführliche Informationen und kostenlose Aktualisierungen im Internet unter www.meisterbuch.de

Im August 2002

Adolf Spaniol
und der Holzmann Buchverlag

I. Die Meistervorbereitung

1. Das sollten Sie wissen: Allgemeines zur Meistervorbereitung

1.1 Ziel und Inhalt der Meisterprüfung

In der Meisterprüfung erfolgt der Nachweis meisterlicher Fertigkeiten und Kenntnisse.

Im Handwerk (Handwerksberufe: siehe Seite 155 ff.), in dem fast 90 % aller Meisterprüfungen abgelegt werden, ist die Meisterprüfung nicht nur Nachweis einer besonderen beruflichen Qualifikation. Sie stellt die Grundlage und die gesetzliche Voraussetzung dar, selbstständig den Beruf ausüben zu dürfen, d. h., einen eigenen Betrieb gründen zu können. Entsprechend sieht auch die Handwerksordnung vor, dass „durch die Meisterprüfung festzustellen ist, dass der Prüfling einen Handwerksbetrieb selbstständig führen kann".

In der Industrie und in sonstigen gewerblichen Berufen wird der Meistertitel auch ohne Meisterprüfung getragen. Er ist dort ein rein innerbetrieblicher Qualifikationsausweis und weist den „Meister" als Person mit bestimmten innerbetrieblichen Aufsichts- oder Führungsaufgaben aus (sog. Statusmeister).

Meisterprüfungen in Handwerk, Industrie und Landwirtschaft

BERUFSGRUPPE/BERUF	TEILNEHMER	BESTANDEN
Handwerk	32.135	89,6 %
davon Bau und Ausbau	7.065	87,4 %
darunter • Maurer und Betonbauer • Zimmerer • Fliesen-, Platten- und Mosaikleger • Maler und Lackierer	1.508 1.030 635 1.703	89,4 % 89,3 % 89,8 % 86,9 %
davon Elektro und Metall	15.297	89,2 %
darunter • Metallbauer • Feinwerkmechaniker • Kraftfahrzeugtechniker	1.197 1.478 3.970	91,1 % 93,4 % 91,2 %

1. Das sollten Sie wissen: Allgemeines zur Meistervorbereitung

• Installateur und Heizungsbauer	2.759	87,9 %
• Elektrotechniker	4.075	85,0 %
davon Holz	2.532	89,9 %
darunter • Tischler	2.264	89,6 %
davon Bekleidung, Textil, Leder	542	95,6 %
darunter • Damen- und Herrenschneider • Raumausstatter	188 255	96,3 % 94,9 %
davon Nahrungsmittel	1.624	95,3 %
darunter • Bäcker • Konditor • Fleischer	631 204 715	90,8 % 95,1 % 98,7 %
davon Gesundheit, Körperpflege, Reinigung	4.461	90,9 %
darunter • Friseur	2.645	92,3 %
davon Glas, Papier, keramische und sonstige Handwerke	614	93,6 %
darunter • Glaser	163	89,6 %
Industrie	10.555	83,8 %
Landwirtschaft	2.152	83,1 %
INSGESAMT	**44.842**	**87,9 %**

(Quelle: Statistisches Bundesamt und Zentralverband des Deutschen Handwerks; Erhebungsjahr 2000)

1.1 Ziel und Inhalt der Meisterprüfung

Die Meisterprüfung besteht im Handwerk im Regelfall aus 4 Teilen:
- Praktische Prüfung (Teil I)
- Fachtheoretische Prüfung (Teil II)
- Prüfung der betriebswirtschaftlichen, kaufmännischen und rechtlichen Kenntnisse (Teil III) und
- Prüfung der berufs- und arbeitspädagogischen Kenntnisse (Teil IV).

Die Prüfungsinhalte bestehen danach aus berufsbezogenen und berufsübergreifenden Teilen.

Der Meisterprüfungskandidat muss zum einen seine beruflichen Fertigkeiten, d. h. seine Fachpraxis, nachweisen. Dies geschieht vor allem durch praktisches Arbeiten (Projektarbeit) und einem darauf bezogenen Fachgespräch. In einem zweiten berufsbezogenen Teil müssen auch theoretische Kenntnisse nachgewiesen werden (Fachtheorie).

Für alle Berufe gibt es einen gemeinsamen und in den Prüfungsanforderungen gleichen Prüfungsteil: „Die Prüfung der betriebswirtschaftlichen, kaufmännischen und rechtlichen Kenntnisse." Dieser berufsübergreifende dritte Teil der Meisterprüfung ist Gegenstand dieses Buches.

Der Prüfungsstoff des **Teil III der Meisterprüfung** besteht aus den Fächern:

- **Grundlagen wirtschaftlichen Handelns im Betrieb**
  („Wirtschaft und Betrieb", Seite 22 ff. sowie „Existenzgründung", Seite 151 ff.),

- **Rechtliche und steuerliche Grundlagen**
  („Recht und Steuern", Seite 55 ff.) und

- **Grundlagen des Rechnungswesens und Controllings**
  („Rechnungswesen und Controlling", Seite 107 ff.)

Wir haben den Prüfungsstoff, insoweit er spezielle Fragen der Existenzgründung betrifft, in einem besonderen Kapitel zusammengefasst und um wertvolle Tipps aus der Praxis für die einzelnen Schritte zur Selbstständigkeit angereichert (Seite 192 ff.).

Letztlich ist im Handwerk außer in der Fachpraxis, in der Fachtheorie und im kaufmännisch-rechtlichen Prüfungsteil noch in einem weiteren, vierten Teil der Nachweis berufs- und arbeitspädagogischer Kenntnisse zu erbringen.

Im Handwerk wird danach der Meisterbrief nur an denjenigen vergeben, der auch diese Kenntnisse nachweist. Jeder Handwerksmeister und jede Handwerksmeisterin ist damit grundsätzlich auch berechtigt, Lehrlinge auszubilden. Die berufs- und arbeitspädagogischen Kenntnisse können in einem besonderen Prüfungsteil im Rahmen der handwerklichen Meisterprüfung oder durch den erfolgreichen Abschluss einer Ausbildereignungsprüfung, wie sie auch vor den Industrie- und Handelskammern abgelegt werden, nachgewiesen werden.

In der Industrie und in sonstigen gewerblichen Berufen umfasst die Meisterprüfung meistens gleichfalls die oben genannten Prüfungsteile.

Alle Prüfungsteile der Meisterprüfung im Handwerk können völlig unabhängig voneinander, d. h. in beliebiger Reihenfolge und zeitlich nacheinander, abgelegt werden. Die Prüfungen können auch vor verschiedenen Prüfungskommissionen, d. h. in verschiedenen Handwerkskammerbezirken, abgenommen werden.

Für die Teile III und IV sind in allen Kammerbezirken regelmäßig zwei Prüfungstermine im Jahr angesetzt. In den fachbezogenen Teilen I und II werden nicht immer für alle Berufe in allen Bezirken jährlich Prüfungen durchgeführt. Insbesondere in Berufen, die seltener sind, empfiehlt sich eine Rücksprache bei der jeweiligen Handwerkskammer.

Im Teil III wird die Prüfung schriftlich durchgeführt. Die Prüfung ist auf Antrag des Prüflings oder nach Ermessen des Prüfungsausschusses durch eine mündliche Prüfung zu ergänzen, wenn diese das Bestehen der Meisterprüfung ermöglicht (Ergänzungsprüfung). Jeder Prüfungsteil kann dreimal wiederholt werden.

Die schriftlichen Prüfungen gehen in der Regel über eine Dauer von höchstens 5 Stunden. Sie werden z. T. in Form programmierter Prüfungsfragen durchgeführt.

Nach jedem Prüfungsteil wird der Prüfling über das Ergebnis der Prüfung unverzüglich durch schriftlichen Bescheid, aus dem die jeweilige Note hervorgeht, informiert. Über das Bestehen der Meisterprüfung insgesamt wird vom zuletzt tätig gewordenen, fachlich zuständigen Prüfungsausschuss ein Zeugnis ausgestellt. Aus diesem Zeugnis gehen die in den Prüfungsteilen erzielten Noten sowie etwaige Befreiungen von Prüfungsteilen hervor.

Die Handwerkskammern erstellen darüber hinaus einen Meisterbrief. Er beurkundet gleichfalls das Prüfungsergebnis, jedoch ohne Angabe der Prüfungsnoten.

Wer die Meisterprüfung bestanden hat, ist berechtigt den Meistertitel zu führen. Der Meistertitel ist gesetzlich geschützt.

1.2 Zulassungsvoraussetzungen für die Meisterprüfung

Als Regelvoraussetzung gilt im Handwerk, dass zur Meisterprüfung zugelassen wird,
- wer eine Gesellenprüfung oder eine entsprechende Abschlussprüfung in einem anerkannten Ausbildungsberuf bestanden hat und
- in dem Handwerk, in dem er die Meisterprüfung ablegen will, oder in einem verwandten Handwerk (vgl. Seite 155) eine mehrjährige Tätigkeit nachweisen kann; die nachzuweisende Berufstätigkeit beträgt in der Regel 3 Jahre.

Der erfolgreiche Abschluss einer einjährigen Fachschule wird mit einem Jahr, der Abschluss einer mehrjährigen Fachschule mit zwei Jahren auf die Berufstätigkeit angerechnet.

Eine außerhalb des Handwerks ausgeübte vergleichbare Tätigkeit, z. B. in der Industrie, kann angerechnet werden. Prüflinge, die eine andere staatliche oder staatlich anerkannte Prüfung mit Erfolgt abgelegt haben, werden auf Antrag von einzelnen Teilen der Prüfung befreit, wenn bei dieser Prüfung mindestens die gleichen Anforderungen gestellt werden wie in der Meisterprüfung. So befreit regelmäßig auch eine außerhalb des Handwerks abgelegte Ausbildereignungsprüfung von Teil IV der Meisterprüfung im Handwerk.

Der Nachweis des Besuches einer Meisterschule oder eines Meistervorbereitungslehrgangs ist nicht Voraussetzung, um zur Prüfung zugelassen zu werden.

Über die Zulassung entscheidet bei einer Meisterprüfung im Handwerk ein staatlicher Prüfungsausschuss, dessen Geschäftsführung bei der Handwerkskammer (Meisterprüfungsabteilung) liegt. Sie führt die Vorprüfung der Anträge durch.

Für das Bestehen eines jeden Prüfungsteils wird ein Teilzeugnis ausgestellt. Nach Ablegen des letzten Prüfungsteils wird das Meisterprüfungszeugnis von dem fachlich zuständigen Meisterprüfungsausschuss (Ausschuss für Teile I und II) ausgestellt. Die Handwerkskammer stellt nach Bestehen der Meisterprüfung den Meisterbrief aus.

1.3 Meisterschulen und Meistervorbereitungslehrgänge

Eine intensive und gezielte Meistervorbereitung kann in zweifacher Form durchgeführt werden:
- im Vollzeitunterricht, d. h. in Ganztagsschulen (Meisterschulen), oder
- in Teilzeitform, d. h. in Abend- oder Wochenendlehrgängen.

Obwohl nicht Voraussetzung, um zur Meisterprüfung zugelassen zu werden, ist der Besuch einer Meisterschule oder von Meistervorbereitungslehrgängen dringend zu empfehlen. Vor Beginn der Meistervorbereitung sollte aber geklärt sein, dass die o. a. allgemeinen Voraussetzungen eine Zulassung ermöglichen. Art und Ort der Vorbereitung richten sich nach den persönlichen und beruflichen Verhältnissen des Einzelnen und dem aktuellen Angebot an Vorbereitungsmöglichkeiten. Mit der Entscheidung für eine bestimmte Vorbereitungsmaßnahme liegt in der Regel auch die Entscheidung fest, vor welchem Prüfungsausschuss die Prüfung abgenommen wird. Zwischen dem Träger der Bildungsmaßnahme und den örtlich zuständigen Prüfungsausschüssen besteht meist eine enge Zusammenarbeit, die einen reibungslosen Übergang von Unterrichtsabschluss und Prüfungsdurchführung gewährleistet.

1. Das sollten Sie wissen: Allgemeines zur Meistervorbereitung

Meisterschulen

Eine geschlossene Meistervorbereitung im Vollzeitunterricht mit allen fachlichen und überfachlichen Teilen bieten Meisterschulen an.

Meisterschulen sind für jeden Berufszweig in der Regel mehrfach im gesamten Bundesgebiet zu finden (Anschriften der Meisterschulen siehe Seite 211 ff.). Hierbei handelt es sich um Fachschulen, die in privater Trägerschaft stehen, von den jeweiligen Berufsverbänden getragen oder – vor allem im süddeutschen Raum – in staatlicher oder kommunaler Trägerschaft stehen. Auch Handwerkskammern bieten in eigenen Meisterschulen Ganztageslehrgänge an.

In Vollzeitform kann die Vorbereitung in kürzester Zeit abgeschlossen werden. In einigen Schulen ist dies in 3 bis 4 Monaten möglich. Im Regelfall sind jedoch für die Meistervorbereitung bis zur Prüfung auch bei ganztägigem Unterricht zwei Semester (1 Jahr) anzusetzen. Mit dem Besuch einer Meisterschule lassen sich weitere Fortbildungsaktivitäten verbinden, wie die Teilnahme an Speziallehrgängen, an interessanten Fachveranstaltungen oder Besuche von Fachmessen, die regelmäßig von den Schulen organisiert werden.

Meister-Tipp: Wahl der Meisterschule

Treffen Sie die Wahl der Meisterschule mit Bedacht!

Nicht nur Schulgebühren und die sonstigen auf Sie zukommenden Kosten sind von Schule zu Schule und von Ort zu Ort recht unterschiedlich. Auch die Qualität der Meistervorbereitung ist trotz einheitlicher Rahmenlehrpläne nicht überall die gleiche.

Vor allem, wenn Sie sich selbstständig machen wollen, sollten Sie bedenken, dass Ihnen eine gute Meisterschule neben einer soliden Grundlage an Wissen auch neue Einblicke in Ihre Berufswelt verschaffen kann. In Meisterschulen werden nicht selten persönliche und berufliche Kontakte geschaffen, die Ihnen später von Nutzen sein können. Hören Sie sich unter Kollegen um, die bereits eine Meisterschule besucht haben. Fragen Sie den Existenzgründungsberater der Handwerkskammer (hier werden neben Meistervorbereitungslehrgängen auch spezielle Existenzgründungsseminare durchgeführt!) und sammeln Sie Informationsmaterial über die Meisterschulen Ihres Faches. Die Anschriften mit den Internetadressen finden Sie hierzu auf Seite 211 ff.

Meistervorbereitungslehrgänge

Größter Anbieter von Abend- und Wochenendlehrgängen sind die Handwerkskammern. Sie werden aber auch von Innungen, Kreishandwerkerschaften, einigen Meisterschulen und privaten Trägern angeboten. Hier werden die einzelnen Teile der Meistervorbereitung und Meisterprüfung getrennt und zeitversetzt durchgeführt. Die Vorbereitung in Teilzeitform erfordert einen längeren Zeitaufwand. Allerdings kann die Berufstätigkeit fortgesetzt werden und es entstehen keine Verdienstausfälle.

Zeit- und Kostenaufwand

Als Gesamtzeitaufwand für die Vorbereitung in den fachlichen und überfachlichen Lehrgangsteilen ist von mindestens 1.200 Stunden auszugehen – und damit bei der berufsbegleitenden Form von einem Zeitraum von 3 bis 4 Jahren. Der nicht berufsbezogene Lehrgang des Teils III, der normalerweise als Einstieg gewählt wird, dauert ca. 240 Stunden. Hierbei entfällt annähernd die Hälfte der Zeit auf einen umfangreichen Lern- und Übungsteil im Fach „Rechnungswesen und Controlling". Zu diesem Stoff bieten die Kammern oft Vor- oder Zusatzkurse an, um den Prüfungskandidaten vor der eigentlichen Meistervorbereitung mit den Grundrechenarten und Rechentechniken nochmals vertraut zu machen.

Für die Meistervorbereitung in einer Meisterschule oder in Lehrgängen entstehen nicht unerhebliche Kosten.

Meisterschulen berechnen sehr unterschiedliche Unterrichtsgebühren. Es empfiehlt sich daher in jedem Fall, sich bei den in Frage kommenden Trägern nicht nur über die jeweiligen Schulungsbedingungen (Zeitrahmen, frühestmöglicher Schulungsbeginn u. a.), sondern vor allem auch über die anfallenden Gebühren genau zu erkundigen. Die Arbeitsämter können hierüber meist schon erste Auskünfte erteilen.

Die Unterrichtsgebühren für die gesamte Meisterausbildung reichen von ca. 500,- € bis zu nicht selten mehr als 3.000,- €. Hinzu kommen Kosten für Lernmittel und für die Praxislehrgänge gegebenenfalls Materialkosten. Bei dem auswärtigen Besuch einer Meisterschule sind auch Unterbringungskosten zu berücksichtigen.

An Gesamtkosten fallen alles in allem – je nach Schule und Vorbereitungsart – meist zwischen 5.000,- bis 10.000,- € an. Dieser Rahmen kann bei auswärtiger Unterbringung noch überschritten werden.

1.4 Förderung der Meistervorbereitung – Meister-BaföG

Handwerker, die sich auf die Prüfung zum Meister und andere Fortbildungsabschlüsse im Handwerk vorbereiten, können Meister-BaföG beantragen. Voraussetzung ist eine nach der Handwerksordnung (HwO) oder dem Berufsbildungsgesetz (BBiG) anerkannte

1. Das sollten Sie wissen: Allgemeines zur Meistervorbereitung

abgeschlossene Erstausbildung oder ein vergleichbarer Berufsabschluss. Bürger aus Nicht-EU-Staaten, die in Deutschland leben und arbeiten, können nach dreijähriger Erwerbstätigkeit Meister-BaföG beantragen.

Förderfähige Maßnahmen

Gefördert werden sowohl die Kosten für die im Rahmen der Fortbildung anfallenden Maßnahmen (Maßnahmebeitrag) in Form eines Darlehens und eines Zuschusses als auch die Kosten für den Unterhalt (Unterhaltungsbeitrag) in Form eines Darlehens.
- Vorbereitungskurse auf die Meisterprüfung
- Fortbildung für anerkannte Fortbildungsabschlüsse, z. B. Betriebswirt/in (HWK)
- Zweitfortbildung, wenn z. B. im ersten Beruf aus wichtigem Grund nicht mehr gearbeitet werden kann
- mediengestützte Fortbildung.

Die Maßnahme muss mindestens 400 Unterrichtsstunden umfassen, bei Maßnahmeabschnitten ist die Gesamtdauer aller Abschnitte maßgebend.

Bei **Vollzeitmaßnahmen** müssen in der Regel Lehrveranstaltungen wöchentlich an vier Werktagen mit mindestens 25 Unterrichtsstunden stattfinden. Vollzeitfortbildungen dürfen insgesamt nicht länger als drei Jahre dauern.

Bei **Teilzeitmaßnahmen** müssen die Lehrveranstaltungen innerhalb von acht Monaten mindestens 150 Unterrichtsstunden umfassen. Teilzeitmaßnahmen dürfen insgesamt nicht länger als vier Jahre dauern.

Umfang der Förderung

Die Gesamtsumme der Förderung wird für jeden Antragsteller individuell berechnet.
- **Lehrgangs- und Prüfungsgebühren** bis zu 10.226,- €
- **Kosten für das Meisterstück** bis zu 1.534,- €

Bei **Vollzeitmaßnahmen** wird ein Unterhaltsbeitrag gewährt. Er beträgt monatlich bis
- 614,- € für Alleinstehende ohne Kind,
- 215,- € für Ehepartner/in
- 179,- € für jedes Kind.

Die Höhe des Unterhaltsbeitrages ist abhängig vom Einkommen und Vermögen des Teilnehmers und dem Einkommen des Ehegatten. Einkommen und Vermögen der Eltern bleiben außer Betracht.

Förderungsart (Zuschuss/Darlehen)

- 35 % des gesamten Maßnahmebeitrags werden als rückzahlungsfreier Zuschuss gewährt, 65 % als Darlehen.
- Das Darlehen ist zins- und tilgungsfrei längstens bis sechs Jahre ab Maßnahmebeginn.
- In Härtefällen wird das Darlehen für Alleinerziehende gestundet oder sogar erlassen.

Die Rückzahlung des Maßnahmedarlehens wird zu 75 % erlassen, wenn der/die Darlehensnehmer/in:
- innerhalb von drei Jahren nach Beendigung der Maßnahmen ein Unternehmen oder eine freiberufliche Existenz gründet oder übernimmt;
- zum Zeitpunkt der Darlehensbeantragung die Abschlussprüfung bestanden hat;
- dieses Unternehmen oder diese berufliche Existenz mindestens ein Jahr führt;
- spätestens am Ende des dritten Jahres nach der Existenzgründung mindestens zwei Personen zum Zeitpunkt der Antragstellung für die Dauer von mindestens vier Monaten sozialversicherungspflichtig beschäftigt hat, von denen zumindest eine Person nicht nur geringfügig (325,- €/mtl.) beschäftigt ist.

Antragsstellung und Beratung für die BaföG-Förderung

Bundesland	Antragstellung bei:
Brandenburg, Mecklenburg-Vorpommern, Rheinland-Pfalz, Sachsen-Anhalt	Kommunale Ämter für Ausbildungsförderung bei den Kreisen und kreisfreien Städten
Baden-Württemberg	Landeshauptstadt Stuttgart und Landratsämter
Bayern	Landratsämter
Berlin	Bezirksämter Lichtenberg und Charlottenburg
Bremen	Senator für Arbeit, Frauen, Jugend, Gesundheit und Soziales
Hamburg	Handwerkskammer
Hessen	Ämter für Ausbildungsförderung bei den Studentenwerken
Niedersachsen	Bezirksregierung Hannover
Nordrhein-Westfalen	Bezirksregierung Köln, Sitz Aachen

1. Das sollten Sie wissen: Allgemeines zur Meistervorbereitung

Saarland	Ämter für Ausbildungsförderung bei den Landratsämtern
Sachsen	Landesamt für Ausbildungsförderung
Schleswig-Holstein	Investitionsbank
Thüringen	Landesverwaltungsamt
Informationen auch bei allen Handwerkskammern und im Internet unter: www.meister-bafoeg.info	

Sonstige Förderung

In einzelnen Bundesländern gibt es finanzielle Förderprogramme zur beruflichen Fortbildung, die auf eine anschließende Existenzgründung ausgerichtet sind.

Besondere Leistungen werden mit Auszeichnungen und Prämien gewürdigt. So erhalten in Bayern (Meisterpreis der bayerischen Staatsregierung) die besten 10 % eines Jahrganges 1.500,- €, die nächsten 10 % 1.000,- €, die nächsten 10 % 500,- €. Auskünfte erteilen die Handwerkskammern.

2. Das müssen Sie wissen: Der Prüfungsstoff

Ein Wort zuvor: Lernen leicht gemacht

Für die Meisterprüfung werden Sie ohne Zweifel eine Menge Lernstoff zu bewältigen haben. Das Lernen wird Ihnen sehr viel leichter fallen, wenn Sie bei der Lernvorbereitung und beim Lernen selbst ein paar wichtige Dinge beachten. Bevor es also ans Lesen und Lernen geht, beherzigen Sie unsere Tipps:

Der äußere Rahmen muss stimmen!

Arbeitsplatz:

- Günstig ist immer derselbe Platz zum Arbeiten!
- Halten Sie nur das zum Lernen unbedingt Notwendige am Platz bereit!
- Wechseln Sie den Platz in den Pausen!

Arbeitszeit:

- Finden Sie die für Sie günstigste Arbeitszeit zum Lernen heraus (Morgenmensch, Abendmensch)!
- Halten Sie möglichst feste Arbeitszeiten ein!

Pausen:

- Pausen sind unentbehrlich und leistungsfördernd!
- Fixieren Sie die Zeitspanne einer Pause im Vorhinein!
- Bewegen Sie sich als Ausgleich zur Lerntätigkeit!

Lesen will gelernt sein!

- Verschaffen Sie sich einen Überblick über den Lernstoff (Gliederung lesen!)
- Fragen Sie sich: Was sagen die Kapitelüberschriften? Welche Inhalte sind zu erwarten?
- Lesen Sie konzentriert und aktiv; d. h. markieren, unterstreichen, Notizen machen!
- Denken Sie nach: Wie lässt sich das Gelesene in das bisherige Wissen einbinden?
- Versuchen Sie das Gelesene frei widerzugeben. Bei Schwierigkeiten: Nachlesen und neuer Versuch!
- Gehen Sie das ganze Kapitel in Gedanken nochmals durch!
- Wiederholen Sie den Lernstoff möglichst bald! Je früher sie die Wiederholung vornehmen, desto leichter und länger behalten Sie das Gelernte!

In diesem Sinne viel Erfolg beim Lernen des nachfolgenden Prüfungsstoffes!

2.1 Fach: Wirtschaft und Betrieb

Das Verständnis für Führungsaufgaben im Unternehmen und für unternehmerische Entscheidungen erfordert einige Grundkenntnisse gesamtwirtschaftlicher Zusammenhänge. Im Folgenden sollen daher Grundlagen unserer Wirtschaftsordnung, die Bedeutung des Marktes sowie die Rolle der Wirtschaftsorganisationen und des Unternehmers in Staat und Wirtschaft erläutert werden.

2.1.1 Wirtschaftsordnung und Wirtschaftsorganisationen

Unternehmer und *Verbraucher* sind die zentralen Teilnehmer am Wirtschaftsleben. Ihre Teilnahme am Wirtschaftsprozess beruht auf folgenden Grundsachverhalten:

Alle Menschen haben Bedürfnisse. Sie benötigen die elementaren Dinge zum Leben, z. B. Nahrung, Wohnung, Kleidung. Sie haben aber auch Bedarf an nicht elementaren, kulturellen und geistigen Gütern und Dienstleistungen, z. B. Schmuck, Reisen, Bücher. Die Bedürfnisse der Verbraucher schlagen sich in der Nachfrage nach einem Gut bzw. einer Leistung nieder.

Zur Befriedigung der Nachfrage stellen die Unternehmen Waren und Dienstleistungen her und bringen sie als Angebot auf den *Markt*. Hier treffen sich Angebot und Nachfrage.

Aus der Tatsache, dass die menschlichen Bedürfnisse unbegrenzt und die Produktionsmittel i. d. R. knapp sind, erwächst die Notwendigkeit, einen Ausgleich zwischen dem vorhandenen Angebot und der Nachfrage zu schaffen. Dieser Ausgleich geschieht in der Marktwirtschaft durch die freie Vereinbarung des Preises. Die Höhe des Preises bestimmt Art und Umfang der angebotenen und nachgefragten Waren und Dienstleistungen.

Das Leitbild der freien Marktwirtschaft geht von folgenden Annahmen über wirtschaftliches Handeln aus:
- Die Unternehmer streben danach, einen möglichst hohen Gewinn (Gewinnmaximierung),
- die Verbraucher einen höchstmöglichen Nutzen zu erzielen (Nutzenmaximierung).

Als Wirtschaftssubjekte handeln Unternehmer und Verbraucher nach dem *ökonomischen Prinzip*. Es besagt, dass ein bestimmter Ertrag (Nutzen) mit möglichst geringem Aufwand (Kosten) zu erreichen bzw. bei einem gegebenen Aufwand ein möglichst hoher Ertrag zu erzielen ist (Minimalprinzip bzw. Maximalprinzip). Im Ergebnis führt die freie Marktwirtschaft unter den – idealen – Bedingungen einer vollkommenen Konkurrenz

(Wettbewerbsbedingungen) dazu, dass die knappen Produktionsmittel bestmöglich zur Befriedigung der Bedürfnisse der Verbraucher eingesetzt werden.

Anstelle des schwerfälligen Tausches ermöglicht in entwickelten Volkswirtschaften ein anerkanntes und möglichst wertbeständiges Zahlungsmittel (Geld) die Abwicklung des Ausgleichs von Angebot und Nachfrage. Geld erhält der Verbraucher als Entgelt für den Einsatz seiner Arbeitsleistung (Arbeitseinkommen) bzw. als Zinsen für seine Ersparnisse (Kapitaleinkommen). Die Einkommen der Arbeitnehmer und der Unternehmer (Gewinne) sowie die Zinsen sind die wesentlichen Bestandteile der Wertschöpfung (Sozialprodukt) in einer Volkswirtschaft. Durch die Geldausgaben (Einkommensverwendung) fließen den Unternehmen wiederum Einnahmen zu, die sie zur Finanzierung der Produkt- und Leistungserstellung benötigen.

Wirtschaftsordnung

Unter der Wirtschaftsordnung werden die wirtschaftlichen und rechtlichen Rahmenbedingungen (Wirtschaftssystem, Wirtschaftsrecht) verstanden, unter denen das Wirtschaftsleben abläuft.

Das *Wirtschaftssystem* in Deutschland ist ein marktwirtschaftliches System. Das unter der Bezeichnung *„soziale Marktwirtschaft"* praktizierte System verbindet das Prinzip der freien Marktwirtschaft mit den Grundgedanken sozialer Verantwortung. Marktwirtschaft ist gekennzeichnet durch:
- freie Konsum-, Spar- und Investitionsentscheidungen,
- freie Preisbildung,
- Wettbewerb,
- privates Eigentum,
- freie Wahl des Berufes und des Arbeitsplatzes.

In der sozialen Marktwirtschaft schafft der Staat den Rahmen, der die individuellen wirtschaftlichen Freiheitsrechte sichert und den Ausgleich von Einzel- bzw. Gruppeninteressen und Gesamtinteressen (Gemeinwohl) gewährleistet. Aufgabe des Staates ist es,
- den freien Wettbewerb zu sichern (Wettbewerbspolitik),
- soziale Sicherung zu gewährleisten (Sozialpolitik),
- größere gesamtwirtschaftliche Schwankungen zu verhindern (Konjunkturpolitik),
- bestimmte Regionen oder Wirtschaftsbereiche (Sektoren) in ihrer Entwicklung zu beeinflussen (Strukturpolitik, Mittelstandspolitik).

Wirtschaftspolitik

Die Wirtschaftsentwicklung (Wirtschaftswachstum, Branchen- und Unternehmensentwicklung) ist von den Entscheidungen der Teilnehmer am Wirtschaftsleben und den ihnen gesetzten Rahmenbedingungen abhängig. Dabei sind zum einen die binnenwirtschaftlichen (nationalen) Gegebenheiten entscheidend. Im Zeichen der Globalisierung und des zusammenwachsenden europäischen Wirtschaftsraumes (EU, EURO-Land) wird die Wirtschaftsentwicklung in Deutschland zum anderen aber auch durch die wirtschafts- und finanzpolitischen Entscheidungen der Europäischen Union und anderer wichtiger Handelspartner beeinflusst.

Die Wirtschaftspolitik in Deutschland verfolgt lt. gesetzlichem Auftrag (Stabilitätsgesetz von 1967) folgende vier wichtigen Ziele:
- Preisstabilität (Vermeidung von Inflation, Sicherung des Sparkapitals),
- Wirtschaftswachstum (Steigerung des Sozialprodukts, d. h. der Summe aller in Geld bewerteten Güter und Dienstleistungen),
- außenwirtschaftliches Gleichgewicht (Vermeidung nachteiliger Auswirkungen auf andere Volkswirtschaften),
- Vollbeschäftigung (Vermeidung von Arbeitslosigkeit).

In der Praxis werden diese Ziele gleichzeitig kaum realisiert („Magisches Viereck").

Die Mittelstandspolitik ist Teil der allgemeinen Wirtschafts- und Strukturpolitik. Sie hat zum Ziel,
- größenbedingte Nachteile kleiner und mittlerer Unternehmen auszugleichen,
- die Leistungskraft bestehender kleiner und mittlerer Unternehmen zu stärken und die Gründung neuer Unternehmen zu fördern.

Die wichtigsten mittelstandspolitischen Maßnahmen sind:
- zinsgünstige öffentliche Finanzierungshilfen von Bund und Land für Existenzgründer und förderungswürdige Investitionsvorhaben bestehender Betriebe (vgl. Seite 183),
- steuerpolitische Maßnahmen, z. B. Freibeträge/Freigrenzen für kleinere Betriebe (z. B. bei der Gewerbesteuer),
- Zuschüsse für Betriebsberatungen,
- Förderung der Beteiligung an Messen,
- Zuwendungen (Zuschüsse, verbilligte Darlehen) für Berufsbildungseinrichtungen und -maßnahmen.

Finanzierungshilfen werden über Banken den Unternehmen zur Verfügung gestellt. Die Zuwendungen werden den Trägern der Förderungsmaßnahmen (Kammern, Innungen, Verbänden) gewährt.

Wirtschaftsbereiche

Die Wirtschaft ist in Deutschland – wie in allen hoch entwickelten Staaten – stark arbeitsteilig organisiert. Jedes Unternehmen hat nur einen meist geringen Anteil an der Leistungserstellung in der Volkswirtschaft. Es ist in ein ganzes Geflecht von wirtschaftlichen Beziehungen eingeordnet. Die Wirtschaft gliedert man nach der Art der Leistungserstellung in Wirtschaftsbereiche. Die größten Wirtschaftsbereiche und ihre jeweiligen Merkmale:

Industrie

Gewinnung und Produktion von Gütern, hohe innerbetriebliche Arbeitsteilung und Automatisierung, i. d. R. Großunternehmen, Lieferung über Handel und Handwerk an Endverbraucher.

Handwerk

Produktion von Gütern und Dienstleistungen für den individuellen Bedarf, kleine und mittlere Unternehmen; zentrale Stellung der menschlichen Arbeitsleistung und des Unternehmers (Meisters) im Betrieb; Leistungen meist unmittelbar an den Endverbraucher.

Handel

Verteilung von Gütern (Waren) an Endverbraucher (Einzelhandel) sowie an gewerbliche Wiederveräußerer (Großhandel) bzw. Wiederverwender (Industrie, Handwerk); Einzelhandel mit großer Zahl von Betriebsformen (Warenhaus, Verbrauchermarkt, Filialunternehmen, Fachgeschäft).

Weitere wichtige Bereiche der gewerblichen Wirtschaft, die besondere Dienstleistungen erbringen, sind: Kreditwirtschaft (Banken), Versicherungswirtschaft, Verkehrswirtschaft (Verkehrsunternehmen, Speditionen), gewerbliche Dienstleistungsunternehmen des sog. Neuen Marktes (Softwareentwickler u. a.). Die freien Berufe (Steuerberater, Architekten, Ärzte u. a.) bieten gleichfalls wichtige Leistungen für die Wirtschaft und den Verbraucher an. Auch die Landwirtschaft (Produktion pflanzlicher und tierischer Erzeugnisse) stellt einen – regional mehr oder weniger bedeutsamen – Wirtschaftsbereich dar.

Handwerk

Das Handwerk erbringt Leistungen für den individuellen Bedarf. Handwerkliche Unternehmen stellen ein sehr breites und differenziertes Angebot an Erzeugnissen her. Sie sind Anbieter vielfältiger persönlicher und technischer Dienstleistungen. Die Leistungsbreite des Gesamthandwerks reicht von der Herstellung, Wartung, Reparatur über die fachkundige Beratung bis hin zum Handel mit Erzeugnissen für den gehobenen Bedarf. Die Stärke der Handwerksleistung liegt oft auch in der Verbindung von Produktion und

2. Das müssen Sie wissen: Der Prüfungsstoff

Dienstleistung. Der Tätigkeitsbereich des Handwerks zeichnet sich durch die dezentrale Leistungserstellung und die besondere Nähe zum Verbraucher aus.

Das Gesetz zur Ordnung des Handwerks (HwO) führt in seiner Anlage A die Berufe auf, die zum Handwerk zählen. Seit dem 1. April 1998 zählt das Handwerk nach einer Neufassung der Anlage A insgesamt 94 Handwerksberufe. Diese Berufe werden in sieben Handwerksgruppen gegliedert:
- Bau- und Ausbaugewerbe
- Elektro- und Metallgewerbe
- Holzgewerbe
- Bekleidungs-, Textil- und Ledergewerbe
- Nahrungsmittelgewerbe
- Gewerbe für Gesundheits- und Körperpflege sowie der chemischen und Reinigungsgewerbe
- Glas-, Papier-, keramische und sonstige Gewerke.

Handwerk in Deutschland	
Betriebe	760.000
Beschäftigte	5,9 Mio.
Umsatz	521 Mrd. €

Handwerksbranchen Gewerke	Betriebe Anzahl
Bau- und Ausbau	
Maurer und Betonbauer	48.600
Zimmerer	14.700
Dachdecker	13.700
Fliesen-, Platten- und Mosaikleger	11.800
Steinmetze und Steinbildhauer	5.600
Stukkateure	5.800
Maler und Lackierer	40.600

Elektro und Metall	
Metallbauer	32.700
Feinwerkmechaniker	2o.000
Informationstechniker	14.000
Kraftfahrzeugtechniker	58.700
Elektrotechniker	63.800
Installateur und Heizungsbauer	48.800
Gold- und Silberschmiede	4.400
Holz	
Tischler	43.600
Bekleidung	
Damen- und Herrenschneider	5.300
Schuhmacher	4.9oo
Raumausstatter	9.300
Nahrung	
Bäcker	19.300
Konditor	3.600
Fleischer	23.300
Gesundheit und Körperpflege	
Augenoptiker	9.700
Zahntechniker	8.700
Friseure	63.500

Quelle: Zentralverband des Deutschen Handwerks; Stand: 2001

2. Das müssen Sie wissen: Der Prüfungsstoff

Selbstverwaltung

Die Wirtschaft hat in Deutschland das Recht der Selbstverwaltung. Selbstverwaltung bedeutet das in der Regel ehrenamtliche Mitwirken des Bürgers (der Betriebe) bei der Erfüllung von Staatsaufgaben. Wie die Gemeinden alle Angelegenheiten der örtlichen Gemeinschaft regeln, gilt dies entsprechend für die Wirtschaftsorganisationen und berufsständischen Vertretungen (Industrie- und Handelskammern, Handwerkskammern, Innungen u. a.) für den jeweiligen Wirtschaftsbereich bzw. für ihre Berufsgruppe. Gesetze (z. B. Handwerksordnung) können den Trägern der Selbstverwaltung (Selbstverwaltungskörperschaften) Pflichtaufgaben und staatliche (hoheitliche) Aufgaben übertragen. Von wachsender Bedeutung für die Arbeit der Selbstverwaltungskörperschaften sind die freiwilligen Selbstverwaltungsangelegenheiten. Zu diesen Aufgaben zählen Fördermaßnahmen und Dienstleistungen für die Mitglieder der jeweiligen Körperschaft.

Die beiden Grundsäulen der deutschen Handwerksorganisation stellen die Handwerkskammern und die Handwerksinnungen dar. Als Selbstverwaltungsorganisationen regeln und gestalten sie die Angelegenheiten des Handwerks durch selbstständige und selbstverantwortliche Organe. Sie sind dabei unabhängig von Weisungen staatlicher Behörden.

Handwerkskammern

Die Handwerkskammer ist die Gesamtinteressenvertretung des Handwerks ihres Bezirks und fördert dessen überfachliche Belange.

Die Interessenvertretung nach außen erfolgt durch Analysen und Stellungnahmen gegenüber dem Staat und den Behörden und betrifft u. a.:
- Mitwirkung an Gesetzesinitiativen zur Schaffung handwerks- und mittelstandsgerechter Rahmenbedingungen,
- Vertretung der Interessen des Handwerks auf Landes-, Bezirks- und kommunaler Ebene, in der Bildungspolitik, Regionalpolitik, Bauleitplanung, Gewerbeflächenvorsorge, Stadt- und Dorferneuerung, Bau- und Auftragsvergabepolitik,
- Wirtschaftsbeobachtung, Konjunkturberichterstattung und Statistik,
- Öffentlichkeitsarbeit.

Im Rahmen der Handwerksförderung bietet die Handwerkskammer den Handwerkern zahlreiche Förderungsmöglichkeiten und Dienstleistungen an. Sie betreffen u. a.:
- Berufsbildung:
  Nachwuchswerbung, überbetriebliche Unterweisungsmaßnahmen, berufliche Weiterbildung, Meistervorbereitungslehrgänge, technologische, unternehmerische und gestalterische Lehrgänge
- Beratung:
  betriebswirtschaftliche und betriebstechnische Beratung, Denkmalpflegeberatung, Exportberatung, Rechtsberatung, Beratung in beruflichen Bildungsfragen

- Absatzförderung:
  Marktuntersuchungen, Mitwirkung in wirtschaftsfördernden Einrichtungen, Gemeinschaftsbeteiligung an Messen und Ausstellungen

Der Staat hat der Handwerkskammer außerdem hoheitliche Aufgaben zugewiesen, die diese im Rahmen der Selbstverwaltung erfüllt: Führung der Handwerksrolle und des Verzeichnisses des handwerksähnlichen Gewerbes, Bestellung und Vereidigung von Sachverständigen, Führung der Lehrlingsrolle, Durchführung der Gesellenprüfung, Durchführung der Meisterprüfung und sonstiger Fortbildungsprüfungen (z. B. Betriebswirt des Handwerks).

Die **Organe der Handwerkskammer** sind:
- die Vollversammlung:
  gewählte Vertreter des gesamten Handwerks in der von der HWK-Satzung festgelegten Anzahl, zwei Drittel Selbstständige und ein Drittel Gesellen;
- der Vorstand:
  Wahl des Vorstandes mit dem Präsidenten an der Spitze durch Vollversammlung;
- die Ausschüsse (z. B. Berufsbildungsausschuss).

Die Organe sind ehrenamtlich tätig. Die Geschäftsführung der Handwerkskammer erfolgt durch den Hauptgeschäftsführer und weitere hauptamtlich tätige Mitarbeiter.

Innungen

In der Innung sind die selbstständigen Handwerker (Handwerksbetriebe) des gleichen Handwerks oder solcher Handwerke, die sich fachlich und wirtschaftlich nahe stehen, zusammengeschlossen. Die Innung ist Interessenvertretung des Berufsstandes gegenüber Politik und Verwaltung. Dies erfolgt über Stellungnahmen zu Gesetzes- und Verordnungsentwürfen und über die Vertretung von Arbeitgeberinteressen in den Sozialversicherungsorganisationen und in der Arbeits- und Sozialgerichtsbarkeit. Sie ist ferner der Vertragspartner der Gewerkschaften beim Abschluss von Tarifverträgen.

Die Innung fördert ihre Mitgliedsbetriebe und den Berufsstand durch
- leistungs- und absatzfördernde Maßnahmen, d. h. durch Information und Beratung in fachlichen/technischen Fragen (z. B. VOB, VDE-Vorschriften), Rechtsfragen (Arbeits-, Wettbewerbs-, Umweltrecht u. a.);
- Weiterbildungsmaßnahmen;
- Gemeinschaftswerbung, z. B. Gemeinschaftsbeteiligung an Messen und Ausstellungen.

Die Innung wirkt bei der Durchführung von Berufsbildungsmaßnahmen (z. B. überbetriebliche Lehrgänge) und bei der Abnahme von Prüfungen durch die Handwerkskammer mit oder führt solche nach Ermächtigung durch die Handwerkskammer selbst durch.

Die **Organe der Innung** sind:
- die Innungsversammlung (Mitgliederversammlung),
- der Vorstand: Wahl des Vorstandes mit dem Obermeister an der Spitze durch Innungsversammlung,
- die Ausschüsse.

Die Organe der Innung sind ehrenamtlich tätig. Die Geschäftsführung liegt meist bei der jeweiligen *Kreishandwerkerschaft* oder bei einer eigenständigen Innungsgeschäftsstelle. In fast allen Handwerkskammerbezirken bestehen Kreishandwerkerschaften. Sie setzen sich aus den Innungen zusammen, die im Bereich der Kreishandwerkerschaft ihren Sitz haben. Neben der Geschäftsführung dieser Innungen nehmen die Kreishandwerkerschaften die Interessen des Gesamthandwerks in ihrem Bereich wahr.

Handwerkskammer und Innungen arbeiten auf Landes- und Bundesebene in ihren jeweiligen überregionalen Organisationen zusammen. Die Handwerkskammern sind auf Bundesebene im Deutschen Handwerkskammertag organisiert. Die Innungen haben sich in Landes- und Bundesfachverbänden zusammengeschlossen. Alle Fachverbände bilden die Bundesvereinigung der Fachverbände des Deutschen Handwerks. Spitzenorganisation des gesamten Handwerks in Deutschland ist der *Zentralverband des Deutschen Handwerks (ZDH)*.

Betrieb und Betriebsorganisation

Erfolg oder Misserfolg eines Unternehmens (Anmerkung: Unternehmen und Betrieb werden im Folgenden als identische Begriffe verwendet) hängen von den äußeren Rahmenbedingungen (Konjunktur- und Marktlage, Zinsniveau), vor allem aber von der persönlichen Befähigung des Unternehmers ab. Die äußeren Rahmenbedingungen sind vom Unternehmer meist nicht unmittelbar zu beeinflussen. Der Unternehmer selbst hat dagegen wichtige Grundentscheidungen für den eigenen Betrieb, wie die Wahl des Betriebsstandortes, die Rechtsformwahl und die Finanzierung, zu treffen. Eine zweckmäßige und wirtschaftliche Betriebsorganisation schließlich ist die Basis dafür, dass das Unternehmen erfolgreich arbeiten kann.

Der jeweilige konkrete *Organisationsaufbau* eines Betriebes ist abhängig von der Branche der Art der Leistungserstellung (Leistungs- bzw. Produktionsstruktur) und der Betriebsgröße (Möglichkeit der Zusammenfassung bzw. Delegation von Aufgaben). Trotz dieser unterschiedlichen Voraussetzungen sind in den Unternehmen meist zumindest drei Organisationsbereiche erkennbar:
- Auftragsbeschaffung bzw. Verkauf,
- Materialbeschaffung bzw. Einkauf und
- Produktion bzw. Leistungserstellung.

Im Handwerk und in kleinen und mittleren Betrieben ist die Betriebsorganisation durch eine besonders enge Verzahnung dieser Betriebsbereiche und eine weitreichende Zentralisierung von Führungsaufgaben beim Unternehmer gekennzeichnet. Der Verantwortungsbereich der Betriebsführung liegt in der Regel beim Unternehmer bzw. Hauptgesellschafter, der selbst die handwerksrechtlichen Voraussetzung (Meisterprüfung) und die notwendige fachliche und unternehmerische Qualifikation erfüllt. In mittleren und größeren Unternehmen werden wichtige Teilaufgaben auch einem leitenden Mitarbeiter übertragen. Seltener steht dem Unternehmer eine eigenständige Geschäftsführung (Prokurist) zur Seite.

Ein- und Verkauf stehen im Handwerk – wie im Handel – in engem Zusammenhang. Die Verantwortlichkeit für diese Betriebsbereiche liegt hierfür sehr oft beim Unternehmer selbst bzw. in der Hand eines leitenden Mitarbeiters/Partners/Partnerin. Die Produktion wird in kleinen Betrieben vom Unternehmer selbst geleitet, in mittleren und größeren Unternehmen auch von angestellten Meistern.

Neben dem formellen Organisationsaufbau besteht in der Praxis eines jeden Betriebes ein informelles, vielfach bereichs- und abteilungsübergreifendes System der Zusammenarbeit. Dieses System erweist sich gerade auch in kleineren und mittleren Betrieben als sehr effektiv. Hierzu gehören Einzelabstimmungen zwischen den Mitarbeitern, Besprechungen in Arbeitsgruppen und Betriebsversammlungen.

Der Unternehmer, vor allem aber auch der Existenzgründer, muss beim Aufbau und Ausbau seines Betriebes eine Vorstellung davon haben, wie sich sein Unternehmen in Zukunft entwickeln soll, welche Kundengruppen er vornehmlich ansprechen will und wie sein Leistungsangebot aussehen soll. Er muss also ein Unternehmenskonzept (siehe Seite 165) haben und sich konkrete Ziele setzten.

Die grundlegenden **Betriebsführungsaufgaben** des Unternehmers bestehen im
- Planen, d. h. Zielvorstellungen erarbeiten und Ziele vorgeben, hierfür die notwendigen Informationen beschaffen, Alternativen erarbeiten und entscheiden.
- Organisieren, d. h. mit einer zielentsprechenden Betriebsaufbau- und Betriebsablaufplanung die Grundlagen dafür legen, dass die aufgestellten Zielvorgaben bestmöglich erreicht werden.
- Kontrollieren, d. h. die Einhaltung der Zielvorgaben und Zielvereinbarungen mit den Mitarbeitern überprüfen, Gründe für Zielabweichungen erkunden und erforderlichenfalls Korrekturen von Planung und Organisation veranlassen.

Bei diesen Aufgaben können ihm folgende Grundgedanken, aus denen sich wichtige Organisationsgrundsätze ableiten lassen, behilflich sein:
- Verantwortlichkeit:
  Die Aufgabenbereiche (Zuständigkeit) der Betriebsabteilungen, Stellen und

Mitarbeiter sind klar und eindeutig festzulegen. Dabei müssen Kompetenz (Rechte, Befugnisse) und Verantwortung (Pflichten, Risiken) im Einklang stehen. Für einfache und gleichartige Vorgänge sind generelle Regelungen vorzusehen. Leitende Aufgaben erfordern größeren Freiraum für Einzelentscheidungen und Ermessensspielräume. Eine besonders leistungsbezogene Denkweise wird mit der Einführung von Profit-Center, d. h. der Verselbstständigung von Betriebsteilen, erzielt. Meist wird im Kleinbetrieb schon mit einer Kostenrechnung, die die Deckungsbeiträge sämtlicher Betriebsbereiche (siehe Seite 113) feststellt, dem Grundgedanken der Leistungs- und Kostenverantwortung ausreichend Rechnung getragen.

- Flexibilität:
  Planung und Organisation müssen flexibel sein und auf Veränderungen der Marktsituation und neue technische Entwicklungen schnell reagieren können. Mit Hilfe der Organisationsentwicklung (OE) werden Probleme bei der Einführung von Neuerungen im Unternehmen bewältigt. Grundgedanke der OE ist, dass die Einführung von neuen Techniken ein Lernprozess ist, der gesteuert werden muss. Ein PC kann z. B. nicht einfach an den Arbeitsplatz gestellt werden, in der Erwartung, alles werde schon reibungslos funktionieren. Vor Einführung von wesentlichen Neuerungen sind immer auch die Auswirkungen auf die gegebenen Organisationsstrukturen und den Betriebsablauf insgesamt hin zu überprüfen.

- Wirtschaftlichkeit:
  Organisation und Planung müssen den Regeln der Wirtschaftlichkeit entsprechen (ökonomisches Prinzip). Der organisatorische Aufwand muss in einem vertretbaren Verhältnis zu dem angestrebten Ergebnis stehen. Ungeordnete und unkontrollierte Betriebsabläufe (Unterorganisation) sind ebenso zu vermeiden wie Aufblähung und zu große Regelungsdichte (Überorganisation). Aufgabe der Betriebsleitung ist es, das *organisatorische Optimum* zu finden.

2.1.2 Markt und Marketinginstrumente

Der Handwerksmeister wird in hohem Maße dadurch beansprucht, dass er für einen ordnungsgemäßen Geschäfts- und Betriebsablauf sorgen muss und in der Regel noch in die Werkstattarbeit selbst eingebunden ist. Für Fragen von grundsätzlicher unternehmenspolitischer Bedeutung, die über den handwerklich-technischen Bereich hinausgehen, bleibt meist viel zu wenig Zeit. Hierzu gehören vor allem der Blick auf den Markt und die Abschätzung der zukünftigen Marktentwicklung. Davon aber, dass der Betrieb seine Erzeugnisse oder seine Dienstleistungen absetzen kann und sich auch gegenüber veränderten Marktbedingungen behaupten muss, hängt die langfristige Existenz des Betriebes ab.

Damit die betrieblichen Aktivitäten Erfolg haben und eine langfristige tragfähige Existenzgrundlage bieten, muss der Unternehmer planvoll vorgehen und seine unternehmenspolitischen Strategien entwickeln, Dies muss auf der Grundlage eines Konzeptes geschehen. Das Unternehmenskonzept (vgl. Seite 165) ist sozusagen das „Erfolgsprogramm" des Unternehmers und muss die Ziele und die Maßnahmen enthalten, mit denen diese Ziele erreicht werden sollen.

Wichtigster Bestandteil und Kern eines jeden Unternehmenskonzeptes ist das Marketingkonzept.

Marketing

Das Marketing beruht auf folgenden Grundgedanken:

Unternehmerisches Handeln muss sich in erster Linie an Marktbedürfnissen orientieren. Aufgabe des Unternehmers ist es, Kundenwünsche zu erkennen und für das Unternehmen zu nutzen. Der Unternehmer muss sich um Kunden bemühen und seine Geschäftsbeziehungen ständig pflegen und ausbauen. Das Angebot des Unternehmens muss daher marktgerecht und die Unternehmensführung marktgerichtet sein.

Marktanalyse

Grundlage des Marketings ist die Analyse
- des Marktes (Veränderungen des Verbraucherverhaltens, technische Entwicklungen),
- der Konkurrenz (Stärken/Schwächen) und
- des eigenen Unternehmens (Stärken/Schwächen).

Der Markt ist, wie wir gesehen haben, der Ort, an dem Angebot und Nachfrage aufeinander treffen. Hier agieren die Verbraucher und die Unternehmer. Eine Marktanalyse erfordert daher die Analyse der Verbraucher (Zielgruppenanalyse) und der konkurrierenden Unternehmer (Konkurrenzanalyse). Zu beachten ist auch, dass der Unternehmer nicht nur auf dem Absatzmarkt auftritt. Er ist nicht nur Verkäufer, sondern auch Einkäufer für Material, Waren, Dienstleistungen u. a. m. Die Beschaffungsseite ist deshalb auch Teil der Marketingstrategie des Unternehmens. Die Marketinganstrengungen des Unternehmers sind demzufolge spiegelbildlich auf den Einkauf zu übertragen.

Marktanalyse heißt in erster Linie: Informationen sammeln. Vornehmlich das Beratungs- und Verkaufsgespräch dient dem Handwerker dazu, Änderungen im Kundenverhalten und damit Marktveränderungen festzustellen. Ein Blick für allmähliche Veränderungen ist hierbei ebenso erforderlich wie das frühe Erkennen von Marktlücken. Wichtige Informationsquellen sind neben dem Kundengespräch Fachzeitschriften (siehe Seite 245), Fachmessen (siehe Seite 249), sonstige Branchenveranstaltungen, Anzeigenblätter sowie regionale und überregionale Tageszeitungen.

Für die Marktanalyse und zur Beurteilung des Kaufverhaltens von Privatkunden sind v. a. folgende Merkmale wichtig: Geschlecht, Alter, Beruf, Einkommensverhältnisse. Bei gewerblichen Kunden sind Informationen über Marktstellung, Umsatz und Auftragsvolumen der in Frage kommenden Leistungen sowie über ihre Bonität von großer Bedeutung. Bei der Konkurrenzanalyse sind die Stärken und Schwächen der Mitwettbewerber zu ermitteln. Oft stehen hierfür nur mehr oder weniger lückenhafte Eigenbeobachtungen zur Verfügung. Ergänzend müssen daher Informationen über Branchenkundige und soweit wie möglich auch über Kundenbefragungen herangezogen werden.

Bei der Zielgruppenanalyse ist die Frage zu stellen: *„Wer kann mein Erzeugnis/meine Dienstleistung kaufen bzw. in Anspruch nehmen?"* Es muss also ein möglichst genaues Bild von den potenziellen Kunden erstellt werden. Jede Zielgruppenanalyse beruht auf mehr oder weniger fundierten Annahmen. Es sind deshalb möglichst viele Quellen heranzuziehen, um zuverlässige Informationen zu erhalten. Vor allem Handwerkskammern und Industrie- und Handelskammern können hier wertvolle Hilfe leisten. Sie verfügen über gute Kenntnisse der regionalen Märkte.

Professionelle Marktanalysen sind für Kleinunternehmer meist nicht erschwinglich. Bei der Existenzgründung und vor wichtigen absatzpolitischen Entscheidungen ist eine gezielte und systematische Marktanalyse jedoch unverzichtbar. Umfassende Marktanalysen erstellen freiberufliche Unternehmensberater. Für Kleinbetriebe übernimmt der Staat den Großteil der Kosten. Hierüber geben die Kammern Auskunft.

Auf Grundlage der Markt- und Zielgruppenanalyse sind die Marketingziele festzulegen. Diese können bestehen in einem
- Umsatzziel (Steigerung um x % des Gesamtumsatzes des Vorjahres oder des Umsatzes einer Waren-/Leistungsgruppe. Bei der Existenzgründung wird üblicherweise ein bestimmtes Umsatzziel für die ersten Jahre der Selbstständigkeit vorgegeben.).
- Imageziel (Verbesserung des äußeren Erscheinungsbildes, Verhaltensgrundsätze).

Für die Betriebspraxis ist es wichtig, sich konkrete Ziele zu setzen. Sie erhöhen die Motivation des Unternehmers und der Mitarbeiter. Sie setzen Maßstäbe, bieten die Möglichkeit der (Selbst-)Kontrolle und zeigen eventuellen Korrekturbedarf auf.

Die Aktivitäten, die erforderlich sind, um das angestrebte Ziel zu erreichen, werden als Marketinginstrumente (Absatzförderungsmaßnahmen) bezeichnet. Marketinginstrumente werden nebeneinander und koordiniert eingesetzt. Man spricht in diesem Zusammenhang vom Marketingmix.

Marketinginstrumente

Produkt- und Sortimentspolitik

Ausgangspunkt aller Marketingüberlegungen ist das Produkt bzw. die Dienstleistung sowie das Leistungsprogramm (Sortiment) des Unternehmens. Sie müssen im Sinne einer

zielgerechten Marketingstrategie nachfragegerecht gestaltet werden. Das Produkt- und Leistungsprogramm wird naturgemäß zuerst aus fachlicher Sicht und branchenbezogen zu beurteilen sein. Dennoch lässt sich für alle Handwerkszweige die Feststellung treffen: Der Kunde, der einen Handwerksbetrieb aufsucht, wird besonderen Wert legen auf:
- Qualität („Meisterleistung" in Funktion, Verarbeitung und Gestaltung),
- Individualität („Maßarbeit", Spezialitäten, Problemlösungen) und
- Aktualität („Marktlücke", bessere Technik, neue Idee, Berücksichtigung von Trend und Mode).

Die marktgerechte Gestaltung des Produkt- und Leistungsprogramms ist damit das wichtigste Marketinginstrument des Handwerksbetriebes.

> **Meister-Tipp: Der Meistertitel**
>
> **In der Werbung sollte der Hinweis auf den Meistertitel des Betriebsinhabers nicht fehlen.**
>
> Trotz mancher Klagen: In Umfragen bestätigt sich immer wieder das hohe Ansehen des Handwerksmeisters in der Öffentlichkeit. Der Meistertitel ist in Deutschland ein weithin anerkannter Ausweis der fachlichen und persönlichen Leistungsfähigkeit des Handwerksunternehmers. Er ist aber zugleich auch eine Verpflichtung zur Qualitätsarbeit.

Meistertitel und sonstige Qualitätsausweise sollten als Gütesiegel in der Marketingstrategie des Handwerksbetriebes unbedingt Berücksichtigung finden. Daneben hat – ausgehend vom angelsächsischen Wirtschaftsraum, in dem die Meisterausbildung unbekannt ist – die Zertifizierung des Betriebes nach ISO 9000 bis 9004 jetzt auch in Deutschland an Bedeutung gewonnnen und wird hier vor allem im produzierenden Handwerk und bei den handwerklichen Zulieferern zur Industrie als zusätzlicher Nachweis für einen zeitgemäßen technischen und organisatorischen Qualitätsstandard eines Unternehmens gesehen.

In engem Zusammenhang mit der Produkt- und Sortimentspolitik steht der Servicegedanke bei der Erbringung einer Leistung. In den Dienstleistungshandwerken (z. B. Friseur) ist der *Kundendienst* gleichsam zu dem Produkt schlechthin geworden. Im Übrigen ist heute Kundendienst mehr denn je unverzichtbarer Teil des Marketings eines jeden Handwerksbetriebes. Kundendienst im weitesten Sinne bedeutet: Kundenbetreuung vor, bei und nach dem Kauf bzw. Geschäftsabschluss. Kundendienst heißt aus der Sicht des Kunden v. a.:
- Beratung (Unternehmerisches Ziel: Vertrauen in die Leistungsfähigkeit des Unternehmens aufbauen!)
- Service (Dem Kunden einen Zusatznutzen bieten!)
- Zuverlässigkeit (Zusagen einhalten!")

Preis- und Konditionenpolitik

Die Preispolitik hat zur Aufgabe, durch die Preisstellung die Nachfrage zu beeinflussen. Grundlage jeder Preispolitik ist zunächst einmal die Kalkulation. Der Preis muss aber auch marktgerecht sein. Preise sowie Preis- und Lieferkonditionen sind daher markt- und kostengerecht festzusetzen, d. h. Konkurrenzpreise (Wettbewerbssituation) und Kostensituation (Deckungsbeiträge, Preisuntergrenze) sind zu berücksichtigen. Man beachte auch die unterschiedliche Preisempfindlichkeit (Reaktion des Kunden auf Preisveränderungen) bei den verschiedenen Produkten und Leistungen.

Preisvergleiche sind aufgrund der Individualität einer Handwerksleistung nur eingeschränkt möglich. Diese Tatsache muss konsequent genutzt werden: Unternehmerisches Ziel muss es sein, bei Handwerksleistungen den Qualitätswettbewerb in den Vordergrund zu stellen, nicht den Preiswettbewerb.

Die Konditionengestaltung kann darüber hinaus als Mittel des Kundendienstes eingesetzt werden. Die Konditionen, zu denen die Leistungen erbracht werden und unter denen der Zahlungsverkehr abläuft, sind Teil der Vertragsgestaltung zwischen dem Unternehmen und dem Kunden. Wesentliche branchenspezifische Regelungen werden meist in „Allgemeinen Geschäftsbedingungen" (siehe Seite 91) festgehalten. In solchen AGBs und in der Einzelvereinbarung können folgenden Punkte angesprochen werden:
- Zahlungsziele und Skonti
- Rabatte
- Transport- und Frachtkostenregelung
- Transport- und Versandart
- Verpackungskosten
- Lieferfristen
- Gewährleistung
- Fristen für Beanstandungen und Mängelrügen
- Erfüllungsort
- Gerichtsstand

Beachte: Die öffentliche Ausschreibung („das billigste Angebot erhält den Zuschlag") ist die reinste Form des Preiswettbewerbs!

Kommunikations- und Werbepolitik

Mit der Kommunikationspolitik, deren wichtigster Teil die Werbung darstellt, will der Unternehmer dem Markt mitteilen (kommunizieren), dass das Unternehmen überhaupt auf dem Markt ist (Existenzgründer!), welche Produkte und Dienstleistungen es anbietet und wo die besonderen Stärken des Unternehmens liegen. Mit der Werbung soll dem Kunden vermittelt werden, welchen Nutzen oder Vorteil er von einem Produkt oder von einer Dienstleistung hat. Der Unternehmer hat sich demzufolge zuerst Klarheit über die Werbebotschaft (Werbeziel) und die Zielgruppe, die er ansprechen will, zu verschaffen. Die hieraus zu entwickelnden Werbemaßnahmen müssen planvoll und wirtschaftlich durchgeführt werden. Für die Werbeplanung können die „7 W" hilfreich sein. Danach sind zu beachten das:

1. Warum? → Werbeziel
2. Wer? → Zielgruppe
3. Womit? → Werbemittel
4. Wann? → zeitlicher Einsatz
5. Wo? → räumlicher Einsatz
6. Was? → Informationsgehalt
7. Wie? → Form und Stil

Klarheit über das Werbeziel und die anzusprechenden Zielgruppen bildet die wichtigste Grundlage der Werbeplanung.

Werbeziele

Werbeziele können sein:
- Bisherige Kunden erhalten (Stammkunden ansprechen).
- Neue Kunden gewinnen (im Besonderen bei Neugründung und Betriebserweiterung).
- Bedürfnisse wecken (Verhaltens- und Geschmacksänderungen nutzen); neuartige Leistungen einführen (Informieren).

Zielgruppen

Es sind zu berücksichtigen:
- Absatzgebiet (Ortschaft, Gemeinde, Kreis, Land) und Kundenzahl,
- Kundenstruktur (Alter, Einkommen und Kaufkraft, soziale und berufliche Stellung u. Ä.).

Die möglichst exakte Bestimmung der Zielgruppe ist der wichtigste Beitrag zur Wirtschaftlichkeit einer Werbemaßnahme.

Gute *Werbemittel* für das Handwerksunternehmen sind:
- Werbebriefe
- Handzettel und Firmenprospekte
- Anzeigen
- Außenwerbung
- Bauschilder

Ein einheitliches Firmenbild in Form eines einprägsamen Schriftzuges (Firmenzeichen), das im Schriftverkehr, im Betriebs- und Vertriebsbereich eingesetzt wird, ist eine Voraussetzung für wirksame Werbung.

In der *Gemeinschaftswerbung* werben mehrere Unternehmen gemeinschaftlich. Sie wird z. B. mit dem Ziel der Nachwuchswerbung oder der Imageförderung nicht selten als Werbung für eine ganze Branche oder Berufsgruppe betrieben. Mit einer Gemeinschaftswerbung treten oft auch Unternehmen verschiedener Wirtschaftsstufen (z. B. Hersteller und Handwerker in der Kfz-Branche) am Markt auf. Auch als Standortwerbung im Zuge kommunaler Marketingmaßnahmen einer Gemeinde können Unternehmen und Gemeinden wirksam gemeinsam werben.

Weitere wichtige Instrumente der Kommunikationspolitik sind:
- *Verkaufsförderung:*
z. B. einmalige Werbeaktionen (Preisausschreiben und Gewinnspiele, Sonderverkäufe, Beteiligungen an Messen und Leistungsschauen, Tage der offenen Tür, Lichttests der Kfz-Betriebe);
- *Sponsoring und Öffentlichkeitsarbeit:*
Im Gegensatz zur Werbung und Verkaufsförderung wird hier nicht für eine bestimmte Leistung geworben und nicht die unmittelbare Umsatzsteigerung angestrebt. Man will vielmehr in der Öffentlichkeit ein positives Bild des Unternehmens erzeugen (Imagesteigerung). Dies geschieht durch Unterstützung örtlicher Vereine, karitatives und kulturelles Engagement u. a. Eine gute Öffentlichkeitsarbeit erfordert die Kontaktpflege zu den Medien, z. B. zu den Lokalredaktionen der Tageszeitung.

Vertriebspolitik

Zum Marketingkonzept gehört auch die Planung der Vertriebswege und der Vertriebsorganisation. Die Planung der Absatzorganisation (Vertrieb) setzt eine Analyse des Standortes und der anzusprechenden Zielgruppe (s. o.) voraus.

Folgende Überlegungen sind unter der Berücksichtigung der Branchenzugehörigkeit anzustellen:
- Lieferung direkt an Endverbraucher und/oder Lieferung an gewerbliche Wiederverkäufer (Großabnehmer)
- Filialisierung oder Einrichtung von Partnerläden, z. B. Bäcker/Fleischer (Ziel: Markterweiterung)
- Einschaltung von Absatzmittler (Vertreter, Architekten, Generalunternehmen); Kooperation mit anderen Betrieben und Bildung von Arbeitsgemeinschaften.

Vor allem im Handel und in der Gastronomie hat das *Franchising* Bedeutung erlangt. Bei diesem Kooperationsmodell gewährt der Franchisegeber dem Franchisenehmer gegen Entgelt eine Geschäftsidee, ein Vertriebs-, Werbe- oder Ausstattungssystem zur Nutzung. Der Franchisenehmer bleibt eigener Unternehmer und wird auf eigene Rechnung tätig. Er hat aber das Recht und die Pflicht, das „Franchisepaket" zu übernehmen. Inhalt dieses Paketes kann z. B. sein: einheitliches Marketing, Richtlinien für die Verarbeitung und den Vertrieb.

Das standardisierte und oft sehr schmale Angebot an Leistungen sowie die eingeschränkte unternehmerische Freiheit, die dieses Vertriebssystem kennzeichnen, entsprechen meist nur wenig den unternehmerischen Vorstellungen und den fachlichen Voraussetzungen im Handwerk, das auf ein individuelles und breites Produkt- und Leistungsangebot ausgerichtet ist.

Meister-Tipp: Marketingkonzept

Jedes Marketingkonzept muss von Zeit zu Zeit überprüft werden.

Dabei muss berücksichtigt werden, dass praktisch jede absatzpolitische Aktivität mit zusätzlichen Kosten verbunden ist. Das heißt, den Absatz steigernde Maßnahmen sind nur dort interessant, wo die damit verbundenen Kosten auch durch entsprechende Mehrerträge abgedeckt werden können.

Vor dem Einsatz von Marketingmaßnahmen muss daher mittels einer Deckungsbeitragsrechnung (siehe Seite 113) die mögliche Ergebnisverbesserung ermittelt werden. Hierbei kann der betriebswirtschaftliche Berater der HWK (Marketingberater) eingeschaltet werden. Marktuntersuchungen und Marketingberatung sind auch ein wichtiges Tätigkeitsfeld freiberuflicher Unternehmensberater. Hierfür entstehende Beratungskosten werden unter bestimmten Voraussetzungen vom Staat bezuschusst.

2.1.3 Personalplanung und Entlohnung

Der Personalkostenanteil macht in vielen Handwerksbetrieben fast 50 % des Umsatzes aus. Hohe Personal- und Personalnebenkosten machen die menschliche Arbeitsleistung damit zum wichtigsten Kostenfaktor im Betrieb. Aufgrund dieser hohen Arbeitsintensität vieler Klein- und Mittelbetriebe ist der Personalplanung und der Mitarbeiterführung daher große Beachtung beizumessen.

Personalentscheidungen wirken sich aber nicht nur auf die Betriebskosten aus. Der Faktor Arbeit, d. h. Arbeitseinsatz, Arbeitsorganisation und Qualität der Arbeit, beeinflussen vielmehr auch die Betriebsleistung und tragen über das Arbeitsergebnis entscheidend zum Gesamterfolg eines Unternehmens bei. Diese Seite der Personalpolitik wird in vielen Betrieben zu wenig beachtet.

Bei der Analyse von Arbeitsergebnissen lässt sich feststellen, dass diese von Faktoren beeinflusst werden, die
- beim Mitarbeiter selbst liegen (innere Voraussetzungen, Eignung), d. h. körperliche Konstitution, Begabung, Lebensalter, Ausbildung Erfahrung etc.
- in der Arbeitsumgebung liegen (äußere Voraussetzungen, Arbeitsbedingungen), d. h. Arbeitsentgelt, Arbeitsplatzgestaltung, Arbeitszeitregelung, Betriebsklima u. a.

Die Eignung für eine Aufgabe und die richtigen Arbeitsbedingungen sind damit Voraussetzungen für ein gutes Arbeitsergebnis.

Die **Aufgabe der Personalplanung** ist es daher,
- für den jeweiligen betrieblichen Aufgabenbereich (Arbeitsplatz) den geeigneten Mitarbeiter einzusetzen,
- die bestmöglichen Arbeitsbedingungen zu schaffen,
- dem Unternehmen – möglichst über Ausbildung im eigenen Betrieb – einen ausreichenden und qualifizierten Mitarbeiterstamm zu sichern und
- die Mitarbeiter gezielt weiterzubilden.

Das stets zu beachtende Wirtschaftlichkeitsprinzip macht es dabei erforderlich, dass die Personalkosten in einem angemessenen Verhältnis zum Umsatz des Unternehmens stehen. Die für viele Branchen zur Verfügung stehenden Betriebsvergleiche geben hierfür Anhaltspunkte (siehe Seite 116).

Bei der kurz- und mittelfristigen **Planung des Personalbedarfs** sind folgende Rahmenbedingungen zu berücksichtigen:
- die absehbare interne Personalentwicklung,
- die voraussichtliche langfristige Absatz- und Unternehmensentwicklung,
- die allgemeine Arbeitsmarktentwicklung und
- mögliche konjunkturelle und saisonale Nachfrage- und Auftragsschwankungen.

Beschäftigungsformen

Die Entwicklung des Arbeitsmarktes und die hohen Personalkosten haben zu einer Vielzahl von Beschäftigungsformen geführt, die den Betrieben ein hohes Maß an Flexibilität in der Personalplanung ermöglichen.

Unbefristetes Arbeitsverhältnis

Das unbefristete Arbeitsverhältnis ist die im Handwerk nach wie vor wichtigste Beschäftigungsform. Die meist hohe Bindung eines unbefristet Beschäftigten an den Betrieb ermöglicht den Aufbau eines festen Mitarbeiterstammes und bringt die Vorteile eines „eingespielten Teams". Den Kunden steht ein ständiger und bekannter Ansprechpartner zur Verfügung. Erfahrung und Kenntnis des Unternehmens stellt „Humankapital" dar, das beim Ausscheiden verloren geht. Hohe Motivation und meist hohe Einsatzbereitschaft können überdies die relativ hohe Kostenbelastung rechtfertigen, die bei diesen „Festangestellten" wegen Entgeltzahlung für Zeiten, in denen keine produktive Leistung erbracht wird (Urlaub, Krankheit) und aufgrund weiterer Soziallasten entsteht.

Befristetes Arbeitsverhältnis

Bei im Übrigen gleichen tarifvertraglichen und gesetzlichen Regelungen wie beim unbefristeten Arbeitsverhältnis besteht beim befristeten Arbeitsverhältnis die Möglichkeit, einen Arbeitnehmer ohne Kündigung für eine bestimmte Zeit zu beschäftigen. Das Arbeitsverhältnis endet mit Zeitablauf. Hiervon wird Gebrauch gemacht, wenn eine dauerhafte Beschäftigung nicht garantiert werden kann oder z. B. wegen „Babypause" eine Aushilfe notwendig wird. Die Befristung von Arbeitsverhältnissen ist jedoch nicht in allen Fällen vom Gesetzgeber erlaubt (vgl. Seite 84). Der Gesetzgeber will verhindern, dass durch den sofort nach Ablauf des Vertrages erfolgenden Abschluss eines neuen befristeten Vertrages „Kettenarbeitsverträge" entstehen und damit der Kündigungsschutz umgangen wird.

Teilzeitbeschäftigung

Sie stellt eine weitere flexible Beschäftigungsform für den Fall dar, dass vom Arbeitsumfang und von der voraussichtlichen Arbeitsauslastung her eine Vollbeschäftigung nicht möglich. Ist. Bei geringfügiger Beschäftigung, die über sog. „Schwellenwerte" für Arbeitszeitumfang und Entgelthöhe vom Gesetzgeber jährlich neu definiert wird, gelten besondere Regelungen für Lohnsteuer und Sozialversicherung (vgl. Seite 71 u. 80).

Flexible Arbeitszeit

Mit der Vereinbarung einer Jahresarbeitszeit, der am häufigsten umgesetzten Form der flexiblen Arbeitszeit, kann der Arbeitseinsatz der Beschäftigten flexibel gestaltet werden. Die Mitarbeiter erhalten hierbei ein festes monatliches Entgelt, das sich aus den durchschnittlich monatlich zu leistenden Arbeitsstunden errechnet. Bei hoher Auftragslage entfallen Überstundenzuschläge. Mehrstunden werden in diesem Fall auf einem „Zeitkonto" geparkt, das bei niedriger Auftragslage wieder abgebaut werden kann.

Freie Mitarbeit

Der Betrieb hat weiterhin die Möglichkeit, mit einem freien Mitarbeiter projektbezogen zusammenzuarbeiten. Das bringt im Vergleich zur Beschäftigung eines Arbeitnehmers eine Fixkostensenkung für den Betrieb, erhöht jedoch wegen der meist höheren Vergütung (Honorar) die variablen Kosten. Ein freier Mitarbeiter ist im Übrigen nicht weisungsgebunden und kann einen Auftrag auch ablehnen. Ist jedoch die Bindung an das auftraggebende Unternehmen sehr eng, z. B. wenn es den einzigen Kunden des freien Mitarbeiters darstellt, so stellt sich im Rahmen dieses Vertragsverhältnisses die Frage der Unternehmer- oder Arbeitnehmereigenschaft, die für die Steuer- und Sozialkostenbelastung dieses Beschäftigungsverhältnisses von Bedeutung ist. Betriebswirtschaftlich und rechtlich vergleichbar mit der Beschäftigung eines freien Mitarbeiters ist die Einschaltung eines Subunternehmers („Werkvertragsunternehmer").

Leiharbeit

Zur Überbrückung kurzfristig auftretender Personalmängel kann auch auf Leiharbeit (Personalleasing) zurückgegriffen werden. Der Arbeitnehmer erbringt seine Arbeitsleistung im Rechtssinne für den Verleiher, jedoch am Ort/an der Baustelle des entleihenden Unternehmens. Für die gewerbsmäßige Arbeitnehmerüberlassung benötigt das Verleihunternehmen eine Erlaubnis des Arbeitsamtes. Auf die Seriosität des Verleihers ist zu achten. Sowohl die Arbeitsbedingungen zwischen dem Verleiher und dem Leiharbeitnehmer wie auch der Vertrag zwischen Verleiher und dem entleihenden Unternehmen bedürfen der Schriftform.

Entlohnung

Die Entlohnung ist der wichtigste Bestandteil der Arbeitsbedingungen. Für den Arbeitnehmer kommt ihr als Einkommensquelle und Motivationsfaktor die höchste Bedeutung zu. Für das Unternehmen ist sie meist der größte Kostenfaktor.

Die Festlegung von Lohn/Gehalt hat sich zu orientieren an
- der Leistung des Arbeitnehmers (Leistungsorientierung), d. h. Einstufung nach Können, Leistungsbereitschaft, Verantwortung unter Beachtung der innerbetrieblichen Arbeits- und Leistungsstrukturen,
- der Situation auf dem Arbeitsmarkt (Arbeitsmarktorientierung), d. h. Vergleich mit anderen Betrieben zur Vermeidung von Fluktuationen und
- (Mindest-)Regelungen in Tarifverträgen.

Die wichtigsten Entgeltformen sind

Zeitlohn bzw. Festgehalt

Die Entlohnung richtet sich nach Dauer der Arbeitszeit (Stundenlohn/Monatslohn/Gehalt). Es besteht keine unmittelbare Beziehung zur Leistung, jedoch wird eine bestimmte

Leistung vorausgesetzt. Die Überstundenregelung kann wie folgt aussehen: Überstunden werden ausgezahlt, wobei etwaige tarifvertragliche Vorschriften, z. B. betreffend Überstundenzuschläge, zu beachten sind. Bei entsprechend hohem Festlohn/Gehalt kann vereinbart werden, dass eine vertraglich festgelegte Zahl von Überstunden abgedeckt wird. Es können sog. Arbeitszeitkonten eingerichtet werden. Mehrarbeit in auftragsstarken Zeiten kann durch Freizeit in auftragsschwachen Zeiten ausgeglichen werden.

Bewertung: Einfache Abrechnung für Betriebe, festes Einkommen für Arbeitnehmer, geringer Anreiz zur Leistungssteigerung, Risiko schlechter Arbeitsleistung liegt beim Betrieb.

Anwendungsgebiete: Tätigkeiten, deren Ergebnis schwer messbar bzw. mit hohen Kosten oder mit Führungsaufgaben verbunden ist.

Leistungslohn/erfolgsbezogene Bezahlung

Hierbei handelt es sich um eine Entlohnung unmittelbar nach der Leistung. Das – messbare – Ergebnis der Leistung wird vergütet. Der Leistungslohn kann als Einzelakkord oder auf der Grundlage eines Gruppenakkordes berechnet werden.

Bewertung: Kosten je Stück bzw. Arbeitsschritt sind konstant. Es besteht eine feste Kalkulationsgrundlage: Der Betrieb trägt nicht das Risiko der Minderleistung, Minderleistung geht zu Lasten des Arbeitnehmers. Großer Anreiz zur Mehrleistung.

Anwendungsgebiete: Tätigkeiten, die sich aus leicht messbaren und zerlegbaren Arbeitseinheiten (Arbeitsschritten) zusammensetzen.

Prämienlohn

Hier tritt neben einen Grundlohn (meist Zeitlohn) eine Vergütung (Prämie), die leistungsbezogen ist. Prämien können geleistet werden für Unterschreiten von Vorgabezeiten, Material- oder Energieersparnis, Einhaltung von Terminen u. a.

Neben dem eigentlichen Arbeitsentgelt gibt es eine Reihe weiterer Möglichkeiten der Entlohnung und der Anerkennung besonderer Arbeitsleistungen, wie Sonderzahlungen/-leistungen und freiwillige soziale Leistungen.

Mitarbeiterführung

Dem Personalsektor wird gerade bei kleinen und mittleren Unternehmen oft zu wenig Beachtung geschenkt, und zwar nicht nur was die Planung des Personaleinsatzes oder die betriebliche Lohn- und Gehaltspolitik angeht. Insbesondere dem Gebiet der Mitarbeiterführung ist mehr Aufmerksamkeit zu widmen.

Ein gutes Betriebsklima und ein partnerschaftlicher Führungsstil können die Arbeitsmotivation und die Leistungsbereitschaft der Mitarbeiter erheblich steigern. Eine dauerhafte Arbeitsmotivation kann nur erreicht werden, wenn der Mitarbeiter
- Selbstbestätigung durch Erfolgserlebnisse findet,
- in seinem Arbeitsfeld Verantwortung tragen kann,
- Möglichkeiten der Weiterentwicklung hat,
- das Gefühl hat, dass seine Arbeit wichtig genommen wird und
- Anerkennung für seine Leistung findet.

Entscheidende Bedeutung kommt in der Mitarbeiterführung dem *Führungsstil* des Unternehmers zu. Ein guter Führungsstil erfordert eine klare Zielsetzung des Unternehmers und entsprechende Zielvereinbarungen mit dem Mitarbeiter. Ziele müssen nicht nur klar formuliert sein. Sie sollen herausfordernd, aber erreichbar sein und müssen von dem Mitarbeitern akzeptiert ein. Hier setzt das sog. *„Management by Objectives"* an, eine Führungstechnik, die so viel wie *„Führen durch Zielvereinbarung"* bedeutet.

Aus dieser Führungstechnik lassen sich einige praktische Verhaltensregeln im Betrieb ableiten:
- die Information der Mitarbeiter über wichtige betriebliche Gegebenheiten und regelmäßige Mitarbeiterbesprechungen,
- die Einbeziehung der Mitarbeiter in betriebliche Entscheidungsprozesse und Anhören der Auffassung der Mitarbeiter,
- die Vermittlung eines Gemeinschaftsgefühls und der Mitarbeit an einer gemeinsamen Aufgabe.

Personalführung braucht schließlich auch *Autorität*, die aus der menschlichen und fachlichen Kompetenz des Betriebsinhabers erwächst.

Personalbeurteilung und Zeugniserteilung

Bei der Personalsuche und bei der Einstellung neuer Mitarbeiter stellt sich für den Unternehmer die Frage einer sachgerechten Personalbeurteilung. Im Vorfeld dieser Entscheidungen muss sich der Unternehmer über das *Anforderungsprofil* der zu besetzende Stelle, die erforderlichen fachlichen Kenntnisse und die erwünschten Persönlichkeitsmerkmale des neuen Mitarbeiters Klarheit verschaffen. Bei dem Ausscheiden eines Mitarbeiters und bei der Abfassung eines *qualifizierten Arbeitszeugnisses* stellen sich die entsprechenden Fragen erneut.

Zur Vorbereitung und Erleichterung dieser Aufgaben sollte der Unternehmer Leitfäden zur Hand haben. Sie können ihm u. a. auch als Bausteine für eine Stellenanzeige hilfreich sein. Eine Aufstellung von Beurteilungsmerkmalen unter Einschluss von Kurzbeschreibungen der Aufgabengebiete kann bei der Erstellung des Zeugnisses gute Dienste leisten.

Bausteine einer Stellenanzeige:
- Vorstellung des Betriebes („Wir sind …")
- Beschreibung der freien Stelle („Wir haben …")
- Anforderungen an den neuen Mitarbeiter („Wir suchen …")
- Leistungen des Betriebes („Wir bieten …")
- Art der Bewerbung („Wir bitten …").

Bausteine eines qualifizierten Arbeitszeugnisses:
- Art und Dauer der Tätigkeit (Verantwortungsbereiche, evtl. Erweiterung des Aufgabengebietes)
- Leistungsbeurteilung (Arbeitsausführung und Arbeitseinsatz)
- Betriebsinteresse (Engagement, Eigeninitiative)
- Vertrauenswürdigkeit (gegenüber Geschäftspartnern)
- Sozialverhalten (gegenüber Kollegen und Vorgesetzten)

2.1.4 Betriebsablaufs- und Finanzplanung

Die Betriebsabläufe gestalten sich in den einzelnen Gewerken sehr unterschiedlich. Im produzierenden Handwerk steht das Ziel, die Produktionsabläufe wirtschaftlich zu organisieren, im Vordergrund der Überlegungen der Betriebsführung. In den konsum- und dienstleistenden Handwerksberufen müssen sich die Geschäftsabläufe in besonderer Weise auch am Kundenverhalten orientieren. Die Ablaufplanung muss in allen Branchen aber stets auf das wichtigste absatzwirtschaftliche Ziel, die Einhaltung von Leistungs- und Liefervorgaben (Qualität, Termin u. a.), ausgerichtet sein.

Wirtschaftliche Leistungserstellung hat vor allem zum Ziel:
- eine optimale Personal-/Maschinenauslastung (Kapazitätsplanung),
- eine Minimierung des Zeit- und Materialaufwandes bei allen betrieblichen Vorgängen (Zeit- und Materialplanung).

Auftragsablauf

Im produzierenden Handwerk ist die Werkstattfertigung üblich. Sie ist meist eine Einzel- bzw. Auftragsfertigung. Im Bauhandwerk erfolgt die Ausführung der erwünschten Werkleistung ganz oder teilweise beim Auftraggeber (Baustellenfertigung).

2. Das müssen Sie wissen: Der Prüfungsstoff

Eine wichtige organisatorische Aufgabe der Betriebsablaufplanung ist die Abstimmung von Terminen und Laufzeiten für die Beschaffung von Material, Waren und Hilfsstoffen sowie der Einsatz von Maschinen und Personal.

Für die Kapazitätsplanung und die Arbeitssteuerung gibt es eine Reihe von einfachen, auch im Kleinbetrieb nutzbaren organisatorischen Hilfsmitteln, z. B.
- Balkendiagramm, d. h. grafische Darstellung von gleichzeitig und nacheinander ablaufenden Arbeitsgängen, und zwar in der
  - Horizontalen (Balkenlänge): Zeitbedarf (z. B. Wochen);
  - Vertikalen (Zeilen): Bearbeitungsschritte oder Verrichtungen (z. B. Konstruieren, Fertigen, Versenden).
- Bauzeitpläne als Terminpläne zur Überwachung von Zeitvorgaben an Bauprojekten. Zur Abwicklung komplexer Aufträge bzw. von Großprojekten im Baubereich werden statt Balkendiagrammen Netzpläne erstellt.
- Auftragskarte/-mappe mit Begleitpapieren zu einem Auftrag bei Klein-/bzw. Teilaufträgen und Konstruktionsunterlagen.
- Formulare zur Erfassung von Arbeitszeiten (Arbeitspläne) und Materialverbrauch (Stücklisten).

Computerunterstützte Steuerungssysteme (PPS) lassen sich heute schon sinnvoll in kleinen und mittelgroßen Handwerksbetrieben einsetzen.

Eine der schwierigsten Aufgaben stellt die Zeitplanung im Handwerksbetrieb dar. Eine Vorgabezeit (Sollzeit) wird vor allem für die Terminplanung und die Fertigungskostenermittlung benötigt. Die Sollzeit muss auch die sog. Verteilzeit (unproduktive Zeit) enthalten.

Sollzeiten können ermittelt werden durch
- Vergleichen und Schätzen
  Orientierung an ähnlichen, bereits ausgeführten Aufträgen. Hilfreich ist hierbei ein Musterarbeitswertkatalog über typische Dienstleistungen oder Erzeugnisse mit ihrer Ausführungszeit.
- Zeitrichtwerte
  Diese gibt es für fast alle Handwerke. Teilweise werden sie von
  - Herstellern (z. B. Arbeitswertkataloge in der Kfz-Branche)
  - Innungen/Fachverbänden (z. B. Richtwertkatalog für Backwaren und Elektroinstallationsarbeiten) herausgegeben.

Bei der *Materialdisposition* muss darauf geachtet werden, dass einerseits eine zu große und damit zu teuere Lagerhaltung vermieden wird. Andererseits darf eine termingemäße Auftragsabwicklung nicht an fehlendem Material scheitern. Die Lagerbestandsverwaltung und -kontrolle erfolgt in vielen Betrieben im Datenaustausch mit den Lieferanten. Hierdurch entfällt das zeitaufwendige Erfassen und Ändern der Preise. Dieser Datenaustausch kann betriebsintern bis zur Angebotserstellung, Auftragsbearbeitung und Rechnungsstellung fortgeführt werden.

Die Abwicklung eines Auftrags bedarf einer laufenden Überwachung und einer *Endkontrolle*. Aufgabe der Endkontrolle ist es, die gesamten Soll-Werte der Zeit-, Mengen-, Kosten- und Qualitätsvorgaben den tatsächlich erreichten Werten (Ist-Werten) gegenüberzustellen. Das wichtigste Instrument der Kostenkontrolle ist die Nachkalkulation (siehe Seite 110), die eine sorgfältige Erfassung der Ist-Kosten, vor allem eine genaue Zeit- und Materialerfassung, voraussetzt. Die Ursachen der festgestellten Abweichungen von Vor- und Nachkalkulation sind zu ergründen und erforderlichenfalls Korrekturen bei zukünftigen Dispositionen und Kalkulationen vorzunehmen.

Vor allem in größeren produzierenden Betrieben stellen innerbetriebliche Gründe, insbesondere hohe Fertigungskosten und die wachsende Verknüpfung der Produktionsschritte erhöhte Anforderungen an die Kostenüberwachung und an die Qualitätssicherung. Außerdem zwingen absatzwirtschaftliche (vgl. oben Marketing) und rechtliche Gründe (Beweissicherung) zur Einhaltung von Qualitätsstandards und Qualitätsnachweisen.

Hier setzen Qualitätssicherungs- bzw. Qualitätsmanagementsysteme *(QM-Systeme)* an. Qualitätssicherungssysteme stellen standardisierte, z. T. automatisierte Verfahren zur Qualitätsüberwachung dar, die sich nicht auf die „Endkontrolle" beschränken, sondern den gesamten Betriebsablauf umfassen. Qualitätsmanagementsysteme beinhalten alle Ziele und organisatorischen Maßnahmen, die erforderlich sind, um Qualität durch geregelte Abläufe zu erzielen und Missverständnisse im Betriebsablauf sowie zwischen Kunden und Betrieb zu vermeiden. Die Betriebsabläufe sind danach also so zu organisieren, dass Fehler vermieden werden und Fehler, die dennoch vorkommen, zuverlässig erkannt und die Auslieferung fehlerhafter Produkte und Leistungen an den Kunden verhindert werden.

Das bekannteste europäische QM-System ISO 9000 ff. macht keine inhaltlichen Aussagen zu Produkt- und Dienstleistungseigenschaften. Es unterstützt jedoch die Betriebsführung bei den Qualitätszielen, die das Unternehmen selbst setzen muss.

Bei der Einführung eines QM-Systems werden in einem Handbuch alle qualitätsrelevanten Strukturen und Abläufe sowie Verfahrens- und Arbeitsanweisungen dokumentiert. Wenn ein QM-System eingeführt ist, kann es von einer externen Stelle, dem Zertifizierer, bestätigt werden. Der *Zertifizierung* (Nachweis eines normkonformen QM-Systems) geht das Audit, d. h. die Überprüfung des Ist-Zustandes, voraus.

> **Meister-Tipp: QM-Systeme**
>
> **Die Einführung eines QM-Systems bringt Transparenz ins Unternehmen, hilft Kostensenkungspotenziale aufzuspüren und die Qualität zu verbessern.**
>
> Die Umsetzung eines QM-Systems im Betrieb ist in der Praxis jedoch meist recht schwierig und kostspielig. Die Beschäftigten müssen für die Mitarbeit motiviert und von der Nützlichkeit des QM-Systems überzeugt werden. Für die Beratung, die Dokumentation und nicht zuletzt für die Zertifizierung fallen nicht unerhebliche Kosten an. Bei richtiger Vorbereitung durch kompetente, auf mittelständische Betriebe spezialisierte Berater und bei konsequenter Umsetzung wird dennoch ein QM-System auch für Kleinbetriebe von Nutzen sein.

Betriebe mit umfangreichen Waren-/Materialbewegungen (Logistik) werden vielfach durch integrierte Waren- bzw. Materialbewirtschaftungssysteme gesteuert, die in mehr oder weniger gleichzeitigen Arbeitsschritten die folgenden Aufgaben übernehmen:
- Warenbestellung,
- Wareneingangserfassung,
- Rechnungsprüfung,
- Warenausgangserfassung,
- Bestandsüberwachung,
- warenbezogene betriebswirtschaftliche Auswertungen.

In handelsorientierten Handwerksbetrieben mit unmittelbarem Kundenkontakt sind zusätzliche Überlegungen anzustellen. Sie richten sich nicht nur nach den innerbetrieblichen Anforderungen, sondern müssen auch das Verhalten der Kunden mit berücksichtigen. Der Geschäftsablauf muss hier u. a. beachten:
- Kundenwege,
- Platzierung der Ware (unterschiedliche Attraktivität einzelner Waren),
- Sortimentsbildung und -pflege (Sortierung von Warengruppen, Auswahl von Sonderangeboten),
- Bedienungsart und Zahlungsabwicklung.

Die Ablaufplanung muss in allen Betrieben immer auch mit die verwaltungsmäßigen Grundlagen schaffen, um wichtige Daten für die Kostenrechnung und Kalkulation (Soll- und Ist-Zeit-Ermittlung, Material- und Wareneinsatz) zu erfassen. Hier liegt die Aufgabe des betrieblichen Rechnungswesens (vgl. Seite 107 ff.), das nicht nur die für die Betriebsführung erforderlichen Daten sammelt, sondern darüber hinaus noch die notwendigen Unterlagen für zahlreiche Berichtspflichten liefert, die von außerhalb des Betriebes kommen (Finanzamt, statistisches Amt u. a.).

Finanzplanung

Ein wichtiger Teil der Betriebsablaufplanung, der etwas außerhalb des eigentlichen Betriebsprozesses steht, ist die *Finanzplanung* (Liquiditätsplanung). Sie hat zum Ziel, den laufenden Geschäftsbetrieb störungsfrei abzuwickeln. Die Finanzplanung ist vom Finanzierungsplan (siehe Seite 180) zu unterscheiden. Während der Finanzplan als eine Gegenüberstellung von Ein- und Ausgaben gleichsam den Haushaltsplan eines Unternehmens für einen bestimmten Zeitraum (z. B. Woche, Monat) darstellt, erfolgt im Finanzierungsplan eine Zusammenstellung von Finanzierungsmittel zu einem ganz bestimmten Zeitpunkt. Der Finanzplan ist somit eine Periodenrechnung, der Finanzierungsplan eine Bestandsaufnahme.

Die Aufstellung eines Finanzplanes erlangt vor allem dann Bedeutung, wenn Investitionen getätigt wurden und in der Folge der Kapitaldienst für die aufgenommenen Darlehen fristgerecht und ohne Beeinträchtigung der Liquidität (Zahlungsfähigkeit) des Betriebes zu leisten ist. Der Finanzplan ist daher in der Regel gleichzeitig mit einem Finanzierungsplan zu erstellen. Er gibt dann Auskunft darüber, ob die Investition auch finanziell verkraftet werden kann, ohne dass der Betrieb illiquide wird. Bei der Aufstellung des Finanzplanes ist zu berücksichtigen, dass unter den für die Planungsperiode zu erwartenden Ausgaben auch Entnahmen für private Zwecke (bzw. etwaige private Einlagen bei den Einnahmen) aufgeführt werden.

Meist geht man in der Praxis so vor, dass, ausgehend von den aktuellen Kontoständen der Geschäftskonten (Kontokorrentkonten), Monat für Monat (bzw. Woche für Woche) die geschätzten Einnahmen (Mittelzufluss) addiert und die voraussichtlichen Ausgaben (Mittelabflüsse) subtrahiert werden. Ein positiver Saldo wird den Kontostand am Monatsende verbessern, ein negativer ihn verschlechtern.

Das Schema für die Aufstellung des Finanzplanes einer Periode sieht danach wie folgt aus:

Einnahmen:
Bestand an liquiden Mitteln (Bankguthaben, Kasse)
+ Einnahmen aus Umsätzen
+ sonstige Einnahmen (Mieten, Zinsen, Privateinlagen)

Ausgaben:
Ausgaben aus Aufwendungen (keine Abschreibungen!)
+ Kapitaldienst (Zinsen, Tilgung)
+ sonstige Ausgaben (Privatentnahmen)

Sind die Einnahmen größer als die Ausgaben, spricht man von *Überdeckung*, im umgekehrten Fall von *Unterdeckung*. Zu große Überdeckung (Liquiditätsreserven) führt zu unrentabler Kapitalbindung. Unterdeckung löst Zahlungsprobleme aus und macht meist eine teurere Kreditbeanspruchung mit hoher Zinsbelastung notwendig.

Beispiel: Finanzplan (Liquiditätsplan)

Monat	Jan.	Febr.	März
Bestand am Monatsanfang (Bankguthaben, Kasse):	€ 1.500	€ -2.500	€ -17.500
+ Umsatzeinnahmen	6.000	1.000	12.000
+ Privateinlage			15.000
./. Personalausgaben	4.500	7.500	4.500
./. sonstige Ausgaben	3.000	6.000	
./. Privatentnahme	2.000	2.000	2.500
./. Darlehensrate		500	
Bestand am Monatsende: Überdeckung (+)/Unterdeckung (−)	-2.500	-17.500	+2.500
Kontokorrentkredit (Kreditlinie)	5.000	5.000	5.000

Im vorliegenden Beispiel liegt im Januar und Februar eine Unterdeckung vor. Im Januar ist der Betrieb jedoch zahlungsfähig, da ein Kontokorrentkredit in Anspruch genommen werden kann. Im Februar droht die Zahlungsunfähigkeit, wenn die Bank ihre Kreditlinie nicht erhöht. Vor allem durch höhere Umsatzeinnahmen und eine Privateinlage kann danach das Unternehmen im März eine ausreichende Liquidität vorweisen.

Liquiditätsprobleme

Mit Hilfe einer regelmäßigen Beobachtung der Ein- und Ausgaben, für die der Finanzplan ein geeignetes Instrument ist, können zu erwartende Liquiditätsprobleme frühzeitig erkannt werden. Dabei muss vor allem verhindert werden, dass aus kurzfristigen Zahlungsstockungen eine nachhaltige Zahlungsunfähigkeit wird. Die permanente Unterdeckung, d. h. die Illiquidität, ist schließlich auch der häufigste Insolvenzgrund (vgl. Seite 105).

Als Ursachen für Liquiditätsprobleme kommen in Betracht:
- Getätigte Investitionen übersteigen den finanziellen Rahmen, d. h. die Kapitaldienstgrenze wird überschritten.

- Die Kosten der Anlaufphase bei Neuinvestitionen oder betrieblichen Neuorganisationen wurden unterschätzt.
- Kundenzahlungen gehen nur schleppend ein oder es kommt zu größeren Forderungsausfällen.
- Die Privatentnahmen oder die Gewinnausschüttung an die Gesellschafter sind zu hoch.
- Die Bank kürzt die Kreditlinie oder kündigt Kredite.

Liquiditätsschaffende Maßnahmen

Abhilfe bei Liquiditätsproblemen kann durch zusätzlichen Mittelzufluss, durch Ausgabensenkungen oder durch eine Kombination von beidem geschaffen werden. Bei Ausgabenreduzierung ist aber immer darauf zu achten, dass durch geplante Kürzungen die Betriebsbereitschaft nicht gefährdet wird. Liquidität kann in vielen Fällen aber auch geschaffen werden über einen Abbau des Forderungsbestandes durch regelmäßige Kontrolle der Außenstände mit Hilfe eines präzise arbeitendes Mahnwesens.

Hierbei ist im Besonderen auf eine zeitnahe Erfassung der Debitoren (Außenstände) und Kreditoren (Verbindlichkeiten) zu achten und ein wirksames Mahnwesen aufzubauen. Der sorgfältigen Planung und Überwachung des Zahlungsverkehrs mit den Kunden muss besondere Aufmerksamkeit gewidmet werden.

Folgende Grundregeln können Forderungsausfälle, Kosten und Risiken vermeiden:
- Kleinverkäufe möglichst als Bargeschäfte abwickeln,
- bei Werk- und Dienstleistungen möglichst sofort nach Abschluss der Arbeiten Rechnung zusenden,
- Vereinbarung von Abschlagszahlungen mit Kunden,
- Arbeiten von dem Kunden rechtzeitig und eindeutig abnehmen lassen bzw. bei Mängeln diese umgehend beheben, um dadurch Verzögerungen bei der Bezahlung zu vermeiden,
- deutlich erkennbare Akzente setzen, damit Rechnungen möglichst sofort beglichen werden (z. B. Skontogewährung bei sofortiger Zahlung, Beifügen von Überweisungsträgern),
- Anzahlungen bzw. Abschlagszahlungen vereinbaren, soweit das von der erbrachten Leistung her möglich ist,
- generelle Überprüfung der Zahlungsziele.

Außerdem ist zu prüfen, ob die nachfolgenden weiteren liquiditätschaffenden Maßnahmen ergriffen werden können:
- Aufstockung des Kontokorrentkredites (Erhöhung der Kreditlinie),
- Vereinbarung einer Tilgungsstreckung für aufgenommene Darlehen,

2. Das müssen Sie wissen: Der Prüfungsstoff

- Überprüfung der betriebsnotwendigen Material- und Warenbestände,
- Überprüfung der Möglichkeiten, Anlagevermögen (z. B. Fuhrpark) abzubauen.

> **Meister-Tipp: Liquiditätsprobleme**
>
> **Dauerhafte Liquiditätsprobleme machen eine grundlegende Überprüfung des Unternehmenskonzeptes notwendig!**
>
> Liquiditätsprobleme sind oft Symptome einer Fehleinschätzung des Marktes durch den Unternehmer oder falscher unternehmerischer Entscheidungen. In vielen Fällen werden in Liquiditätsengpässen auch Produktivitätsdefizite (unwirtschaftliche Arbeitsabläufe, ungenügende Arbeitsproduktivität) im Betrieb sichtbar. In jedem Falle ist daher eine Schwachstellenanalyse, möglichst durch einen externen Berater, z. B. der Handwerkskammer, notwendig. Er macht auch Vorschläge für Änderungen im Unternehmenskonzept.

Zahlungsverkehr

Für den **laufenden Geschäftsbetrieb** stehen dem Unternehmen folgende Zahlungsmittel (Zahlungsverfahren) zur Verfügung:

Bargeld

Bargeld (im Euroland: €) ist das einzige gesetzliche Zahlungsmittel, das dem Annahmezwang unterliegt. Buchgeld ist kein gesetzliches Zahlungsmittel. Es kann aber jederzeit in Bargeld umgewandelt werden. Der Nachteil des Bargeldes besteht im Zeitaufwand bei Ein- und Auszahlungen, in der Notwendigkeit der Quittungserteilung, in der Verzähl-, Verlust- und Diebstahlgefahr. Bargeld hat im Geschäftsverkehr stark an Bedeutung verloren. Die Zahlung mit Bargeld ist meist nur noch im Zahlungsverkehr bei Kleinbeträgen üblich.

Girokonto

Das Girokonto (Kontokorrentkonto) ist die wichtigste Einrichtung zur Abwicklung der Geld- und Kreditgeschäfte im Unternehmen. Das Vorhandensein eines Girokontos ist Voraussetzung für die rationelle Abwicklung des Massenzahlungsverkehrs. Bargeldlose Zahlungen erfolgen durch Übertragungen von Buchgeld oder elektronischem Geld. Die Teilnahme am Giroverkehr („Zahlen mit Buchgeld") erfolgt durch Überweisungsaufträge oder durch automatisierte Verfügungen. Automatisierte Formen der bargeldlosen Zahlung sind:
- Daueraufträge bei sich wiederholenden gleich bleibenden Zahlungen,
- Lastschriftverfahren bei sich ständig ändernden Beträgen. Dieses Verfahren kann auf der Grundlage einer Einzugsermächtigung an den Zahlungsempfänger (z. B. Liefe-

rant) oder mittels eines Abbuchungsauftrages an die Bank erfolgen. Bei der Einzugsermächtigung, die an den Zahlungsempfänger geht, ist ein Widerspruch gegen eine erfolgte Bezahlung möglich.

Kartengestützte Zahlungsmittel

Hierbei handelt es sich um Zahlungsverfahren, bei denen eine an das Girokonto gebundene Karte als Zahlungsinstrument eingesetzt wird. Hierzu gehören Zahlungen mit der
- Kreditkarte,
- elektronischen Geldbörse (Geldkarte),
- Eurochequekarte (ec-Karte)

Die Kreditkarte dient der Begleichung von Rechnungen über eine Kreditkartengesellschaft. Sie ermöglicht eine Sammelberechnung für den Kreditkartenbesitzer. Kreditkarten können neben der Kreditgewährung mit weiteren Funktionen ausgestattet sein (Preisnachlässe für Versicherungen oder Reisen u. a.). Sie finden auch als Geldkarten (elektronische Geldbörsen) Verwendung. Geldkarten und andere Wertkarten, wie die Telefonkarten, sind vorausbezahlte Zahlungskarten. In einem Chip sind Werteinheiten gespeichert, mit denen an entsprechenden Teminals vor allem kleinere Geldbeträge bargeldlos bezahlt werden können. Der Zahlungsvorgang erfolgt im Verhältnis Karteninhaber zum kartenakzeptierenden Unternehmen, anonym wie eine Barzahlung.

Zur **Sicherung der betrieblichen Zahlungsfähigkeit** stehen dem Unternehmen folgende Kreditmöglichkeiten zur Verfügung:

Kontokorrentkredit (Dispositionskredit)

Dies ist die am häufigsten in Anspruch genommene Form der kurzfristigen Finanzierung (Kreditfinanzierung). Der Kreditnehmer kann hier bei Bedarf „in laufender Rechnung" auf seinem Kontokorrentkonto Kredit bis zu einer vereinbarten Kreditgrenze (Kreditlimit) in Anspruch nehmen. Der in Anspruch genommene Betrag ändert sich durch die laufenden Zahlungsein- und -ausgänge ständig. Die Zinsen werden i. d. R. vierteljährlich berechnet. Die Zinsbelastung ist relativ hoch.

Lieferantenkredit

Er entsteht durch die Gewährung eines Zahlungszieles. Der „Zins" besteht in dem – bei Inanspruchnahme des Zahlungszieles – nicht mehr möglichen Skontoabzug auf der Lieferantenrechnung.

Wechsel und *Scheck* sind als Zahlungs- bzw. Finanzierungsmittel in der mittelständischen Wirtschaft fast vollständig verschwunden und werden meist nur noch unter Banken verwendet.

Vgl. zum Fach: „Wirtschaft und Betrieb" Prüfungsfragen Seite 123 ff.

2.2 Fach: Recht und Steuern

Wirtschaftliche Tätigkeit vollzieht sich in einem Rechtsrahmen. Die Rechtsordnung, d. h. die Summe aller Rechtsnormen (Gesetze), muss im Rechtsstaat vom Willen der Bürger getragen sein. Daher werden die Rechtsnormen von der Volksvertretung (Parlament) beschlossen. Aufgrund besonderer Ermächtigung durch ein Gesetz können von Regierung, Verwaltungsbehören und von Körperschaften, die mit Selbstverwaltungsbefugnissen ausgestattet sind (Gemeinden, Kammern), *Rechtsverordnungen* und *Satzungen* erlassen werden.

Die *öffentliche Verwaltung* als Teil der Staatsgewalt führt die Beschlüsse der gesetzgebenden Körperschaften, d. h. die Gesetze, aus.

Träger der öffentlichen Verwaltung sind in der Bundesrepublik Deutschland im Wesentlichen:
- der Bund, d. h. die Bundesministerien und Bundesbehörden (z. B. Bundeskartellamt, Bundesamt für Finanzen, Bundesumweltamt),
- die Länder, d. h. die Landesministerien, Landesbehörden (z. B. Umweltschutzämter, Gewerbeaufsichtsämter) und
- die Gemeinden.

Die Gemeinden sind Selbstverwaltungskörperschaften mit dem Recht, alle Angelegenheiten der örtlichen Gemeinschaft in eigener Verantwortung zu regeln.

Die Aufgaben der Gemeinde werden unterteilt in:
- Angelegenheiten des eigenen Wirkungskreises, z. B. die Bauleitplanung (Aufstellung von Flächennutzungsplänen und Bebauungsplänen), die Erschließung von Gewerbegebieten, der örtliche Straßen- und Wegebau, die Energie- und Wasserversorgung. Zur Erfüllung dieser Aufgaben hat die Gemeindevertretung (Stadt- oder Gemeinderat) das Recht, Satzungen zu erlassen.
- Angelegenheiten des – vom Staat – übertragenen Wirkungskreises, z. B. die Führung von Melderegistern für Einwohner und Gewerbebetriebe (Gewerbeämter), die Mitwirkung bei der Ausstellung von Pässen und bei der Durchführung von Wahlen. Die Durchführung dieser hoheitlichen (staatlichen) Aufgaben erfolgt auf der Grundlage von Vorschriften des Bundes oder des Landes.

Das Gemeindeverfassungsrecht der Bundesländer sieht im Übrigen unterschiedliche Regelungen für den Verwaltungsaufbau unterhalb der Länderebene vor, z. B. die Einrichtung von zusätzlichen Verwaltungsbehörden (z. B. von Regierungsbezirken und Landkreisen). Auch auf der kommunalen Ebene selbst gibt es landesspezifische Unterschiede, z. B. über den Wahlmodus und über die Befugnisse des Bürgermeisters bzw. Oberbürgermeisters.

2. Das müssen Sie wissen: Der Prüfungsstoff

Die Rechtsordnung unterscheidet das *öffentliche Recht* und das *Privatrecht*.
- Das öffentliche Recht regelt die Rechtsbeziehungen zwischen Staat und den Bürgern, insoweit sie auf die Hoheitsgewalt des Staates beruhen, z. B. Straf-, Straßenverkehrs- und Verwaltungsrecht. Für Bürger und Unternehmen sind darüber hinaus im Besonderen das Wirtschafts- und Wettbewerbsrecht sowie das Steuerrecht von besonderer Bedeutung.
- Das Privatrecht regelt die Beziehungen zwischen einzelnen Personen, Personenvereinigungen oder Unternehmen. Die wichtigste Rechtsquelle des Privatrechts ist das Bürgerliche Gesetzbuch (BGB). Auch Handelsrecht und Arbeitsvertragsrecht sind Privatrecht.

Die Auslegung des Rechts erfolgt durch die Gerichte. Die Gliederung der Rechtsgebiete schlägt sich auch in der Gliederung der *Gerichtsbarkeiten* nieder.

Für Streitigkeiten in öffentlich-rechtlichen Angelegenheiten sind zuständig:
- Verwaltungsgerichte, z. B. bei Baugenehmigungsverfahren, gewerbe- und handwerksrechtlichen Angelegenheiten,
- Finanzgerichte bei Steuerstreitigkeiten,
- Arbeitsgerichte für Streitigkeiten zwischen den Arbeitsvertragsparteien.

Für unterschiedliche Rechtsbereiche sind die *ordentlichen Gerichte* tätig. Ordentliche Gerichte sind: Amtsgericht, Landgericht, Oberlandesgericht, Bundesgerichtshof. Sie werden tätig in Zivilsachen, Strafsachen und in der freiwilligen Gerichtsbarkeit, d. h. in der Führung des Handelsregisters, in Vormundschafts- und Nachlasssachen.

2.2.1 Wirtschafts- und Wettbewerbsrecht

Das Wirtschaftsrecht, im Besonderen das Gewerbe-, Handels- und Handwerksrecht, enthält spezielle Rechtsvorschriften für Unternehmen und stellt den Ordnungsrahmen her, in dem die Unternehmen in der Wirtschaft tätig werden.

Wettbewerbsrechtliche Vorschriften dienen vor allem der Sicherung eines freien und fairen Wettbewerbs in der Marktwirtschaft.

Sie haben insbesondere zum Ziel,
- Machtkonzentrationen in der Wirtschaft zu verhindern,
- Unternehmen vor unlauteren Maßnahmen der Mitbewerber zu schützen,
- Verbraucher vor Täuschungen durch den Anbieter (Unternehmen) zu schützen.

Die wichtigsten wettbewerbsrechtlichen Bestimmungen sind im Gesetz gegen den unlauteren Wettbewerb (UWG) und im Gesetz gegen Wettbewerbsbeschränkungen (Kartellgesetz) enthalten.

Gesetz gegen den unlauteren Wettbewerb (UWG)

Nach der Generalklausel (§ 1) dieses Gesetzes kann derjenige, der im geschäftlichen Verkehr zu Zwecken des Wettbewerbs *Handlungen* vornimmt, die *gegen die guten Sitten* verstoßen, auf Unterlassung und Schadenersatz in Anspruch genommen werden. Gegen ein wettbewerbswidriges Verhalten kann sich der Konkurrent mit einer „Abmahnung" zur Wehr setzen. Sie beinhaltet die Aufforderung, die beanstandende Maßnahme zu unterlassen und bei einem weiteren Verstoß gegen die wettbewerbsrechtlichen Bestimmungen eine Vertragsstrafe zu zahlen.

Unlauterer Wettbewerb liegt z. B. vor bei
- Werbung mit irreführenden Angaben über geschäftliche Verhältnisse, z. B. „Meisterbetrieb" ohne Beschäftigung eines Meisters.
- Täuschung der Kunden, z. B. unrichtige Angaben über Warenbeschaffenheit oder Herkunft.

Weitere Tatbestände des unlauteren Wettbewerbs können sein: Verstoß gegen Bestimmungen zu Sonderverkaufsveranstaltungen (z. B. unerlaubte Räumungs- oder Jubiläumsverkäufe), Bestechung von Angestellten zur Auftragsbeschaffung oder Verrat von Geschäftsgeheimnissen.

Gesetz gegen Wettbewerbsbeschränkungen (Kartellgesetz)

Unwirksam sind nach dem Kartellgesetz Beschlüsse über den Zusammenschluss (Fusion) von Unternehmen oder gemeinsame Beschlüsse (abgestimmte Verhaltensweisen) von selbstständig bleibenden Unternehmen, die das Ziel haben, den Wettbewerb zu beseitigen oder einzuschränken, z. B. Fusion zweier Großunternehmen zur Marktbeherrschung, Preisabsprachen zwischen Unternehmen. Ausnahme: Zwischenbetriebliche Zusammenarbeit kleiner und mittlerer Unternehmen (Kooperationen), wenn hierdurch der Wettbewerb nicht wesentlich beeinträchtigt wird, z. B. Einkaufsvereinigungen, Werbegemeinschaften.

Gewerbeordnung

Die Gewerbeordnung beschreibt nicht nur, was als „Gewerbe" zu verstehen ist, sondern sie stellt für eine Reihe von gewerblichen Tätigkeiten auch die gesetzliche Grundlage für die öffentlich-rechtliche Gewerbeüberwachung dar. Die Gewerbeordnung bezeichnet auf Gewinnerzielung ausgerichtete Betriebe (Unternehmen) als „Gewerbe". Zur gewerblichen Wirtschaft gehören damit die großen Wirtschaftsbereiche Industrie, Handwerk und Handel. Nicht zum Gewerbe im Sinne der Gewerbeordnung zählen die sog. freien Berufe (Steuerberater, Rechtsanwälte, Architekten, Ärzte) und die Landwirtschaft.

Die Gewerbeordnung regelt u. a. die Zulässigkeit besonderer gewerblicher Veranstaltungen (z. B. Messen, Ausstellungen und Märkte), die Untersagung eines Gewerbes in besonderen Fällen (z. B. wegen Unzuverlässigkeit), die Zulässigkeit bestimmter überwachungspflichtiger Anlagen und Gewerbe (z. B. Gewinnspiele).

In die Gewerberegister der Gemeinden sind gemäß den Vorschriften der Gewerbeordnung alle Gewerbebetriebe einer Gemeinde einzutragen Die besonderen Vorschriften über die Ausübung eines handwerklichen Gewerbes sind im Gesetz zur Ordnung des Handwerks (Handwerksordnung) enthalten (siehe Seite 60).

Handelsrecht

Die Vorschriften des Handelsgesetzbuches (HGB), das ursprünglich ein Sonderrecht der Kaufleute war, gelten heute für die gesamte gewerbliche Wirtschaft.

Kaufmann ist jeder Gewerbebetrieb, es sei denn, dass er nach Art und Umfang einen in kaufmännischer Weise eingerichteten Geschäftsbetrieb nicht erfordert. Ein solcher „Kleingewerbetreibender" wird einer Privatperson gleichgestellt. Er hat aber die Möglichkeit, zu einem vollwertigen Kaufmann zu werden, wenn er sich im Handelsregister eintragen lässt. Von seiner Entscheidung (Option) hängt es also ab, ob er als Kaufmann mit allen sich aus dem HGB für Kaufleute ergebenden Rechten und Pflichten behandelt wird. (siehe Seite 59).

Das HGB enthält Bestimmungen u. a. über
- die Handelsbücher,
- die Handelsgeschäfte,
- das Handelsregister,
- die Handelsgesellschaften.

Die Vorschriften des HGB über das Führen von Handelsbüchern (Inventar, Bilanz) und über die Handelsgeschäfte werden heute durch zahlreiche Spezialvorschriften, z. B. Steuergesetze, ergänzt. Die im HGB aufgeführten Handelsgesellschaften (Offene Handelsgesellschaft und Kommanditgesellschaft) haben insgesamt an Bedeutung eingebüßt und werden auch im Handwerk als Gesellschaftsform selten gewählt. Die Rechtsvorschriften für die Gesellschaft mit beschränkter Haftung (GmbH) und die Aktiengesellschaft (AG) sind in Spezialgesetzen (GmbH-Gesetz, Aktiengesetz) enthalten. Größere praktische Bedeutung als die gesellschaftsrechtlichen Vorschriften des HGB haben die handelsrechtlichen Bestimmungen über das Handelsregister und das Firmenrecht (Namensrecht) des HGB.

Handelsregister

Das Handelsregister ist ein öffentliches Verzeichnis, in dem alle Kaufleute eingetragen sind. Es wird beim Amtsgericht (Registergericht) geführt und enthält Angaben über bestimmte rechtliche Verhältnisse (Vertretungsbefugnis, Eigenkapital u. a.). Das Handelsregister ist jedermann zur Einsicht offen. Die Eintragungen dienen dem Bedürfnis nach Rechtsklarheit im Geschäftsverkehr. Sie sollen einen Beitrag zur *Publizität* (Veröffentlichung) einiger wichtiger Unternehmensmerkmale leisten.

In das Handelsregister werden als Gewerbebetriebe auch Handwerksbetriebe eingetragen. Es sind dies die Handwerksbetriebe,
- die in der Rechtsform einer Handels- oder Kapitalgesellschaft (z. B. GmbH) geführt werden (Formkaufleute) und
- die Betriebe, die einen nach Art und Umfang „kaufmännisch eingerichteten Geschäftsbetrieb" erfordern.
  Ob ein solcher Geschäftsbetrieb vorliegt, wird u. a. nach folgenden Gesichtspunkten beurteilt:
  – Geschäftsumfang/Umsatz,
  – Betriebs- und Vertriebsorganisation,
  – Umfang der Bank-/Kreditgeschäfte.
  Das Vorliegen eines kaufmännisch eingerichteten Geschäftsbetriebes wird in der Regel bei einem Jahresumsatz von über 500 000 € bejaht. Entscheidend ist jedoch das Ergebnis der Gesamtbewertung der o. a. Kriterien.
  Für Handwerksbetriebe kleineren Umfangs besteht – wie oben festgestellt – eine Option zur Eintragung ins Handelsregister.

Die Eintragung ins Handelsregister und damit die Kaufmannseigenschaft des Betriebes hat u. a. für das Unternehmen folgende Bedeutung:
- Nur das im Handelsregister eingetragene Unternehmen führt eine „Firma".
- Kaufleute sind zur handelsrechtlichen Buchführung verpflichtet. Kleingewerbetreibende müssen jedoch im Rahmen steuerrechtlicher Vorschriften bestimmte Mindestaufzeichnungen vornehmen.
- Nur der Kaufmann kann einen Prokuristen bestellen. Prokura ist die Vollmacht, alle geschäftlichen und gerichtlichen Handlungen vorzunehmen, ausgenommen die Bilanzunterschrift.
- Kaufleute können den Gerichtsstand frei vereinbaren.
- Der Kaufmann muss die Ware sofort nach Erhalt prüfen und Mängel rügen.
- Die meisten Verbraucherschutzbestimmungen (vgl. Seite 92) gelten nicht unter Kaufleuten.

Firma – Namensrecht

Die Firma ist der Name, unter dem der Kaufmann seine Geschäfte betreibt sowie klagt und verklagt werden kann. Bei Kauf oder Pacht kann die Firma mit Zustimmung des bisherigen Geschäftsinhabers bzw. dessen Erben fortgeführt werden.

Das Handelsrecht räumt den Unternehmen eine große Gestaltungsfreiheit bei der Firmenbezeichnung ein. Alle Kaufleute können zwischen einer Personenfirma (Name des Betriebsinhabers), einer dem Unternehmensgegenstand entnommenen Sachfirma und einem „Phantasienamen" wählen. Der Firmenname darf allerdings nicht irreführend sein.

Das in das Handelsregister eingetragene Einzelunternehmen muss den Firmenzusatz „eingetragener Kaufmann" bzw. „eingetragene Kauffrau" (Abkürzungen: e. K. bzw. e. Kfm. bzw. e. Kfr.) zwingend verwenden. Für alle Gesellschaftsformen ist der jeweilige Rechtsformzusatz notwendig (der Zusatz „& Co" ist nicht ausreichend).

Alle im Handelsregister eingetragenen Unternehmen, d. h. auch die eingetragenen Einzelunternehmen, sind verpflichtet, auf ihren Geschäftspapieren Firma und Ort der Niederlassung sowie Registergericht und Handelsregisternummer anzugeben.

Nicht im Handelsregister eingetragene Gewerbetreibende führen ihren Betrieb unter ihrem bürgerlichen Namen. So genannte „Etablissementbezeichnungen" (z. B. Gasthaus „Roter Hahn") sind gestattet.

Handwerksrecht

Die besonderen gewerberechtlichen Fragen des Handwerks, die Voraussetzungen für die Gründung eines Handwerksbetriebes und die Organisation des Handwerks werden im *Gesetz zur Ordnung des Handwerks (Handwerksordnung)* behandelt.

Die Handwerksordnung (HwO) hat auf eine Definition des Begriffs „Handwerk/Handwerksbetrieb" verzichtet. Die Zugehörigkeit eines Gewerbebetriebes zum Handwerk ergibt sich aus den Regelungen der HwO über die Voraussetzungen zur selbstständigen Ausübung eines Handwerks.

Danach ist *Handwerk* ein Gewerbe,
- das in der HwO, Anlage A (vgl. Seite 155) als Handwerk (handwerklicher Gewerbezweig) aufgeführt ist und
- handwerksmäßig betrieben wird.
  Die „handwerksmäßige" Ausübung, die bei den auch in der Industrie vorkommenden Berufen zu prüfen ist (z. B. Fleischer: handwerkliche Fleischerei oder industrielle Fleischwarenfabrikation), drückt sich in der handwerklichen Arbeitsweise und Betriebsorganisation aus, d. h. u. a. in dem Erfordernis der meisterlichen Beherrschung des Handwerks durch den Betriebsinhaber, seiner engen Einbindung in die Produktions- und Leistungserstellung und dem hohen Anteil ausgebildeter Fachkräfte.
  Die handwerklichen Betriebsmerkmale unterliegen mit der technischen und wirtschaftlichen Entwicklung einem ständigen Wandel. Es gilt danach ein „dynamischer

Handwerksbegriff", der neue Techniken und neue Betriebsformen aufnehmen und einbinden kann. Dies schließt auch verbindliche starre Grenzen, z. B. eine gewisse Betriebsgröße, als Abgrenzung von Handwerk und Industrie aus.

Die selbstständige Ausübung eines Handwerks setzt die Eintragung in die Handwerksrolle der Handwerkskammer voraus. Nach der Eintragung erhält der Handwerker die *Handwerkskarte* als Ausweis der Berechtigung, ein Handwerk selbstständig ausüben zu dürfen. Mit der Handwerkskarte kann die Anmeldung in der Gemeinde (Gewerbeamt) erfolgen, in der der Betrieb eröffnet werden soll.

Weiteres zur Gründung eines Handwerksbetriebes siehe Seite 151 ff.

Ladenschlussgesetz

Das Ladenschlussgesetz hat über seine Auswirkungen auf die betrieblichen Arbeitszeitregelungen hinaus auch Rückwirkungen auf den Wettbewerb zwischen den Unternehmen.

Die gesetzliche Regelung für die Schließungs- bzw. Öffnungszeiten gelten für alle Verkaufsstellen (Ladengeschäfte): Verkaufsstellen müssen grundsätzlich geschlossen sein:
- Montag bis Freitag: bis 6.00 Uhr und ab 20.00 Uhr,
- Samstag: 16.00 Uhr,
- Sonn- und Feiertag: ganztägig.

Für bestimmte Branchen wie z. B. Bäcker, Konditoren, Friseure und für bestimmte Sonderveranstaltungen gelten besondere Ladenschlussbestimmungen. Werbeveranstaltungen, bei denen eine Verkaufstätigkeit sicher ausgeschlossen ist, sind erlaubt.

Die Bundesländer sind im Übrigen berechtigt, Verordnungen über den Ladenschluss in ländlichen Gebieten, in Kur-, Erholungs- und Wallfahrtsorten und in der Nähe der Bundesgrenze zu erlassen.

Verordnung über Preisangaben

Preisauszeichnung ist für Waren und Leistungen, die dem Letztverbraucher angeboten werden, gesetzlich vorgeschrieben. Sie soll ihm den Preis- und Leistungsvergleich erleichtern. Sie dient damit der Markttransparenz.

Die Preise sind als Endpreise, d. h. einschließlich Mehrwertsteuer, anzugeben.

Die Waren müssen grundsätzlich mit Preisschildern versehen sein. Handwerker, die Dienstleistungen anbieten, wie z. B. Kfz-Werkstätten und Friseure, müssen ein Preisverzeichnis mit den Preisen für die wichtigsten Leistungen im Geschäftslokal anbringen.

Für Leistungen, die üblicherweise aufgrund von schriftlichen Angeboten in Auftrag gegeben werden, wie z. B. Bauleistungen, bedarf es keiner Preisauszeichnung.

Gewerbliche Schutzrechte

Dem Schutz gewerblich verwertbarer geistiger Leistungen dienen u. a. der Patentschutz, der Schutz von Gebrauchsmustern und Geschmacksmustern sowie das Markenrecht.

Das Patent, das als „ein neues Herstellungs- oder Anwendungsverfahren einen nennenswerten Fortschritt der Technik" darstellen muss und beim Deutschen Patentamt in München eingetragen wird, hat eine Schutzdauer von 20 Jahren. Das Gebrauchsmuster als das „kleine Patent", das u. a. Arbeitsgeräte und Gebrauchsgegenstände schützt und mit weniger großem Aufwand erworben werden kann, hat eine Schutzdauer von 3 Jahren. Das Geschmacksmuster, das dem Schutz von neuen und eigentümlichen Flächenmustern und Modellen dient, wird im Regelfall 5 Jahre geschützt. Auch die im geschäftlichen Verkehr benutzten Marken und zur Unterscheidung geeigneten Kennzeichen können beim Patentamt eingetragen werden. Sie haben eine Schutzdauer von 10 Jahren.

Für den Handwerker, der über ein Schutzrecht verfügt, stellt sich die Frage, ob er das Recht selbst wirtschaftlich nutzen oder verkaufen soll (Lizenzvergabe). Die Eigennutzung wird nur dann sinnvoll sein, wenn er nicht nur über geeignete Produktionsmöglichkeiten verfügt, sondern vor allem auch den Verkauf und Vertrieb erfolgreich organisieren kann.

Über die Wege zur Erteilung eines Schutzrechtes informieren die Technologieberatungsstellen der Handwerkskammern.

2.2.2 Steuern und Versicherungen

Steuern sind die wichtigste Form öffentlicher Abgaben.
- Steuern stellen allgemeine Deckungsmittel für die öffentlichen Haushalte dar, ohne dass ein unmittelbarer Gegenleistungsanspruch des Steuerzahlers besteht.

Zu den öffentlichen Abgaben gehören weiterhin:
- *Beiträge.* Sie sind Geldleistungen zur Finanzierung der Kosten von öffentlichen Einrichtungen und Anlagen. Der Beitragszahler erhält als Gegenleistung einen Nutzungsanspruch.
- *Gebühren.* Sie werden für eine Verwaltungsleistung (Verwaltungsgebühr) oder für die Inanspruchnahme einer öffentlichen Einrichtung (z. B. Parkgebühr) erhoben.

Steuern dienen dazu, den Finanzbedarf des Staates (Bund, Länder, Gemeinden) zu decken. Während verfassungsrechtliche Bestimmungen („Finanzverfassung" des Grundgesetzes) die Zuständigkeit für die Steuergesetzgebung und die Verteilung des Steueraufkommens regeln, enthält das Steuerrecht, d. h. die einzelnen Steuergesetze, die für den Steuerpflichtigen wichtigen Grundlagen der Besteuerung.

Für den Bund und die Länder stellen die Steuern die hauptsächlichen Finanzierungsquellen dar. Die Gemeinden finanzieren gleichfalls einen wesentlichen Teil ihrer Aufgaben aus Steuern, aber auch aus Zweckzuweisungen von Bund und Land sowie über Beiträge und Gebühren. Alle staatlichen Organisationen nehmen darüber hinaus in erheblichem Umfang noch den Kapitalmarkt in Anspruch (Schuldenaufnahme). Zu beachten ist weiterhin, dass eine Reihe von Verfassungsvorschriften, wie der im Grundgesetz vorgesehene Finanzausgleich zwischen den Bundesländern, aber auch politische Entscheidungen ein vielgestaltiges Geflecht von Finanzströmen auf und zwischen allen staatlichen Ebenen geschaffen haben. Zahlreiche staatliche Aufgaben und ein großer Teil der öffentlichen Investitionen werden letztlich auch durch eine Mischfinanzierung von Bund, Land und Gemeinden finanziert.

Steuern knüpfen an Tatbestände, d. h. bestimmte tatsächliche, rechtliche oder wirtschaftliche Vorgänge, die eine Steuerpflicht auslösen. Die vom Gesetzgeber festgelegten unterschiedlichen Steuertatbestände drücken sich in einer Vielzahl von Steuerarten aus. So lösen die Haltung eines Kfz die Kfz-Steuer aus, der Verkauf einer Ware die Umsatzsteuer, die Gewinnerzielung die Einkommensteuer und der Erbfall die Erbschaftsteuer. Darüber hinaus kennt das Steuerrecht zahlreiche weitere Steuertatbestände, die eine Steuerpflicht entstehen lassen oder die Höhe der zu zahlenden Steuer beeinflussen (Alter, Kinderzahl).

Aus der Sicht der Finanz- und Steuerpolitik ist die *Einteilung der Steuern nach der Ertragshoheit* besonders wichtig. Diese Einteilung beantwortet die Frage, wem das Aufkommen einer Steuer zufließt. Danach sind zu unterscheiden:
- Gemeinschaftssteuern. Sie fließen mehreren staatlichen Gebietskörperschaften zu, z. B. Einkommen-/Lohnsteuer, Körperschaftsteuer, Umsatzsteuer;
- Bundessteuern, z. B. Mineralölsteuer, Tabaksteuer;
- Landessteuern, z. B. Kfz-Steuer, Biersteuer, Grunderwerbsteuer;
- Gemeindesteuern, z. B. Gewerbesteuer, Grundsteuer.

Die weitaus größten Steuereinnahmen in der Bundesrepublik Deutschland erbringt die Einkommen-/Lohnsteuer. Sie fließt dem Bund, dem Land und den Gemeinden zu. Ein gleichfalls hohes Steueraufkommen, das überwiegend dem Bund zusteht, kommt aus der Umsatzsteuer. Hier erhalten die Länder einen Teil des Steueraufkommens.

Eine für die betriebliche Praxis wichtige Einteilung der Steuern kann man nach ihrer *Überwälzbarkeit* vornehmen. Diese Einteilung geht von der Tatsache aus, dass der Steuerschuldner (Steuerpflichtige) und derjenige, der die Steuer wirtschaftlich trägt (Steuerträger), nicht identisch zu sein brauchen.

2. Das müssen Sie wissen: Der Prüfungsstoff

Danach unterscheidet man:
- direkte Steuern, z. B. Einkommensteuer, Gewerbesteuer, Kfz-Steuer;
- indirekte Steuern, z. B. Umsatzsteuer, Mineralölsteuer, Tabaksteuer.

Die direkte Steuer wird i. d. R. durch Steuerbescheid festgesetzt und vom Steuerschuldner selbst wirtschaftlich getragen. Die indirekte Steuer wird vom Steuerschuldner (Unternehmer), der die *Zahllast* trägt, dem Steuerträger (Verbraucher) „in Rechnung gestellt", d. h. vom Verbraucher wirtschaftlich getragen *(Traglast)*.

Umsatzsteuer

In Deutschland wird – wie in allen EU-Staaten – die Umsatzsteuer auf der Grundlage der Besteuerung des „Mehrwertes" erhoben. Grundlage für die Berechnung der zu entrichtenden Steuer bilden die Umsätze des Steuerschuldners (Unternehmen). Von der Steuer auf diese Umsätze (vereinnahmte bzw. vereinbarte Umsatzsteuer) werden die dem Unternehmen von seinen Lieferanten für deren Leistungen berechneten Steuern (Vorsteuern) abgesetzt. Der Besteuerung im Unternehmen (Zahllast) unterliegt insoweit nur die jeweilige Wertschöpfung (Mehrwert). Dieser Mehrwert setzt sich in erster Linie aus den Löhnen und Gehältern, Sozialleistungen und dem Gewinn zusammen.

Innerhalb der Unternehmerkette (Lieferungen und Leistungen ausschließlich zwischen Unternehmen) ist die Umsatzsteuer kostenneutral: Die Umsatzsteuer, die der Unternehmer als Abnehmer neben dem Kaufpreis zu zahlen hat, holt er sich als Vorsteuer vom Finanzamt wieder. Im Ergebnis belastet so die Umsatzsteuer nur den Letztverbraucher, d. h. den privaten Abnehmer.

Zur Zahlung von Umsatzsteuer (Mehrwertsteuer) werden nur Unternehmer im Sinne des Umsatzsteuergesetzes (UStG) herangezogen: Unternehmer sind in der Regel alle Gewerbetreibenden. Der Unternehmerbegriff des UStG schließt darüber hinaus aber auch Personen (Personenvereinigungen) ein, die keine Gewinnerzielungsabsicht haben; Voraussetzung ist jedoch: Selbstständigkeit, Nachhaltigkeit der Betätigung, Beteiligung am wirtschaftlichen Verkehr und die Absicht, Einnahmen zu erzielen.

Folgende wirtschaftliche Tatbestände und Merkmale müssen vorliegen, um eine Umsatzsteuerpflicht auszulösen:
- Lieferungen und sonstige Leistungen, die
- ein Unternehmer
- im Erhebungsgebiet (Deutschland),
- gegen Entgelt,
- im Rahmen seines Unternehmens ausführt.

Damit ist in der Regel für alle Lieferungen und Leistungen der Handwerksunternehmen Umsatzsteuer zu berechnen.

Nicht zu versteuern sind Lieferungen und Leistungen ins Ausland, da die Umsatzsteuer nur den Verbrauch im Inland belasten soll. Bei gewerblichen Lieferungen und Leistungen ins EU-Ausland wird mit einem besonderen Verfahren sichergestellt, dass die Lieferungen ohne Mehrwertsteuer über die innergemeinschaftliche Grenze gelangen und eine Umsatzsteuerbelastung im Bestimmungsland erfolgt. Hierzu muss der Unternehmer beim Bundesamt für Finanzen in Saarlouis eine Umsatzsteueridentifikationsnummer (USt-IdNr.) beantragen und zusammenfassende Meldungen über seine steuerfreien innergemeinschaftlichen Lieferungen abgeben. Die Umsatzsteuer-IdNr. des Unternehmers und des Empfängers ist auf den Rechnungen anzugeben. Umsatzsteuerpflichtig ist dagegen die Einfuhr von Gegenständen (Einfuhrumsatzsteuer). Grundsätzlich ist darüber hinaus seit dem 1. Juli 2002 auch bei Inlandsgeschäften die Angabe der Umsatzsteuer-IdNr. auf allen Rechnungen notwendig (die USt-IdNr. ist bei Einzelunternehmen mit der Einkommensteuernummer identisch).

Einer Lieferung und sonstigen Leistung wird gleichgestellt:
- Entnahme von Gegenständen aus dem Unternehmen für private Zwecke, z. B. Warenentnahme für den Privathaushalt.
- Verwendung von Gegenständen für private Zwecke, z. B. private Nutzung einer betrieblichen Telefonanlage.
- Werk- und Dienstleistungen für den privaten Bedarf, z. B. Betriebsleistungen für das private Wohnhaus des Unternehmers.

Die Bemessungsgrundlage für die Umsatzsteuer ist bei Lieferungen und Leistungen das Entgelt bzw. bei steuerpflichtiger privater Nutzung/Entnahme die entstandenen Kosten.

Die Steuersätze betragen zurzeit:
- allgemein: 16 %
- ermäßigt: 7 %, z. B. für Lebensmittel, Fleisch- und Backwaren, Wasser, Bücher, Zeitschriften, orthopädische Erzeugnisse.

Das Umsatzsteuergesetz zählt eine Reihe von Lieferungen und Leistungen auf, die steuerbefreit sind, wie z. B. die Umsätze der Ärzte und Heilpraktiker.

Die Umsatzsteuer ist grundsätzlich dann fällig, wenn die Lieferung oder Leistung erbracht ist, d. h. in der Praxis mit der Rechnungsstellung (nach *vereinbartem* Entgelt, *Sollversteuerung*) und nicht erst mit dem Zahlungseingang. Für Unternehmen mit geringen Umsätzen bestehen einige Sonderregelungen:
- Auf Antrag können Betriebe mit einem Vorjahresumsatz von bis zu 125.000,- € [Deutschland (Ost): 500.000,- €] eine Istversteuerung (nach *vereinnahmten* Entgelt) vornehmen, d. h. ihre Umsätze erst mit dem Zahlungseingang versteuern.
- Unternehmer, deren Bruttoumsatz im Vorjahr 16.620,- € nicht überstiegen hat und im laufenden Jahr voraussichtlich nicht 50.000,- € übersteigen wird, brauchen keine

Umsatzsteuer zu zahlen. Diese Kleinunternehmer dürfen keine Umsatzsteuer in ihrer Rechnung ausweisen und keine Vorsteuern geltend machen. Sie können jedoch einen Verzicht auf diese Behandlung beantragen und sich der Regelbesteuerung (Mehrwertsteuerpflicht mit Vorsteuerabzug) unterwerfen.

Der Unternehmer hat während des Jahres Umsatzsteuervoranmeldungen abzugeben und die selbst berechnete Umsatzsteuer an das Finanzamt zu entrichten. Umsatzsteuervoranmeldungen sind grundsätzlich monatlich abzugeben. Die Umsatzsteuervorauszahlung muss bis zum 10. Tag nach Ablauf des Voranmeldezeitraumes an das Finanzamt entrichtet werden. Lag die Umsatzsteuerschuld für das vorangegangene Jahr nicht über 6.136,- €, so braucht eine monatliche Voranmeldung nicht abgegeben zu werden (vierteljährliche Voranmeldung; bei weniger als 512,- € jährliche Erklärung).

Gewerbesteuer

Die Gewerbesteuer ist eine direkte Steuer; der jeder Gewerbebetrieb unterliegt. Sie ist eine betriebliche Steuer und hat daher Kostencharakter. Das Steueraufkommen steht den Gemeinden zu. Befinden sich Betriebsstätten eines Betriebes in mehreren Gemeinden, so wird die Steuer nach einem Zerlegungsschlüssel – i. d. R. die Lohnsumme – auf die Gemeinden aufgeteilt.

Besteuerungsgrundlage für die Gewerbesteuer ist der Messbetrag des Gewerbeertrages eines Betriebes.

Der Gewerbeertrag ist der um Hinzurechnungen (z. B. 50 % der Dauerschuldzinsen) und Kürzungen (z. B. Ertragsanteil des Grundvermögens) korrigierte Gewinn. Einzelunternehmen und Personengesellschaften wird ein Freibetrag von 24.500,- € gewährt. Der Messbetrag errechnet sich danach mit Hilfe eines Staffelverfahrens, das eine Versteuerung des verbleibenden Ertrages für die einzelnen Ertragsstufen mit Hilfe von Messzahlen vorsieht, die zwischen 1 % und 5 % liegen.

Für Kapitalgesellschaften beträgt die Steuermesszahl generell 5 %.

Der Messbetrag wird vom Finanzamt aufgrund der Steuererklärung des Betriebes ermittelt und an die Gemeinde und den Betrieb übermittelt (Gewerbesteuermessbescheid). Die Gemeinde multipliziert zur Errechnung der Gewerbesteuer den Messbetrag mit ihrem Hebesatz und übermittelt dem Betrieb den Gewerbesteuerbescheid.

Die Höhe des Hebesatzes wird von der Gemeinde jährlich neu festgesetzt. Die Steuerhebesätze unterscheiden sich von Gemeinde zu Gemeinde (Durchschnittshebesätze 1999 in den alten Bundesländern: 392 %; in den neuen Bundesländern: 356 %).

Berechnungsbeispiel:

Gewinn:			74.040,- €
+ Hinzurechnungen			+ 2.250,- €
(50 % Dauerschuldzinsen u. a.)			
./. Kürzungen			0,- €
Gewerbeertrag			76.290,- €
abzurunden auf volle 50,- €			76.250,- €
./. Freibetrag			./. 24.500,- €
Gewerbeertrag, zu versteuern			51.750,- €
Staffel:	12.000,- €	1 %	120,- €
	12.000,- €	2 %	+ 240,- €
	12.000,- €	3 %	+ 360,- €
	12.000,- €	4 %	+ 480,- €
Rest: 51.750,- € ./. 48.000,- €			
	3.750,- €	5 %	+ 187,- €
Steuermessbetrag			1.387,- €
Hebesatz:		400 %	
Gewerbesteuer, zu zahlen			5.548,- €

Der Betrieb hat vierteljährlich am 15. Februar, 15. Mai, 15. August und 15. November Vorauszahlungen zu leisten. Die Gewerbesteuerzahlungen sind nicht an das Finanzamt, sondern unmittelbar an die Gemeinde zu leisten.

Die Gewerbesteuer kann bei Einzelunternehmen und Personengesellschaften teilweise (bis zum 1,8fachen des Gewerbesteuermessbetrages) auf die Einkommensteuer angerechnet werden.

Einkommensteuer

Die Einkommensteuer (ESt) ist die wichtigste und ertragsstärkste direkte Steuer.

Mit der Einkommensteuer soll die wirtschaftliche Leistungsfähigkeit einer Person besteuert werden. Dabei werden die persönlichen Verhältnisse des Steuerpflichtigen, z. B. Alter, Familienstand und Kinder, berücksichtigt. Sie ist eine Personensteuer und daher nicht als Betriebsausgabe abzugsfähig. Einkommensteuerpflichtig ist die natürliche Person, z. B. der Handwerksunternehmer, nicht der Betrieb. Der Gesellschafter einer juristischen Person, z. B. einer GmbH, unterliegt mit seinem Ertrag aus der Beteiligung gleichfalls der Einkommensteuer. Die Versteuerung des Gewinns der GmbH selbst erfolgt nicht über die Einkommensteuer, sondern als Körperschaftsteuer (siehe Seite 72). Eine besondere Erhebungsform der Einkommensteuer, die die Bezieher von Arbeitseinkommen (nicht selbstständige Arbeit) betrifft, stellt die Lohnsteuer dar.

Alle Einnahmen, die dem Steuerpflichtigen im Rahmen einer der sieben Einkunftsarten des Einkommensteuergesetzes (siehe unten) zufließen, sind steuerbar. Alle übrigen Einnahmen, d. h. diejenigen, die zu keiner der sieben Einkunftsarten gehören, sind nicht steuerbar, z. B. ein Lottogewinn. Aus wirtschafts- und sozialpolitischen Gründen ist eine Reihe von steuerbaren Einnahmen von der Einkommensteuer befreit. So sind beispielsweise steuerfrei: Leistungen aus der Sozialversicherung, wie z. B. Krankengeld, Mutterschaftsgeld, Arbeitslosengeld; Trinkgelder bis 1.244,- € im Jahr, Einnahmen aus nebenberuflicher Tätigkeit als Übungsleiter oder Ausbilder bis 1.848,- € im Jahr.

Bemessungsgrundlage der Einkommensteuer ist das zu versteuernde Einkommen. Es errechnet sich auf der Grundlage der Summe der Einkünfte des Steuerpflichtigen. Das Einkommensteuergesetz kennt sieben *Einkunftsarten*:
1. Einkünfte aus Land- und Forstwirtschaft
2. Einkünfte aus Gewerbebetrieb, z. B. Einkünfte aus einem Handwerksunternehmen
3. Einkünfte aus selbstständiger Arbeit, z. B. Einkünfte eines Arztes, Steuerberaters, Rechtsanwaltes
4. Einkünfte aus nicht selbstständiger Arbeit, d. h. Arbeitseinkommen, wie z. B. Löhne, Gehälter
5. Einkünfte aus Kapitalvermögen, z. B. Zinsen, Dividenden
6. Einkünfte aus Vermietung und Verpachtung, z. B. Mieteinnahmen
7. Sonstige Einkünfte, z. B. BfA-Rente, LVA-Rente, Spekulationsgewinne.

Bei den ersten drei Einkunftsarten ist der Gewinn (*Gewinneinkünfte*) anzusetzen (zur Gewinnermittlung im Handwerksbetrieb vgl. Seite 108). Bei den übrigen Einkunftsarten ist der Überschuss der Einnahmen über die Werbungskosten (*Überschusseinkünfte*) heranzuziehen.

Negative Einkünfte (Verluste) können mit positiven Einkünften eines Jahres ausgeglichen werden (Verlustausgleich). Ein Verlustausgleich ist bis zur Höhe aller positiven Einkünfte möglich.

Zu den Einkünften aus Kapitalvermögen (Kapitalerträge) gehören neben Zinsen auch Gewinne aus einer GmbH-Beteiligung. Die ausgeschütteten Gewinne werden bei dem Gesellschafter zur Hälfte der Einkommensteuer unterworfen.

Für Kapitalerträge wird ein Freibetrag von 1.550,- € bzw. 3.100,- € für Verheiratete gewährt.

Von der Summe der Einkünfte sind u. a. absetzbar:
der Altersentlastungsbetrag (ab 64. Lebensjahr); außergewöhnliche Belastungen (z. B.

Krankheitskosten), unter Berücksichtigung einer zumutbaren Eigenbelastung; Kinderfreibeträge, insoweit Kindergeld nicht in Anspruch genommen wird, und die Sonderausgaben.

Die Berücksichtigung dieser und u. U. weiterer im Einkommensteuergesetz vorgesehener Abzugsmöglichkeiten führt zu dem zu versteuernden Einkommen.

Die Bemessungsgrundlage des Einkommensteuergesetzes, die sich auf die oben aufgeführten sieben Einkunftsarten stützt, stellt sicher, dass sämtliche Einkünfte, die einer Person aus den verschiedensten Einkommensquellen zufließen, zur Besteuerung herangezogen werden. Für den Handwerksunternehmer sind dies der Gewinn aus Gewerbebetrieb, aber auch beispielsweise die Mieteinnahmen aus seinem Privathaus oder die Zinsen seiner privaten Sparguthaben. Bei der Zusammenveranlagung mit seiner Ehefrau gehört z. B das Gehalt der im Betrieb mitarbeitenden Ehefrau – als Einkünfte aus nicht selbstständiger Arbeit – gleichfalls zum *zu versteuernden Einkommen*.

Wichtige, bei der Ermittlung der Einkünfte bzw. des zu versteuernden Einkommens zu berücksichtigenden Positionen im Einzelnen:

Sonderausgaben

Dies sind Ausgaben der privaten Lebensführung, deren Abzug bei der Ermittlung des zu versteuernden Einkommens zulässig ist, wie z. B. die Vorsorgeaufwendungen, Versicherungsbeiträge (Lebensversicherung, Unfallversicherung, Haftpflichtversicherung, Sozialversicherungsbeiträge des Arbeitnehmers), Bausparkassenbeiträge. Die Vorsorgeaufwendungen sind in der Regel nur beschränkt, d. h. nicht in voller Höhe, abzugsfähig; die übrigen Sonderausgaben, z. B. Kirchensteuer, Steuerberatungskosten, Unterhaltsleistungen an den geschiedenen Ehegatten.

Werbungskosten

Dies sind Ausgaben, die nur bei den Überschusseinkünften, z. B. Einkünfte aus nicht selbstständiger Arbeit, zu berücksichtigen sind. Sie stellen „Aufwendungen zur Erwerbung, Sicherung und Erhaltung der Einnahmen" dar.

Die Werbungskosten sind bei der Einkunftsart abzusetzen, bei der sie entstanden sind. Werbungskosten sind z. B.:
- bei den Einkünften aus nicht selbstständiger Arbeit:
  Aufwendungen für Fahrten zwischen Wohnung und Arbeitsstätte, Aufwendungen für Arbeitsmittel, Beiträge zu Berufsverbänden (Gewerkschaft u. a.);

○ bei den Einkünften aus Vermietung und Verpachtung:
die bezahlte Grundsteuer, Kosten für Reparaturen am Gebäude, die Absetzung für Abnutzung des Gebäudes.

Beachte:
Werbungskosten sind nicht mit Werbekosten beispielsweise eines Unternehmens zu verwechseln. Letztere sind Betriebsausgaben, die bei den Gewinneinkünften, z. B. bei den Einkünften aus Gewerbebetrieb, zu berücksichtigen und von den Umsätzen (Betriebseinnahmen) abzusetzen sind.

Verlustabzug

Verluste, die mit einem Verlustausgleich zwischen den einzelnen Einkunftsarten nicht ausgeglichen werden können (siehe oben), dürfen auf vorangegangene Jahre zurückgetragen werden. Man spricht dann von einem Verlustabzug. Er führt zu einer nachträglichen Minderung der Vorjahressteuern. So können Verluste im Jahr der Betriebsgründung nachträglich zur Erstattung von (Lohn-)Steuern der Vorjahre führen!

Meister-Tipp: Einkommensteuer
Die Ermittlung des zu versteuernden Einkommens und der Einkommensteuerschuld wird wegen der Vielzahl und der Komplexität der Vorschriften sowie einer ständig sich ändernden Gesetzgebung schon für einen Kleinstbetrieb in der Regel ohne einen Steuerberater nicht möglich sein.
Das Einkommensteuergesetz enthält eine Fülle von Vorschriften, die auf die Gewinnermittlung Einfluss haben. Es müssen die besonderen persönlichen oder beruflichen Verhältnisse des Steuerpflichtigen und seiner Angehörigen berücksichtigt werden, die zu einer Minderung der Steuerschuld führen können. Es sind Bestimmungen zu beachten, die die Anerkennung gewisser Ausgaben (z. B. Reisekosten, Bewirtungen) als Betriebsausgaben oder deren Pauschalierungsmöglichkeiten regeln. Überlegungen zur „richtigen" Abschreibung der Wirtschaftsgüter müssen getroffen werden und die steuergünstige Gestaltung von Verträgen (z. B. über Mietverträge und Beschäftigungsverhältnisse). Für einzelne Einkunftsarten oder Personengruppen bestehen daneben auch Regelungen, die wahlweise in Anspruch genommen werden können und im konkreten Einzelfall auf ihre Vorteilhaftigkeit überprüft werden müssen. So können unter bestimmten Umständen Existenzgründer eine „Ansparabschreibung" in Anspruch nehmen, die zu Steuerverschiebungen in die Folgejahre oder sogar zu echten Steuerminderungen führen.

Die *Einkommensteuerschuld* ergibt sich aus der Anwendung des Einkommensteuertarifs auf das zu versteuernde Einkommen. Hierbei bedient man sich in der Regel der Einkommensteuertabelle. Der *Steuertarif* sieht einen Grundfreibetrag von 7.235,- € (Ledige, Verdoppelung bei Zusammenveranlagung von Ehegatten) und danach ansteigende Steuersätze bis 48,5 % (*Spitzensteuersatz*, bei einem zu versteuernden Einkommen von 55.008,- €) vor.

Der Einkommensteuerpflichtige wird zur Einkommensteuer veranlagt. Hierzu hat er jährlich eine Einkommensteuererklärung abzugeben. Die Steuer wird durch Steuerbescheid festgesetzt. Ehegatten können eine Zusammenveranlagung beantragen. Der Steuerpflichtige hat am 10. März, 10. Juni, 10. September und 10. Dezember Vorauszahlungen zu entrichten.

Lohnsteuer

Bei Einkünften aus nicht selbstständiger Arbeit wird die Einkommensteuer durch Abzug vom Arbeitslohn erhoben (Lohnsteuer).

Der Arbeitnehmer ist Steuerschuldner. Der Arbeitgeber haftet allerdings für die Lohnsteuer, die er einzubehalten und abzuführen hat.

Grundlage für die Berechnung der Lohnsteuer bildet der Bruttolohn des einkommensteuerpflichtigen Arbeitnehmers und die Eintragungen auf der Lohnsteuerkarte: Familienstand, Steuerklasse, Zahl der Kinderfreibeträge, persönlicher Freibetrag. Die Lohnsteuer, die für den Lohnzahlungszeitraum einzubehalten ist, ergibt sich aus der Lohnsteuertabelle. Sie ist auf der Grundlage der Einkommensteuertabelle unter Bildung von Steuerklassen aufgestellt. Die Lohnsteuertabelle berücksichtigt eine Reihe von Freibeträgen, die in der Einkommensteuertabelle nicht eingearbeitet sind, wie z. B. ein Arbeitnehmerpauschbetrag und ein Sonderausgabenpauschbetrag.

Die Eintragung eines persönlichen Freibetrages auf der Lohnsteuerkarte oder die Veranlagung zur Einkommensteuer ist dann erforderlich, wenn z. B. die Werbungskosten die in die Lohnsteuertabelle eingearbeitete Werbungskostenpauschale von 1.044,- € übersteigen oder neben den Einkünften aus unselbstständiger Arbeit andere Einkünfte anfallen. Eine Veranlagung wird jedoch nicht durchgeführt, wenn die anderen Einkünfte 410,- € nicht übersteigen.

Die Steuerklassen dienen bei der Lohnsteuer der Berücksichtigung der besonderen persönlichen Verhältnisse des Steuerpflichtigen (z. B. Familienstand, Kinderzahl) und der unterschiedlichen Einkommensverhältnisse, im Besonderen bei Ehegatten und bei mehreren Arbeitsverhältnissen.

Bei *„geringfügigen Beschäftigungen"* kann der Lohn ohne Vorlage einer Lohnsteuerkarte und steuerfrei ausgezahlt werden, wenn

- keine anderen positiven Einkünfte vorliegen,
- die pauschalen Sozialversicherungsbeiträge entrichtet werden und
- der Arbeitnehmer eine Freistellungsbescheinigung seines Finanzamtes vorlegt.

Die Freistellungsbescheinigung wird ausgestellt, wenn der Arbeitslohn aus einem oder aus mehreren Arbeitsverhältnissen monatlich 325,- € nicht übersteigt.

Körperschaftsteuer

Die Körperschaftsteuer (KSt) ist die Einkommensteuer der juristischen Person (z. B. GmbH, AG).

Die juristische Person ist also selbstständiges Steuersubjekt. Während die Personengesellschaft, z. B. die Gesellschaft bürgerlichen Rechts (GbR), selbst nicht Unternehmer ist, sondern allein deren Gesellschafter Unternehmer und damit steuerpflichtig sind, ist die GmbH selbstständig Unternehmer und muss ihr Einkommen – über die KSt – versteuern.

Der Körperschaftsteuersatz beträgt 25 % des Gewinns der Körperschaft.

Insoweit von der GmbH an die Gesellschafter Gewinnanteile ausgeschüttet werden, unterliegen diese danach bei den Gesellschaftern zusätzlich noch als Einkünfte aus Kapitalvermögen (Kapitalerträge) der Einkommensteuer. Um eine steuerliche Doppelbelastung zu vermindern, unterliegen die von der juristischen Person an die Gesellschafter ausgezahlten Gewinne nur zur Hälfte der Einkommensteuer.

Die juristische Person kann aufgrund ihrer eigenen Rechtspersönlichkeit mit den Gesellschaftern (bei der Einmann-GmbH sogar mit dem einzigen Gesellschafter) einen Geschäftsführervertrag, d. h. einen Arbeitsvertrag mit allen steuerrechtlichen Konsequenzen (Lohnsteuerpflicht, Lohnaufwand als Betriebsausgabe bei der juristischen Person), abschließen.

Kirchensteuer und Solidaritätszuschlag

Als sog. Zuschlagsteuern (Annexsteuern) werden im Zuge der Einkommensbesteuerung die Kirchensteuer und der Solidaritätszuschlag erhoben. Bemessungsgrundlage für diese Zuschlagsteuern ist die Einkommensteuer bzw. die Lohnsteuer.

Erbschaft- und Schenkungsteuer

Erbschaft- und Schenkungsteuer unterliegen dem Erwerb von Todes wegen (Erbschaft) und der Schenkung unter Lebenden. Steuerpflichtig ist grundsätzlich der Empfänger des übertragenen Vermögens.

Im Allgemeinen wird der Wert zugrunde gelegt, der im gewöhnlichen Geschäftsverkehr bei einer Veräußerung zu erzielen wäre (gemeiner Wert). Es gibt aber zur Bewertung zahlreiche Sondervorschriften. Betriebsvermögen wird in der Regel mit dem sog. Teilwert angesetzt. Er entspricht in vielen Fällen dem Bilanzwert.

Die Erbschaft- und Schenkungsteuer unterscheidet je nach dem Verwandtschaftsgrad und nach der Art des übertragenen Vermögens mit unterschiedlichen Freibeträgen. Für Ehegatten beträgt der allgemeine Freibetrag 307.000,- €, für Kinder 205.000,- €. Für Betriebsvermögen und Betriebsgrundstücke gelten besondere Freibeträge bzw. Abschläge und unabhängig vom Verwandtschaftsgrad der günstigste Tarif der Steuerklasse I (7 %). Mehrere Zuwendungen innerhalb von 10 Jahren werden zur Besteuerung zusammengerechnet.

Die Steuersätze betragen je nach Verwandtschaft und Höhe des Vermögens zwischen 7 % und 50 %.

Steuerverfahren

Die wichtigsten verfahrensrechtlichen Bestimmungen in Steuersachen sind in der *Abgabenordnung (AO)* enthalten. Die AO ist ein Gesetz, das für alle Steuern gilt. Sie enthält Bestimmungen über Entstehung und Fälligkeit des Steueranspruchs, Stundung, Rechtsbehelfe u. a.

Der Steuerbescheid ist ein Verwaltungsakt, in dem ein bestimmter Betrag als Steuerschuld festgesetzt wird. Die Steuerfestsetzung (Veranlagung) kann unter dem Vorbehalt der Nachprüfung und vorläufig erfolgen. Die Steuererklärung ist rechtlich einer Steuerfestsetzung unter dem Vorbehalt der Nachprüfung gleichzusetzen.

Der Finanzverwaltung (Finanzamt) stehen zur Überprüfung der steuerlichen Verhältnisse folgende Hilfsmittel zur Verfügung:
- Die steuerlichen Verhältnisse können durch eine *Außenprüfung* im Betrieb nachgeprüft werden. Sie erfolgt auf Grundlage einer Prüfungsanordnung.
- Umsatz und Gewinn können vom Finanzamt anhand von *Richtsätzen* verprobt werden. Die Richtsätze sind für die einzelnen Gewerbeklassen auf der Grundlage von Betriebsergebnissen geprüfter vergleichbarer Unternehmen ermittelt worden. (Richtsatzsammlungen werden jährlich veröffentlicht und sind im Buchhandel erhältlich.) Richtsätze dürfen von den Finanzämtern jedoch nur in ganz begründeten Ausnahmefällen unmittelbar für eine Steuerfestsetzung herangezogen werden.
- Ein weiteres wichtiges Hilfsmittel der Steuerverwaltung stellen die sog. *Kontrollmitteilungen* des Finanzamtes dar. Bei der Außenprüfung werden Feststellungen, deren Kenntnis für die Besteuerung anderer Steuerpflichtiger von Bedeutung ist, festgehalten und dem zuständigen Finanzamt mitgeteilt.

Führt die Festsetzung einer Steuer zu einer Nachforderung oder Erstattung, dann ist diese zu verzinsen. Die Verzinsung beginnt jedoch erst 15 Monate nach Ablauf des Kalenderjahres, in dem die Steuer entstanden ist. Der Zinssatz beträgt 0,5 % pro Monat.

Die Finanzbehörden können Steuern und sonstige Geldleistungen, z. B. Verspätungszuschläge, ganz oder teilweise stunden, wenn
- ihre Einziehung mit erheblichen Härten verbunden ist und
- der Anspruch durch die Stundung nicht gefährdet ist.

Der Steuerbescheid erhält eine Rechtsbehelfsbelehrung, in der festgehalten ist,
- welcher Rechtsbehelf zulässig ist,
- binnen welcher Frist und
- bei welcher Behörde er einzulegen ist.

Vor dem gerichtlichen steht das außergerichtliche Rechtsbehelfsverfahren. Damit ist der Finanzverwaltung die Möglichkeit geboten, ihre Entscheidung nochmals zu überprüfen. Zum außergerichtlichen Rechtsbehelf gehört
- der Einspruch gegen den Steuerbescheid (i. d. R. beim Finanzamt einzulegen),
- die Beschwerde, z. B. gegen Ablehnung eines Stundungsantrages gegen die Festsetzung eines Verspätungszuschlages (i. d. R. beim Finanzamt einzulegen, Entscheidung erfolgt bei der nächsthöheren Behörde).

War der außergerichtliche Rechtsbehelf ganz oder zum Teil erfolglos, so kann ein gerichtliches Rechtsbehelfsverfahren eingeleitet werden. Dazu gehören
- die Klage beim Finanzgericht,
- die Revision beim Bundesfinanzhof.

Die Finanzverwaltung darf nach Ablauf bestimmter Fristen keine den Steuerpflichtigen belastenden Verwaltungsakte mehr vornehmen. Eine Steuerfestsetzung sowie ihre Änderung sind nach Ablauf der Festsetzungsfrist nicht mehr möglich.

Die Fristen der Festssetzungsverjährung betragen für
- Zölle und Verbrauchsteuern 1 Jahr,
- alle übrigen Steuern 4 Jahre.

Für leichtfertig verkürzte und für hinterzogene Steuern gelten 5- bzw. 10-jährige Verjährungsfristen.

Die Ansprüche der Finanzverwaltung aus einem Steuerschuldverhältnis verjähren nach 5 Jahren. Diese Zahlungsverjährungsfrist gilt für Steuern, die ohne Festsetzung fällig werden (z. B. Umsatzsteuer).

Versicherungen

Die **Sozialversicherung** dient der Vorsorge der versicherungspflichtigen Arbeitnehmer gegen bestimmte Lebensrisiken. Selbstständige sind – abgesehen von den selbstständigen Handwerkern – in der Regel nicht sozialversicherungspflichtig. Selbstständige Handwerker sind in der Rentenversicherung pflichtversichert und – mit einigen Einschränkungen – in den übrigen Sozialversicherungszweigen zur freiwilligen Mitgliedschaft berechtigt. Auch Rentner und andere Personengruppen (z. B. Studenten) sind unter bestimmten Voraussetzungen Mitglied der Sozialversicherung. Die Träger der Sozialversicherung sind Körperschaften oder Anstalten des öffentlichen Rechts mit weitgehender Selbstverwaltung der Versicherten (Arbeitnehmer) und der Arbeitgeber. Die Mittel für die Versicherung werden durch Beiträge aufgebracht.

Die Sozialversicherung ist nach den Versicherungsrisiken in folgende Versicherungszweige gegliedert:
- Krankenversicherung
- Pflegeversicherung
- Rentenversicherung
- Arbeitslosenversicherung
- Unfallversicherung.

Für die Kranken-, Pflege-, Renten- und Arbeitslosenversicherung der Arbeitnehmer gelten die folgenden wichtigsten Regelungen über Mitgliedschaft und Beiträge:

Versicherungspflichtig sind
- in der Kranken- und Pflegeversicherung:
  Arbeitnehmer, deren Jahresarbeitsentgelt eine bestimmte Grenze (*Versicherungspflichtgrenze*) nicht übersteigt. Arbeitnehmer, deren Entgelt über dieser Grenze liegt, können aus der Krankenversicherung austreten, sich freiwillig oder privat weiterversichern.
- in der Renten- und Arbeitslosenversicherung:
  alle Arbeitnehmer ohne Rücksicht auf die Höhe ihres Arbeitsentgeltes.

Grundlagen für die Berechnung der Beiträge zur Sozialversicherung bilden das Arbeitsentgelt (Bruttoverdienst) des Arbeitnehmers und der Beitragssatz (Prozentsatz). Das Arbeitsentgelt wird jedoch nur bis zu einem bestimmten Höchstbetrag (*Beitragsbemessungsgrenze*) angerechnet. Die Beitragsbemessungsgrenzen werden jährlich entsprechend der Entwicklung der Arbeitsentgelte aller Versicherten neu festgesetzt. Die Festsetzung der Beitragssätze erfolgt unter Berücksichtigung der voraussichtlichen Einnahmen- und Ausgabenentwicklung der einzelnen Versicherungsträger.

Die Beiträge werden von den Arbeitnehmern und ihren Arbeitgebern jeweils zur Hälfte getragen. Der Arbeitgeber behält die Arbeitnehmeranteile vom Arbeitsentgelt des Arbeitnehmers ein. Sie werden zusammen mit den Arbeitgeberanteilen an die Krankenkassen (Einzugsstellen für die o. g. Sozialversicherungszweige) weitergeleitet.

Für Arbeitnehmer, die kurzzeitig oder gegen geringes Entgelt beschäftigt sind, gelten Sonderregelungen (Beitragsfreiheit bzw. Pauschalbeitrag durch Arbeitgeber). Beitragssätze und Grenzwerte vgl. Seite 79.

Der Arbeitgeber ist – im einheitlichen Meldeverfahren – verpflichtet, jeden Beschäftigten zur Kranken-, Pflege-Renten- und Arbeitslosenversicherung bei der Krankenkasse anzumelden. Der Arbeitgeber benötigt hierfür eine Betriebsnummer, die ihm auf Antrag vom Arbeitsamt zugeteilt wird.

Jeder Beschäftigte erhält einen *Sozialversicherungsausweis*. Für bestimmte Berufe (Bauberufe, Gebäudereiniger, Gaststättengewerbe) besteht hierfür eine Mitführungspflicht.

Krankenversicherung

Träger der gesetzlichen Krankenversicherung sind die Krankenkassen. Für den Bereich des Handwerks sind die folgenden Kassenarten von Bedeutung:
- Ortskrankenkassen
- Innungskrankenkassen
- Ersatzkrankenkassen.

Für einzelne Branchen und zahlreiche Großunternehmen sind weitere Krankenkassen errichtet, z. B. Landwirtschaftliche Krankenkassen, Betriebskrankenkassen). Die in der gesetzlichen Krankenkasse Pflichtversicherten können wählen, welcher Krankenkasse sie angehören wollen.

Die Leistungen der Krankenkassen erfolgen grundsätzlich in Form von Sach- und Dienstleistungen (Sachleistungsprinzip) und nur in den gesetzlich vorgeschriebenen Fällen als Barleistungen, z. B. Krankengeld. Sie werden den Mitgliedern selbst und deren Familienangehörigen gewährt (Familienhilfe).

Die wichtigsten Leistungen der Krankenversicherung sind:
- Krankenbehandlung. Ärztliche und zahnärztliche Behandlung, Versorgung mit Arzneimitteln, Krankenhausbehandlung.
- Krankengeld. Während der Arbeitsunfähigkeit in Höhe von 70 % des Regelentgelts, höchstens aus der Beitragsbemessungsgrenze und maximal 90 % des Nettoarbeitsentgelts. Der Krankengeldanspruch ruht, wenn und solange Entgeltzahlung durch den Betrieb erfolgt (siehe Seite 83).
- Leistungen bei Schwangerschaft und Mutterschaft. Ärztliche Leistungen und Sachleistungen, Mutterschaftsgeld und Entbindungsgeld.

○ Maßnahmen der Gesundheitsförderung und Krankheitsverhütung. Vorsorgeuntersuchungen für bestimmte Personengruppen und Krankheiten (Krebsvorsorge).

Pflegeversicherung

Bei den gesetzlichen Krankenkassen sind Pflegekassen eingerichtet Sie erbringen bei Pflegebedürftigkeit der Versicherten Sach- und Geldleistungen. Versicherungspflichtig sind alle in der gesetzlichen Krankenversicherung Pflichtversicherten und freiwillig Versicherten. Familienangehörige von Kassenmitgliedern, die in der gesetzlichen Krankenversicherung mitversichert sind, sind auch in der Pflegeversicherung mitversichert.

Rentenversicherung

Träger der gesetzlichen Rentenversicherung sind die Landesversicherungsanstalten (LVA) für die Arbeiter und die Bundesversicherungsanstalt für Angestellte in Berlin (BfA) für die Angestellten.

Die wichtigsten Leistungen sind:
○ Altersrente
○ Erwerbsminderungsrente
○ Renten an Hinterbliebene (Witwen, Waisen)
○ Rehabilitation (Maßnahmen zur Erhaltung der Erwerbsfähigkeit und Wiedereingliederung in das Erwerbsleben).

Die Höhe der Rente bestimmt sich nach dem individuellen Versicherungsverlauf. Maßgebend hierfür sind insbesondere
○ die Höhe der während des Erwerbslebens bezogenen Arbeitsentgelte,
○ die Höhe und die Anzahl der geleisteten Beiträge.

Die Renten werden an die Entwicklung der Löhne angepasst.

Zusätzliche kapitaldeckende Altersversorgung

Seit Jahresbeginn 2002 wird der Aufbau einer privaten oder betrieblichen Altersvorsorge staatlich gefördert.

Förderungsfähige Anlageformen sind kapitalgedeckte Rentenversicherungen, auch auf der Grundlage von Fonds- und Bausparplänen. Die Anlage muss bis zum Beginn der Altersrente aus der gesetzlichen Rentenversicherung gebunden sein und ab Auszahlungsbeginn eine lebenslange monatliche Leibrente zusichern.

Die Höhe der staatlichen Zulage ist vom Familienstand und der Kinderzahl abhängig.

2. Das müssen Sie wissen: Der Prüfungsstoff

Rentenversicherung der selbstständigen Handwerker

Für selbstständige Handwerksmeister besteht eine *Versicherungspflicht* in der gesetzlichen Rentenversicherung. Die Versicherungspflicht besteht dagegen nicht für Handwerksmeister, die Gesellschafter einer GmbH sind. Auch die Inhaber eines handwerksähnlichen Gewerbes (siehe Seite 160) sind nicht versicherungspflichtig. Personen, die neben einer versicherungspflichtigen selbstständigen Tätigkeit als Handwerker eine versicherungspflichtige Beschäftigung als Arbeitnehmer ausüben, sind in beiden Tätigkeiten versicherungspflichtig.

Träger der „Handwerkerversicherung" ist die jeweilige Landesversicherungsanstalt (LVA).

Die Versicherungspflicht
- beginnt mit Aufnahme der selbstständigen Tätigkeit (Eintragung in Handwerksrolle) und
- endet mit Einstellung der selbstständigen Tätigkeit (Löschung in der Handwerksrolle).

Nach 18 Beitragsjahren besteht die Möglichkeit, sich von der Versicherungspflicht befreien zu lassen und sich erforderlichenfalls freiwillig weiter zu versichern.

Da der selbstständige Handwerker über keine festen Monatseinkommen als Berechnungsgrundlage verfügt, ergibt sich die Notwendigkeit einer besonderen Beitragsregelung für seine Rentenversicherung: Es wird ein Regelbeitrag erhoben, der sich auf der Grundlage der allgemeinen Arbeitseinkommen aller Versicherten (Bezugsgröße) errechnet (vgl. Seite 80). Eine freiwillige Höherversicherung ist möglich. Bis zum Ablauf des dritten Kalenderjahres nach Eintragung in die Handwerksrolle (Existenzgründer) kann auf Antrag ein halber Regelbeitrag entrichtet werden.

Arbeitslosenversicherung

Die Arbeitslosenversicherung ist Teil der umfangreichen Aufgaben, die der Bundesanstalt für Arbeit (Sitz: Nürnberg) mit ihren Dienststellen der Landesarbeitsämter und der örtlichen Arbeitsämter vom Gesetzgeber zugewiesen sind.

Die wichtigsten Leistungen der Arbeitslosenversicherung:
- *Arbeitslosengeld:* 60 % bzw. 67 % (bei mindestens 1 Kind) des Nettoarbeitsentgeltes. Anspruchsdauer i. d. R. 1 Jahr. Längere Bezugsdauer für ältere Arbeitslose.
- *Arbeitslosenhilfe:* 53 % bzw. 57 % des letzten Nettoentgeltes, nach Ablauf des Bezugs von Arbeitslosengeld und bei Bedürftigkeit
- *Kurzarbeitergeld* bei vorübergehendem, unvermeidbarem und nicht betrieblichem oder saisonbedingten Arbeitsausfall.

Im Rahmen der Arbeits- und Berufsförderung gehören zu den Aufgaben der Bundesanstalt für Arbeit:
- Beratung in Fragen der Berufswahl, des beruflichen Fortkommens und des Berufswechsels,
- Vermittlung von Arbeits- und Ausbildungsstellen,
- finanzielle Förderung der beruflichen Bildung und der Arbeitsaufnahme zur Wiedereingliederung Arbeitsloser und bei Aufnahme einer selbstständigen Existenz (Überbrückungsgeld u. a.),
- Maßnahmen der Arbeitsbeschaffung (ABM) für Arbeiten, die im öffentlichen Interesse liegen.

Weitere Aufgaben der Arbeitsämter sind:
- Zahlung von Insolvenzgeld, d. h. Zahlung des Arbeitsentgeltes bei Insolvenz des Arbeitgebers. Die Finanzierung erfolgt durch die Arbeitgeber über eine Umlage, die von den Berufsgenossenschaften erhoben wird.
- Zahlung von Winterausfallgeld und anderer Leistungen zur Förderung ganzjährigen Beschäftigung in der Bauwirtschaft. Zur Finanzierung zahlen die Betriebe des Baugewerbes eine Umlage.

Sozialversicherung
Beitragssätze und Grenzwerte (monatlich, in €)

kursiv = Deutschland (Ost)

Beitragssätze	
Rentenversicherung	19,1 %
Arbeitslosenversicherung	6,5 %
Krankenversicherung (unterschiedlich nach Kassen)	ca. 14,0 %
Pflegeversicherung	1,7 %
Versicherungspflichtgrenze	
Krankenkasse	3.375,-
	3.375,-
Beitragsbemessungsgrenzen	
Rentenversicherung	4.500,-
	3.750,-
Arbeitslosenversicherung	4.500,-
	3.750,-
Krankenversicherung	3.375,-
	3.375,-

2. Das müssen Sie wissen: Der Prüfungsstoff

Handwerker-Regelbeitrag zur Rentenversicherung	
bei Bezugsgröße von	
2.345,-	447,90
1.960,-	*374,36*
Geringverdienergrenze	
(Arbeitgeber trägt AG- und AN-Anteile allein)	325,-
	325,-
Geringfügigkeitsgrenze	
(sozialversicherungsfrei bei geringfügig Beschäftigten)	325,-
	325,-
Stand: 1. Januar 2002	

Unfallversicherung

Träger der gesetzlichen Unfallversicherung der Betriebe sind fachlich und regional gegliederte *Berufsgenossenschaften*.

Für die Versicherungspflicht und den Versicherungsschutz gilt Folgendes:
Die Unternehmen sind Zwangsmitglied und zahlen allein die Beiträge (Umlagen). Versicherungspflichtig sind alle Beschäftigten ohne Rücksicht auf die Höhe des Entgeltes und die Dauer der Beschäftigung. Der Unternehmer selbst ist in einigen Berufsgenossenschaften kraft Satzung mitversichert. Im Übrigen ist er zur freiwilligen Versicherung berechtigt. Der Versicherungsschutz besteht für Arbeitsunfälle, Wegeunfälle und Berufskrankheiten. Es werden Heilbehandlung und Rehabilitation sowie Rentenleistungen erbracht.

Die Finanzierung erfolgt über eine Umlage, die sich richtet nach
- dem Grad der Unfallgefahr (Gefahrklasse) und
- der Unfallhäufigkeit im Betrieb und
- der Entgeltsumme des Betriebes.

Außerdem übernehmen die Berufsgenossenschaften Aufgaben in der Verhütung von Arbeitsunfällen, wie z. B.
- Erlass von Unfallverhütungsvorschriften,
- Überwachung der Unfallverhütungsvorschriften,
- Bestellung von Sicherheitsbeauftragten in Betrieben mit mehr als 20 Beschäftigten.

Privat- und Betriebsversicherungen

Während die Sozialversicherung die Vorsorge gegenüber bestimmten Risiken für die in der Regel kraft Gesetzes Pflichtversicherten, vor allem für die Arbeitnehmer, übernimmt, stehen Privatversicherungen grundsätzlich jedem offen und ermöglichen eine vielfältige Risikovorsorge im persönlichen und betrieblichen Bereich.

Eine Privatversicherung kommt durch den Abschluss eines Vertrages zwischen dem Versicherer (Versicherungsunternehmen) und dem Versicherungsnehmer zustande. Hinzu kommen „Allgemeine Versicherungsbedingungen (AVB)". Die AVB unterliegen der Kontrolle des Bundesaufsichtsamtes für das Versicherungswesen.

Wichtigste *Personenversicherungen* sind die private Krankenversicherung, die Renten-/Lebensversicherung und die Unfallversicherung.

Selbstständige Handwerker sind nicht krankenversicherungspflichtig. Wenn sie unmittelbar vor der Existenzgründung als Arbeitnehmer einer allgemeinen Ortskrankenkasse, Ersatzkasse oder Innungskrankenkasse angehörten, können sie ihre Mitgliedschaft bei dieser Kasse beibehalten. Sie können auch die Krankenkasse wechseln und sich in einer privaten Krankenversicherung freiwillig oder zusätzlich versichern. Welche Versicherung vorteilhaft ist, kann nicht pauschal beantwortet werden. Ausgehend von den jeweiligen persönlichen Verhältnissen ist das Preis-Leistungs-Verhältnis für die Wahl der richtigen Versicherung entscheidend. Dabei ist zu berücksichtigen, dass
- Beiträge zur gesetzlichen Krankenkasse von Alter, Geschlecht und Anzahl der nicht erwerbstätigen Familienangehörigen unabhängig sind,
- die privaten Versicherer für jedes Familienmitglied einen eigenen Beitrag berechnen.

Die Versicherungen in der gesetzlichen Rentenversicherung und in der Berufsgenossenschaft stellen eine Grundsicherung dar. Sie können durch einen zusätzlichen privaten Versicherungsschutz ergänzt werden.

Meister-Tipp: Private Vorsorge

Über die gesetzliche Pflichtversicherung hinaus muss der selbstständige Handwerksmeister weitere Vorsorge für Alter und Erwerbsminderung treffen!

Der selbstständige Handwerksmeister, nicht jedoch der Inhaber eines handwerksähnlichen Betriebes, hat im Falle einer Erwerbsminderung Anspruch aus der gesetzlichen Rentenversicherung. Er wird jedoch meist zu gering sein, um die finanziellen Verpflichtungen und den Lebensunterhalt für ihn und seine Familie abdecken zu können. Er sollte daher bereits zum Zeitpunkt der Existenzgründung prüfen, ob für den Fall einer späteren Berufsunfähigkeit eventuell eine Versorgungslücke besteht und der Abschluss einer zusätzlichen Berufsunfähigkeitsversicherung erforderlich wird. Sie kann als Zusatz zu einer privaten Lebensversicherung abgeschlossen werden.

Vermögens- und Sachversicherungen

Der Handwerksbetrieb sollte in jedem Fall gegen existenzbedrohende betriebliche Risiken versichert werden. Unter dieser Zielsetzung ist der Abschluss einer *Betriebshaftpflichtversicherung* betriebsnotwendig.

Die Haftpflichtversicherung deckt Schäden, die dem Versicherungsnehmer dadurch entstehen, dass er aufgrund der gesetzlichen Bestimmungen von einem Dritten auf Schadenersatz in Anspruch genommen wird. Soweit dies ausdrücklich vereinbart wird, deckt sie auch die vertragliche Haftpflicht des Unternehmers. Sie dient gleichzeitig der Absicherung der Haftpflichtansprüche aus einem Arbeitsverhältnis.

Zur betrieblichen Vorsorge gehört auch ein ausreichender Versicherungsschutz für das Betriebsvermögen. Hierfür stehen vielerlei Angebotsformen von *Sachversicherungen* (z. B. Feuer-, Einbruch-, Diebstahl-, Wasser-, Sturmversicherungen) zur Verfügung. Es empfiehlt sich ein Versicherungspaket, in dem die wichtigsten Risiken gedeckt werden.

Die Höhe des Ersatzes hängt u. a. von der Schadenhöhe, der Festlegung der Versicherung nach „Neuwert" (Wiederbeschaffungspreis) oder „Zeitwert" (Neuwert abzgl. Wertverlust durch Alter und Gebrauch) und der Versicherungssumme ab. Die „gleitende Neuwertversicherung" ermöglicht die Anpassung an Wertveränderungen der versicherten Sache (Dynamisierung der Versicherungssumme).

Die *Betriebsunterbrechungsversicherung* deckt die finanziellen Verluste, die im Anschluss an einen Schaden durch Unterbrechung des Betriebes hervorgerufen werden können (z. B. Löhne, Mieten, Steuern, entgangener Gewinn).

2.2.3 Arbeits- und Sozialrecht

Der Arbeitsvertrag regelt die Rechtsbeziehungen zwischen Arbeitgeber (Betrieb) und Arbeitnehmer. Die individuelle Gestaltungsmöglichkeit beim Vertragsabschluss, d. h. die Vertragsfreiheit, ist beim Arbeitsverhältnis stark eingeschränkt. Tarifverträge als Kollektivverträge bilden rechtliche Rahmenvorschriften für den Arbeitsvertrag. Über die privatrechtlichen Verpflichtungen hinaus werden mit dem Arbeitsverhältnis auch Rechtsbeziehungen öffentlich-rechtlicher Art, v. a. zum Schutz des Arbeitnehmers, begründet.

Arbeitsverträge

Der Abschluss eines Arbeitsvertrages erfolgt meist schriftlich, ist jedoch grundsätzlich formfrei (schriftlich, mündlich, stillschweigend durch schlüssiges Verhalten, wie z. B. durch tatsächliche Arbeitsaufnahme). Das Gesetz schreibt allerdings in dem Fall, dass ein schriftlicher Arbeitsvertrag nicht vorliegt, zumindest eine Niederschrift über die wesentlichen Vertragsbedingungen vor. Diese Niederschrift hat spätestens einen Monat nach Arbeitsbeginn zu erfolgen. Sie muss von dem Arbeitnehmer unterzeichnet und ihm ausgehändigt werden. Befristete Arbeitsverhältnisse (Zeitverträge) und Ausbildungsverträge bedürfen immer der Schriftform.

Der Arbeitsvertrag ist ein Dienstvertrag besonderer Art. Aus diesem Dienstverhältnis ergeben sich die folgenden gesetzlichen **Pflichten der Vertragspartner**:
- für den Arbeitnehmer:
  - *Arbeitspflicht*, d. h. die persönliche Arbeitsleistung, deren Inhalt sich aus der Einzelvereinbarung ergibt. Es besteht eine Weisungsgebundenheit an Anordnungen des Arbeitgebers (Direktionsrecht).
  - *Treuepflicht*, d. h. Rücksichts- und Schutzpflichten gegenüber dem Arbeitgeber, z. B. Informationspflicht und Verschwiegenheit über betriebliche Vorgänge, Konkurrenzverbot, z. B. Verbot von Schwarzarbeit.
- für den Arbeitgeber:
  - *Vergütungspflicht*. Die Höhe der Vergütung ergibt sich aus Einzelvereinbarung bzw. aus Tarifvertrag. Sie umfasst auch die gesetzliche Pflicht, für den Arbeitnehmer Sozialversicherungsbeiträge und Steuern abzuführen sowie die Weiterzahlung des Entgeltes während des Urlaubs, bei Krankheit, an gesetzlichen Feiertagen und bei weiteren persönlichen und betriebsbedingten Arbeitsverhinderungen („Sonderurlaub").
  Gesetzlicher Jahresurlaub: 24 Werktage; für Jugendliche je nach Alter: 25–30 Werktage. Teilzeitbeschäftigte haben den gleichen Urlaubsanspruch wie Vollbeschäftigte, die Urlaubsvergütung berechnet sich jedoch nach dem verminderten Durchschnittsentgelt. Über das gesetzliche Mindestmaß hinausgehende Regelungen sind in Tarifverträgen möglich.
  Lohnfortzahlung im Krankheitsfalle: Das Arbeitsentgelt ist bei Arbeitsunfähigkeit bis zur Dauer von sechs Wochen zu zahlen. Dauert die Arbeitsunfähigkeit länger, tritt anschließend die Krankenkasse ein.
  Für Betriebe mit in der Regel nicht mehr als 20 Beschäftigten sind bei den Krankenkassen Ausgleichskassen errichtet, die den Betrieben je nach Satzung bis zu 80 % ihrer Aufwendungen für die Lohnfortzahlung erstatten. Die am Ausgleichsverfahren beteiligten Betriebe finanzieren diese Zahlungen über Umlagebeiträge.
  - *Beschäftigungspflicht*. Neben der Zahlung des Arbeitsentgeltes ist der Arbeitgeber zur Beschäftigung des Arbeitnehmers verpflichtet, und zwar mit solchen Arbeiten, die bei der Einstellung vereinbart wurden. Die Beschäftigung mit geringwertigen Arbeiten ist nur im Einvernehmen oder in Not- bzw. Ausnahmefällen erlaubt.
  - *Fürsorgepflicht*. Der Arbeitgeber ist während des Arbeitsverhältnisses verpflichtet, das Wohl und die Interessen des Arbeitnehmers gebührend zu berücksichtigen. Hierzu gehören z. B. die Einhaltung von Schutz- und Sorgfaltspflichten gegenüber dem Arbeitnehmer und die richtige Berechnung des Lohnes.

Zeitverträge

Arbeitsverträge sind in der Regel unbefristet. Befristete Arbeitsverträge (Zeitverträge) enden mit Zeitablauf, ohne dass es einer Kündigung bedarf. Sie bedürfen der Schriftform.

Zeitverträge sind nur zulässig, wenn ein „sachlicher Grund" hierfür vorliegt. Als sachliche Gründe werden anerkannt: Einstellung zur Probe, Saisonarbeit, zeitweilige Vertretung, jedoch keine Dauervertretung. Die Befristung eines nach der Berufsausbildung anschließenden Arbeitsverhältnisses ist bis zur Dauer von zwei Jahren möglich.

Ohne den Nachweis eines „sachlichen Grundes" ist bei Neueinstellungen eine Befristung bis zwei Jahre möglich. Innerhalb der Gesamtdauer von zwei Jahren ist eine dreimalige Verlängerung eines befristeten Arbeitsvertrages möglich.

Beachte:
Von einem Probearbeitsvertrag (Zeitvertrag), der keiner Kündigung bedarf, ist die Vereinbarung einer Probezeit bei einem unbefristeten Arbeitsverhältnis zu unterscheiden. Hier gelten die gesetzlichen oder tarifvertraglichen Mindestkündigungsfristen.

Aufhebungsvertrag. Das Arbeitsverhältnis kann auch durch einen Aufhebungsvertrag, d. h. eine einvernehmliche Lösung ohne Kündigung, beendet werden. Bei einem Aufhebungsvertrag ist zu beachten, dass der Arbeitnehmer seine Ansprüche auf Arbeitslosengeld verlieren kann.

Muster eines Arbeitsvertrages siehe Seite 200.

Kündigungen

Eine Kündigung wird in der Regel als ordentliche Kündigung unter Einhaltung der Kündigungsfrist von einem der beiden Vertragspartner ausgesprochen. Die Kündigung muss schriftlich erfolgen.

Kündigungsfristen:

Die gesetzliche Kündigungsfrist beträgt vier Wochen zum 15. oder zum Ende eines Kalendermonats.

Bei Betrieben mit mehr als 20 Arbeitnehmern (ohne Lehrlinge) gilt die Grundfrist von vier Wochen ohne Endtermin (15. bzw. Ende des Kalendermonats). Während einer vereinbarten Probezeit, längstens für die Dauer von sechs Monaten, kann das Arbeitsverhältnis mit einer Frist von zwei Wochen gekündigt werden. Nach einer Beschäftigungsdauer von 2 Jahren und mehr verlängert sich für den Arbeitgeber diese Frist (bis 7 Monate zum Ende eines Kalendermonates nach 20-jähriger Beschäftigung). Bei der Berechnung der Beschäftigungsdauer werden Zeiten, die vor Vollendung des 25. Lebensjahres liegen, nicht berücksichtigt.

Die gesetzlichen Kündigungsfristen können durch Tarifvertrag verlängert oder verkürzt werden. Eine längere Kündigungsfrist kann einzelvertraglich vereinbart werden. Sie darf jedoch für Arbeitgeber nicht länger sein als für Arbeitnehmer.

Von größter Bedeutung für die Wirksamkeit einer ordentlichen Kündigung ist die Beachtung der Vorschriften des *Kündigungsschutzgesetzes* (siehe Seite 86).

Eine *außerordentliche (fristlose) Kündigung* ist dann zulässig, wenn dem Kündigenden die Fortsetzung des Arbeitsverhältnisses bis zum Ablauf der (ordentlichen) Kündigungsfrist nicht zugemutet werden kann, z. B. grobe Verfehlungen, beharrliches vertragswidriges Verhalten. Fristlose Kündigungen müssen spätestens innerhalb zwei Wochen nach Bekanntwerden des Kündigungsgrundes ausgesprochen werden.

Arbeitsrechtliche Ansprüche aller Art, insbesondere auch Lohnansprüche, unterliegen der Verjährung bzw. des Ausschlusses. Die gesetzliche Verjährungsfrist beträgt drei Jahre, beginnend mit dem Schluss des Jahres, in dem der Anspruch entstanden ist. Der zeitlich kürzere „Ausschluss" ist meist in Tarifverträgen (Ausschlussklausel) verankert. Er beträgt im Allgemeinen drei Monate.

Tarifverträge

Tarifverträge werden abgeschlossen von Arbeitnehmervertretungen (Gewerkschaften) und Arbeitgeberverbänden (Handwerk: Innungen bzw. Innungsverbände). Sie regeln die wichtigsten Arbeitsbedingungen für einen Wirtschaftszweig bzw. eine Berufsgruppe im Tarifgebiet (Land, Bund). Der Lohn- und Gehaltstarifvertrag regelt das Arbeitsentgelt, der Manteltarifvertrag die sonstigen Arbeitsbedingungen (z. B. Urlaub, Kündigungsfristen). Tarifverträge sind verbindlich, wenn
- Arbeitgeber und Arbeitnehmer organisiert sind, d. h. der Arbeitgeber Mitglied des Arbeitgeberverbandes (Innung) und der Arbeitnehmer Mitglied der Gewerkschaft ist oder
- der Tarifvertrag für allgemeinverbindlich erklärt wurde (Verbindlichkeitserklärung durch das Arbeitsministerium auf Antrag der Tarifvertragsparteien) oder
- im Einzelarbeitsvertrag die Anwendung des Tarifvertrags vereinbart wird.

Tarifvertragliche Regelungen stellen Mindestansprüche dar. Abweichende Vereinbarungen sind nur zugunsten des Arbeitnehmers zulässig

Betriebliche Mitbestimmung

Arbeitsrecht kann auch durch Betriebsvereinbarungen geschaffen werden, die von der Betriebsleitung und der *Betriebsvertretung (Betriebsrat)* abgeschlossen werden. Betriebsvereinbarungen betreffen
- Fragen der Betriebsordnung, wie Arbeitszeitregelungen, Betriebsurlaub u. Ä.,
- das Verhalten der Arbeitnehmer im Betrieb und
- Verfahrensfragen im Rahmen der betrieblichen Mitbestimmung (siehe unten).

Eine rechtliche Bindung erzeugt auch die Betriebsübung als eine gleichförmige Wiederholung bestimmter Handlungen, z. B. vorbehaltlose Zahlung von Weihnachtsgeld über mehrere Jahre.

Ein *Betriebsrat* kann in Betrieben mit in der Regel mindestens fünf ständig beschäftigten Arbeitnehmern, einschließlich der Lehrlinge, gewählt werden. In Betrieben mit 5 bis 20 Arbeitnehmern besteht der Betriebsrat nur aus einer Person (Betriebsobmann).

Der Betriebsrat hat eine Amtszeit von 4 Jahren. Der Betriebsrat hat im Rahmen der betrieblichen Mitbestimmung folgende Rechte:
- Mitbestimmungsrechte in sozialen Angelegenheiten, z. B. der Betriebsordnung (Arbeitszeitregelung), Urlaubspläne, Maßnahmen des Gesundheitsschutzes, Anhörungs- und Widerspruchsrecht bei Kündigungen,
- Mitwirkungsrechte, z. B. Anhörung über Personalplanung und Personaleinstellung, Information über wirtschaftliche Entwicklung des Betriebes.

Sozialer Arbeits- und Kündigungsschutz

Wichtiges Arbeitsrecht stellen auch die *Arbeitsschutzgesetze* dar, im Besonderen die Vorschriften über den allgemeinen Kündigungsschutz. Weitere arbeitsrechtliche Schutzvorschriften für bestimmte Personengruppen betreffen den Mutterschutz, den Schwerbehindertenschutz und den Jugendarbeitsschutz. Zum Arbeitsschutzrecht gehört auch der betriebliche (technische) Arbeitsschutz, der dem Gesundheits- und Gefahrenschutz im Betrieb dient (siehe Seite 170).

Der *allgemeine Kündigungsschutz* des Kündigungsschutzgesetzes (KSchG) schränkt den Arbeitgeber in seinem Kündigungsrecht ein. Voraussetzungen:
- Betrieb mit in der Regel mehr als 5 Arbeitnehmern ohne Auszubildende (Teilzeitbeschäftigte werden anteilig mitberücksichtigt),
- Beschäftigungsdauer des gekündigten Arbeitnehmers von mehr als 6 Monaten.

Grundsatz des allgemeinen Kündigungsschutzes nach KSchG:

Die Kündigung darf „nicht sozial ungerechtfertigt" sein. Die ordentliche Kündigung bedarf danach der sozialen Rechtfertigung, andernfalls ist sie rechtsunwirksam.

Das Kündigungsschutzgesetz sieht folgende *Rechtfertigungsgründe* vor, die eine Kündigung ermöglichen:
- Gründe in der Person des Arbeitnehmers, z. B. mangelnde körperliche oder geistige Eignung; Erkrankungen, die die Verwendbarkeit des Arbeitnehmers erheblich herabsetzen. Hier ist eine sorgfältige Abwägung der Interessen des Arbeitnehmers und des Betriebes notwendig!
- Gründe im Verhalten des Arbeitnehmers, z. B. Vertragsverletzungen, wie häufiges Zuspätkommen, ständige Störung des Betriebsfriedens, Schlechtleistung aufgrund von Alkoholmissbrauch. Vor Ausspruch einer Kündigung aus verhaltensbedingten Gründen ist eine *Abmahnung*, d. h. schriftliche Mahnung mit Hinweis auf drohende Entlassung, erforderlich!
- Betriebsbedingte Gründe, z. B. anhaltender Auftragsrückgang, Umorganisation oder Rationalisierung, wenn andere Mittel, z. B. Abbau von Überstunden oder Kurzarbeit, nicht möglich oder nicht zumutbar sind.

Bei Auswahl des zu Kündigenden sind soziale Gesichtspunkte (Lebensalter, Dauer der Betriebszugehörigkeit, Familienstand) zu berücksichtigen.

Vor einer ordentlichen Kündigung ist die Möglichkeit einer *Änderungskündigung* zu prüfen. Sie setzt sich aus zwei Elementen zusammen:
- die Kündigung des Arbeitsverhältnisses und
- das Angebot, das Arbeitsverhältnis zu geänderten Bedingungen fortzusetzen.

Bei einer Änderungskündigung kann der Arbeitnehmer wählen, ob er die Kündigungsschutzklage erhebt oder nur gegen die Änderung der Arbeitsbedingungen vorgehen will. Im letzteren Fall nimmt er das Änderungsangebot unter dem Vorbehalt an, dass die Änderung sozial gerechtfertigt ist. Der Arbeitnehmer verliert bei diesem Vorgehen seinen Arbeitsplatz nicht, wenn sich herausstellt, dass der Arbeitgeber im Recht ist.

Gegen eine ausgesprochene Kündigung kann der Arbeitnehmer innerhalb von 3 Wochen *Kündigungsschutzklage* erheben. Stellt dann das Arbeitsgericht fest, dass die Kündigung sozial ungerechtfertigt war, kann es auf Antrag des Arbeitnehmers das Arbeitsverhältnis auflösen und den Arbeitgeber zur Zahlung einer *Abfindung* verurteilen.

Voraussetzung: Dem Arbeitnehmer ist die Weiterbeschäftigung nicht zumutbar.

Die Höhe der Abfindung ist vom Alter und von den Beschäftigungsjahren abhängig. Ab dem 50. Lebensjahr und mit 15 Beschäftigungsjahren werden z. B. von den Arbeitsgerichten als Abfindung 15 Bruttomonatsentgelte festgesetzt.

Ein *besonderer Kündigungsschutz* und weitere Schutzvorschriften gelten für eine Reihe von Personengruppen:
- Wehrpflichtige und Zivildienstleistende. Eine ordentliche Kündigung aus Anlass des Wehrdienstes (Zivildienstes) ist unwirksam.
  Ausnahme:
  Wirksam ist die Kündigung eines unverheirateten Arbeitnehmers in Betrieben mit höchstens 5 Arbeitnehmern (ohne Lehrlinge und geringfügig Beschäftigte), wenn dem Betrieb die Einstellung einer Ersatzkraft nicht zugemutet werden kann.
- Betriebsratsmitglieder. Kündigungsschutz besteht bis ein Jahr nach Ende der Amtszeit.
- Schwerbeschädigte. Eine Kündigung kann nur mit Zustimmung des Integrationsamtes (Hauptfürsorgestelle) erfolgen.
  Das *Schwerbehindertengesetz* sieht für Schwerbehinderte im Arbeitsleben weitere Schutzvorschriften und Rücksichtnahmen vor. So besteht eine Pflicht zur Beschäftigung von Schwerbeschädigten und ihnen Gleichgestellte.
  Arbeitgeber müssen Schwerbeschädigte einstellen, wenn sie über mindestens 20 Arbeitsplätze verfügen (Lehrlinge werden nicht mitgerechnet). Danach sind auf mindestens 5 % der Arbeitsplätze Schwerbeschädigte zu beschäftigen. Für jeden unbesetzten Pflichtplatz hat der Arbeitgeber eine Ausgleichsabgabe je nach Erfüllungsquote von 105,- € bis 260,- € im Monat zu zahlen, die an die Hauptfürsorgestelle (Integrationsamt) abzuführen ist.
- Werdende Mütter. Es besteht ein absoluter Kündigungsschutz während der Schwangerschaft und bis zum Ablauf von vier Monaten nach der Niederkunft sowie während der Elternzeit. Eine Kündigung seitens der Arbeitnehmerin kann jederzeit ohne Einhaltung einer Kündigungsfrist, während der Elternzeit mit einer Frist von 3 Monaten zum Ende des Elternzeit, erfolgen. Das *Mutterschutzgesetz* sieht außerdem u. a. zum Schutz von Mutter und Kind vor:
  – die Pflicht des Arbeitgebers, die Schwangerschaft der Arbeitnehmerin der Gewerbeaufsichtsbehörde mitzuteilen,
  – ein Verbot von schweren körperlichen Arbeiten,
  – die Freistellung von der Arbeit (6 Wochen vor der Entbindung, 8 bzw. 12 Wochen nach der Entbindung),
  – die Gewährung von Stillzeiten,
  – die Lohnfortzahlung (Zuschusspflicht des Arbeitgebers zum Mutterschaftsgeld),
  – den Anspruch auf Elternzeit für Mutter oder Vater (bis Vollendung des 3. Lebensjahres des Kindes).

2.2.4 Verträge und Vertragsprobleme

Rechtsgeschäfte

Unter den Rechtsgeschäften haben für das Geschäftsleben die Verträge mit den wichtigen Vertragstypen Werkvertrag und Kaufvertrag die größte Bedeutung. Das Bürgerliche

Gesetzbuch (BGB), das seit dem 1. Januar 1900 in Kraft ist und in seinem schuldrechtlichen Teil zum 1. Januar 2002 wichtige Änderungen erfuhr, enthält die grundlegenden allgemeinen Bestimmungen über die Verträge und die einzelnen Vertragsarten. Für branchentypische Problemstellungen, beispielsweise bei Bauverträgen und bei öffentlichen Aufträgen, erwiesen sich die allgemeinen zivilrechtlichen Regelungen als zu unspezifisch und erforderten der wirtschaftlichen und gesellschaftlichen Entwicklung angepasste neue Regelungen (vgl. z. B. die VOB und das Recht der allgemeinen Geschäftsbedingungen).

Ein *Vertrag* ist nach dem BGB ein Rechtsgeschäft zwischen zwei Personen (Parteien), die wechselseitig sich deckende Willenserklärungen austauschen. Auf der Grundlage der im Grundgesetz garantierten Handlungsfreiheit geht das BGB von dem Prinzip der Vertragsfreiheit aus. Die Vertragspartner sollen ihre Angelegenheiten eigenverantwortlich unter gegenseitiger Rücksichtnahme interessengerecht regeln. Staatliche Bevormundung durch Begrenzung der Vertragsfreiheit soll die Ausnahme bleiben. Die Garantie der Vertragsfreiheit bedingt auf der anderen Seite die Bindung an die eingegangenen Verpflichtungen.

Vertragsfreiheit beinhaltet im Besonderen das Recht,
- den Vertragspartner frei wählen zu können,
- Verträge in Inhalt und Form frei zu gestalten,
- von gesetzlichen Bestimmungen abweichen zu können.

Das Gesetz kennt aber auch Ausnahmen.

Zwingende gesetzliche Bestimmungen können ein Abweichen von gesetzlichen Bestimmungen nicht zulassen oder bestimmte Rechtsgeschäfte ganz verbieten, z. B. Verträge mit Geschäftsunfähigen, oder Verträge, die gegen ein gesetzliches Verbot verstoßen. Es sind auch Formvorschriften, z. B. für Grundstücksgeschäfte, zu beachten.

Das Wirksamwerden eines Vertrages setzt voraus, dass die Vertragspartner die Geschäftsfähigkeit besitzen, d. h. im Rechtsverkehr wirksame Erklärungen abgeben können.

Geschäftsfähig ist, wer das 18. Lebensjahr vollendet hat. Beschränkt geschäftsfähig ist der *Minderjährige*, der das 7. Lebensjahr vollendet hat, bis zur Vollendung des 18. Lebensjahres. Geschäftsunfähig ist, wer das 7. Lebensjahr nicht vollendet hat.

Für Volljährige, die in ihrer Handlungsfähigkeit eingeschränkt sind, z. B. geistige oder körperliche Behinderung, und für die ein Betreuer gerichtlich bestellt ist, stehen Rechtsgeschäfte unter dem Einwilligungsvorbehalt des Betreuers, sofern das Vormundschaftsgericht für einen bestimmten Aufgabenkreis eine entsprechende Anordnung getroffen hat.

Rechtsfolgen:
- Geschäftsunfähigkeit:
  Rechtsgeschäfte (Verträge) mit einem Geschäftsunfähigen sind nichtig, d. h., sie sind ohne rechtliche Wirkung.
- Beschränkte Geschäftsfähigkeit:
  Rechtsgeschäfte mit beschränkt Geschäftsfähigen *(Minderjährigen)* bedürfen der Zustimmung des gesetzlichen Vertreters. Bei Rechtsgeschäften mit Minderjährigen kann die Zustimmung (Genehmigung) auch nach Abschluss des Vertrages eingeholt werden. Die Genehmigung muss innerhalb von 2 Wochen nach Empfang der Aufforderung zur Genehmigung ausgesprochen sein. Wird sie nicht erklärt, gilt sie als verweigert. Das Rechtsgeschäft ist dann nichtig.

Hat ein Minderjähriger mit Zustimmung des gesetzlichen Vertreters ein Arbeitsverhältnis aufgenommen, so liegt eine „Generaleinwilligung" für die mit diesem Arbeitsverhältnis zusammenhängenden Rechtsgeschäfte vor. Er kann z. B. Barabhebungen des Lohns vornehmen, die Kündigung aussprechen, Ausgleichsquittungen erteilen.

Verträge können rechtswirksam mit einem Minderjährigen abgeschlossen werden, wenn er die vertragsgemäße Leistung mit seinem Taschengeld erbringt. Kredit- und Ratengeschäfte sind jedoch ausgeschlossen.

Ein Minderjähriger kann Willenserklärungen wirksam abgeben, wenn er lediglich einen rechtlichen Vorteil erlangt, z. B. Annahme einer Schenkung.

Merke:

Von der Geschäftsfähigkeit ist die Rechtsfähigkeit (Fähigkeit, Träger von Rechten und Pflichten sein zu können) zu unterscheiden. Die Rechtsfähigkeit beginnt bei natürlichen Personen mit Vollendung der Geburt, bei juristischen Personen (z. B. GmbH) mit Eintragung ins Handelsregister.

Fehlerhafte Rechtsgeschäfte

Unter den fehlerhaften Rechtsgeschäften unterscheidet man nichtige und anfechtbare Rechtsgeschäfte.

Nichtigkeit

Rechtsgeschäfte sind in folgenden Fällen nichtig:
- Rechtsgeschäfte eines Geschäftsunfähigen (siehe oben).
- Verstoß gegen die gesetzlich vorgeschriebene Form (z. B. Schriftform bei Mietverträgen über ein Jahr, notarielle Beurkundung bei Grundstückskaufverträgen).

- Verstoß gegen ein gesetzliches Verbot (z. B. Schwarzarbeit, Verträge über Zahlung von Schmiergeld; Zusage, die Geldstrafe für zukünftig strafbare Handlungen zu übernehmen; Gültigkeit haben die Gerichte aber in folgenden Fällen angenommen: Mietvertrag über baurechtlich unzulässige Nutzung, Vereinbarung, die Aufwendungen für eine bereits entrichtete Geldstrafe zu ersetzen).
- Verstoß gegen die guten Sitten. Bei den hier angesprochenen Wertmaßstäben sind das im Grundgesetz verkörperte Wertesystem und die herrschende Rechts- und Sozialmoral heranzuziehen. Es ist damit auch ein zeitlicher Wandel der Auffassungen zu berücksichtigen. Die aktuelle Rechtsprechung hat Sittenwidrigkeit z. B. in folgenden Fällen bejaht: Vereinbarung eines „Erfolgshonorars" mit dem Rechtsanwalt (Verstoß gegen Standespflichten), Vereinbarung langfristiger Bezugsverpflichtungen ohne angemessene Gegenleistung (Knebelungsvertrag), Vereinbarung von Zinssätzen von 35 bis 40 % (wucherisches Geschäft).
- Schein- oder Scherzgeschäfte (z. B. Grundstücksvertrag mit falschem Kaufpreis zur Vermeidung höherer Grunderwerbsteuer und Notargebühren; Dozent spielt mit Lehrgangsteilnehmern den „Verkauf" seines Autos durch).

Beachte: Der Steuergesetzgeber hat festgelegt, dass ein Rechtsgeschäft, das gegen die gesetzlichen Verbote oder die guten Sitten verstößt, trotz Nichtigkeit ebenso besteuert wird wie das gültige.

Anfechtbarkeit

Unter bestimmten Voraussetzungen kann einer Vertragspartei ein Anfechtungsrecht zustehen. Die Anfechtung löst die Nichtigkeit des Rechtsgeschäftes aus. Dem anderen Vertragspartner billigt das Gesetz einen Schadenersatzanspruch (Ersatz des Vertrauensschadens) zu.

Anfechtungsgründe:
- Irrtum über verkehrswesentliche Eigenschaften, z. B. Kreditwürdigkeit bei Versprechen, Verschreiben, Vergreifen, bei Verwechslung des Geschäftspartners oder des Objekts. Beachte: Kalkulationsirrtum berechtigt nicht zur Anfechtung, dagegen ein nachvollziehbarer Rechenfehler. Die Anfechtung wegen Irrtum muss unverzüglich nach Kenntnis des Anfechtungsgrundes erfolgen.
- Arglistige Täuschung, z. B. Vertrag auf Grundlage gefälschter Bilanzen; Gebrauchtwagenverkäufer unterlässt Hinweis auf erheblichen Verkehrsunfall des Kfz.
- Rechtswidrige Drohung, z. B. Abgabe einer Bürgschaftserklärung nach Drohung, eine Straftat bekannt zu machen.

Allgemeine Geschäftsbedingungen

Verträge werden heute meist auf der Grundlage von Allgemeinen Geschäftsbedingungen (AGB) abgeschlossen.

2. Das müssen Sie wissen: Der Prüfungsstoff

Unter Allgemeinen Geschäftsbedingungen („Kleingedrucktes") versteht man vorformulierte Vertragsbedingungen, die eine Vertragspartei („Verwender") für eine Vielzahl von Vertragsabschlüssen aufstellt. Neben den Allgemeinen Geschäftsbedingungen, z. B. als Liefer- und Zahlungsbedingungen, die einzelne Unternehmer für die von ihnen getätigten Verträge entwerfen, sind vor allem die Allgemeinen Geschäftsbedingungen von großer Bedeutung, die Wirtschaftsverbände für die gesamte Branche erstellt haben. Hierzu zählen z. B. Kfz-Reparaturbedingungen, Allgemeine Geschäftsbedingungen der Banken, Verdingungsordnung für Bauleistungen (VOB) für das Bauhandwerk. Auch Formularverträge sind als AGB anzusehen, so z. B. der deutsche Einheitsmietvertrag, Verträge über gebrauchte Kfz.

Zur wirtschaftlichen Bedeutung der AGB lässt sich Folgendes feststellen: AGB haben einen Rationalisierungseffekt (Typisierung von Massenverträgen). Ferner enthalten sie detaillierte Spezialregelungen auf Gebieten, die vom Gesetzgeber nicht oder nur unvollständig geregelt sind (Leasingverträge, Darlehen). Sie ermöglichen ferner die Kalkulierbarkeit des Geschäftsrisikos. In rechtlicher Sicht ist anzumerken, dass die AGB die individuelle Freiheit der Vertragsgestaltung mehr oder weniger einschränken. Der Verwender (Verfasser) steht darüber hinaus in einer starken Vertragsposition. Der Gesetzgeber hat daher zum Schutz des Vertragspartners, d. h. des Verbrauchers, die Anwendungsvoraussetzungen geregelt und Grenzen für die Inhalte und die Anwendung der AGB gesetzt.

Die wichtigsten Vorschriften zur Anwendbarkeit der AGB sind:
- Die AGB müssen bei Vertragsabschluss dem Vertragspartner ausdrücklich zur Kenntnis gebracht werden, z. B. mittels fett gedrucktem Passus auf dem Bestellformular: *„Hiermit bestelle ich unter Bezugnahme auf die umseitig abgedruckten Geschäftsbedingungen."* Ein Hinweis nach Vertragsabschluss etwa auf dem Lieferschein oder auf der Rechnung genügt nicht! Ausnahmsweise genügt ein deutlich sichtbarer Aushang am Ort des Vertragsabschlusses.
- Der Vertragspartner muss mit der Geltung der AGB einverstanden sein. Dies geschieht i. d. R. durch Unterschrift auf dem Bestellformular.
- Einzelabsprachen zwischen den Vertragsparteien haben stets Geltung, auch wenn sie den AGB widersprechen.

Die verbraucherschutzrechtlichen Bestimmungen des BGB zu den Allgemeinen Geschäftsbedingungen sind darüber hinaus grundsätzlich nur bei Rechtsgeschäften zwischen Unternehmern (Kaufleuten) und Verbrauchern, nicht dagegen unter Kaufleuten wirksam. Unter Kaufleuten gilt jedoch ein allgemein umschriebenes Verbot, den Vertragspartner „entgegen den Geboten von Treu und Glauben unangemessen zu benachteiligen". Unklarheiten bei der Auslegung von AGB gehen im Zweifel zu Lasten des Verwenders (Unternehmer).

Die Vorschriften des BGB über die Allgemeinen Geschäftsbedingungen schützen den Verbraucher vor einer unangemessenen Benachteiligung und vor ungewöhnlichen

Klauseln. So sind z. B. in Allgemeinen Geschäftsbedingungen folgende Bestimmungen unwirksam:
- der Ausschluss oder die Begrenzung der Haftung für grobe Fahrlässigkeit des Unternehmers oder seiner Hilfspersonen,
- Preiserhöhungen für Waren und Leistungen, die innerhalb von 4 Monaten nach Vertragsabschluss geliefert oder erbracht werden (sog. Tagespreisklauseln).

Im elektronischen Geschäftsverkehr (z. B. Internet) hat der Unternehmer eine Reihe von Informationspflichten, so z. B.
- die Vertragsbedingungen in abrufbarer und widergabefähiger Form zur Verfügung zu stellen,
- den Eingang der Bestellung dem Kunden unverzüglich auf elektronischem Weg zu bestätigen.

Handwerkerverträge und Vertragsprobleme

Werkverträge

Handwerkliche Leistungen werden in der Regel aufgrund von Werkverträgen erbracht. Der Handwerker bezeichnet den Werkvertrag vielfach als „Auftrag". Im Bauhandwerk spricht man auch vom „Bauvertrag" (Vertragsmuster siehe Seite 203). Werkverträge können die Herstellung eines Werkes, eine Reparatur oder auch eine sonstige Dienstleistung, z. B. eine Autoreparatur, eine Frisur oder eine Reinigung beinhalten.

Im Werkvertrag verpflichtet sich
- der *Unternehmer* zur fristgemäßen und mängelfreien Herstellung eines Werkes bzw. eines handwerklichen Arbeitsergebnisses,
- der *Besteller (Auftraggeber)* zur Zahlung der vereinbarten Vergütung und zur Abnahme des Werkes.

Einige klassische Handwerksberufe fallen aus dem Werkvertragsrecht heraus, beispielsweise Bäcker oder Fleischer. Hier gilt Kaufrecht. Der Kunde erwirbt hier ein fertiges Produkt. Anders aber, wenn der Konditor eine Hochzeitstorte auf Bestellung liefert. Hier handelt es sich um eine handwerkliche Einzelleistung und damit Werkvertragsrecht. Kaufrecht gilt somit, wenn es sich um eine standardisierte Werkleistung handelt, die auch für andere Kunden brauchbar ist. Werkvertragsrecht gilt auch beim Einbau von Materialien, wenn diese untrennbarer Bestandteil eines Gebäudes werden (Tapezieren, Verlegen von Elektroleitungen).

Werkvertragsrecht gilt auch für zahlreiche Fälle außerhalb des handwerklichen Leistungsbereiches, z. B. für Verträge mit Architekten oder anderen Baufachleuten, Gutachterverträge, Verträge über die Verteilung von Werbematerial.

Beachte aber: Ein Anwaltsmandat oder eine medizinische Behandlung unterliegen nicht dem Werkvertragsrecht. Hier werden nicht ein konkreter Erfolg, sondern nur die Bemühungen um einen Erfolg geschuldet!

Der Unternehmer muss dagegen beim Werkvertrag die *Gewährleistung* dafür übernehmen, dass das Werk bzw. die Arbeit
○ den vertraglichen Vereinbarungen entspricht,
○ keine Mängel oder Fehler aufweist,
○ die besonders zugesicherten Eigenschaften hat.

Er hat dabei
○ die anerkannten Regeln seines Fachs zu beachten,
○ den Vertragspartner (Auftraggeber) zu beraten (z. B. Hinweis auf Bedenken vom fachlichen Standpunkt aus gegen das vom Besteller gewünschte Material),
○ etwaige Verkehrssicherungspflichten zu übernehmen (z. B. Absichern einer Baugrube).

Die Pflicht, die Leistung fristgemäß zu erstellen, erfordert Klarheit über den Termin der Fertigstellung. Wenn kein genauer Termin vereinbart ist, ist die Leistung innerhalb angemessener Frist zu erbringen. Der Unternehmer kommt in diesem Falle nach Ablauf der vom Besteller festgesetzten Frist in Leistungsverzug.

Die „anerkannten Regeln des Fachs" umschreiben denjenigen Standard, der sich in der Branche durchgesetzt hat. Der Unternehmer muss also auf der Höhe der Zeit arbeiten und darf keine überholten Methoden anwenden. Andererseits darf er neues Material oder noch nicht ausreichend erprobte Technik nur mit ausdrücklicher Zustimmung des Auftraggebers einsetzen (Beratungspflicht!). Man orientiert sich bei der Beurteilung des Standes der Technik, der ständig im Fluss ist, an technischen Regelwerken, wie z. B. DIN-Normen, VDI-Richtlinien, VDE-Richtlinien. Entspricht die Leistung diesen Standards nicht, so ist dem Unternehmer regelmäßig Verschulden – in Form der Fahrlässigkeit – vorzuwerfen.

Für die *Pflichten des Auftraggebers* gilt Folgendes:

Die vom Auftraggeber zu zahlende *Vergütung* ist nach Abnahme des Werkes fällig. Für in sich abgeschlossene Teile des Werkes kann der Unternehmer jedoch Abschlagszahlungen verlangen. Die Vergütung ist auch dann zu bezahlen, wenn ihre Höhe nicht vereinbart wurde. Es gilt dann die „übliche" Vergütung als vereinbart. Vorleistungen, z. B. Anfertigen von Skizzen oder Plänen, Ausarbeitung des Angebots, können grundsätzlich nicht vergütet werden. Wurde ein Preis vereinbart, ist die Mehrwertsteuer enthalten, wenn sich aus dem Vertrag nichts anderes ergibt. „*Kostenvoranschläge*" sind grundsätzlich unverbindlich und dürfen nicht wesentlich (10–15 %) überschritten werden. Bei wesentlicher Überschreitung hat der Auftraggeber ein Rücktrittsrecht. Ein – verbindliches – Angebot darf nicht überschritten werden.

Die Praxis kennt eine ganze Palette möglicher *Preisvereinbarungen*:

Die Vertragsparteien können einen Festpreis (Pauschalpreis) vereinbaren. Die Abrechnung kann aber auch nach Maßen (Fläche, Raummaß) oder nach Stunden erfolgen. In der Baubranche ist die Abrechnung nach Einheitspreisen auf der Grundlage des Aufmaßes üblich. Die Angebotssumme wird dabei auf der Grundlage einer Schätzung der zu erbringenden Leistungsmengen errechnet. Das Angebot kann insoweit also nicht verbindlich sein. Erst das nach Leistungserstellung tatsächlich ermittelte Aufmaß führt zum endgültigen Abrechnungsbetrag. Handwerker und Kunde führen zweckmäßigerweise das Aufmaß gemeinsam durch. Der Kunde kann die festgestellten Massen nachträglich nur noch angreifen, wenn er beweisen kann, dass das Aufmaß unrichtig ist.

Die Abrechnung nach Arbeitswerten (AW), wie in der Kfz-Branche üblich, entspricht einer Pauschalpreisvereinbarung: Wenn z. B. in dem Angebot eine Position mit 4 AW ausgewiesen wird, ein Arbeitswert 5 Minuten umfasst und mit 10,- € angesetzt ist, so beträgt der verbindliche Preis 40,- €. Es kommt nicht darauf an, ob der Mechaniker zehn Minuten oder eine Stunde für die Arbeit benötigt hat.

Der Auftraggeber ist auch zur *Abnahme* des bestellten Werkes verpflichtet.

Abnahme bedeutet im Werkvertragsrecht die Entgegennahme der Leistung und Anerkenntnis, dass der Vertrag im Wesentlichen erfüllt ist. Sie kann ausdrücklich erklärt oder aus einem Verhalten des Auftraggebers, das auf Billigung schließen lässt, entnommen werden (z. B. vorbehaltlose Ingebrauchnahme des Werkes). Der Abnahmezeitpunkt ist für das Vertragsverhältnis von entscheidender Bedeutung.

Die Abnahme hat u. a. folgende Wirkungen:
- die Vergütung wird fällig,
- die Verjährungsfrist für Mängelansprüche beginnt.

Bei einem Werkvertrag nach dem BGB ist auch zu beachten, dass der Unternehmer grundsätzlich zur Vorleistung verpflichtet ist. Er hat aber für seine Forderung ein gesetzliches Zurückbehaltungs- und Pfandrecht an den vom Auftraggeber eingebrachten beweglichen Sachen, z. B. dem Kfz bei einem Reparaturauftrag. Der Bauhandwerker hat außerdem, wovon allerdings recht selten Gebrauch gemacht wird, einen Anspruch auf Einräumung einer Sicherungshypothek am Baugrundstück. Der Handwerker hat auch das Recht, vom Kunden zur Sicherung seiner Forderung eine Bankbürgschaft zu verlangen (umgekehrt beanspruchen – vor allem öffentliche Auftraggeber – oft zur Sicherung einer mängelfreien Leistung eine Vertragserfüllungsbürgschaft).

2. Das müssen Sie wissen: Der Prüfungsstoff

> **Meister-Tipp: Werkverträge**
>
> **Handwerker und Kunde sollten sich um Verträge nach Maß bemühen!**
>
> Je präziser Sie Ihren Vertrag fassen, desto geringer ist die Gefahr späterer Meinungsverschiedenheiten. Bei umfangreicheren Projekten, vor allem bei Bauleistungen, wird der Unternehmer in der Regel ein schriftliches, möglichst ausführliches Angebot unterbreiten, d. h. eine Leistungsbeschreibung (Leistungsverzeichnis) mit einer Aufstellung der Preise für die einzelnen Positionen.
>
> Das Muster eines Bauvertrages finden Sie auf Seite 203.

VOB

Eine große Bedeutung hat im Werkvertragsrecht die Verdingungsordnung für Bauleistungen (VOB). Bei der VOB handelt es sich um Allgemeine Geschäftsbedingungen für die Bauwirtschaft und auf das Bauwesen abgestellte Regelungen. Sie stellen für Bauaufträge eine zweckmäßige und den besonderen Verhältnissen des Bauwesens besser entsprechende Vertragsgrundlage dar als die allgemeinen, für alle Gewerke anwendbaren gesetzlichen Bestimmungen des BGB.

Für die *Anwendung der VOB* gilt: Die staatlichen Stellen, z. B. Gemeinden, sind gehalten, ihren Bauverträgen die VOB zugrunde zu legen. Unternehmen und Privatpersonen, die die VOB zugrunde legen wollen, müssen dies ausdrücklich vereinbaren.

Die VOB gliedert sich in drei Teile:

Teil A enthält die allgemeinen Bestimmungen für die Vergabe von Bauleistungen. Sie regelt also das vorvertragliche Verfahren, z. B. Ausschreibungsverfahren.

Teil B ist der für die Vertragsparteien wichtigste Hauptteil und enthält die „Allgemeinen Vertragsbedingungen" für die Ausführung von Bauleistungen. Durch den Teil B erfahren die gesetzlichen Bestimmungen des Werkvertragsrechts gewisse Änderungen: Der Unternehmer kann auch ohne besondere Vereinbarungen für einzelne Teilleistungen Abschlagszahlungen verlangen. Die Abschlagszahlungen sind innerhalb von 12 Werktagen nach Zugang der Abschlagsrechnung zu zahlen. Eine Abnahme des Werkes tritt auch ohne förmliche Abnahme (Abnahmeprotokoll) innerhalb von 12 Tagen ein, wenn der Unternehmer dem Bauherrn die Fertigstellung schriftlich mitgeteilt hat. Die Gewährleistungsfrist beträgt nach VOB 2 Jahre für Bauwerke, 1 Jahr für maschinelle, elektrotechnische und elektronische Anlagen.

Teil C enthält ausführliche technische Vorschriften für Einzelgewerke.

Muster eines Bauvertrages nach VOB: siehe Seite 203.

Vertragsprobleme

Die häufigsten Vertragsprobleme (Vertragsstörungen) in der Praxis sind
- Leistungsverzug des Unternehmers,
- Mängel des Werkes sowie
- Zahlungsverzug des Auftraggebers.

Der Unternehmer kommt in *Leistungsverzug*,
- wenn ein Fertigungstermin kalendermäßig („fester Termin") vereinbart ist, mit Ablauf dieses Termins;
- wenn ein Fertigstellungstermin nicht vereinbart ist, nach erfolglosem Ablauf der vom Besteller gesetzten angemessenen Frist.

Die Leistungsverzögerung muss vom Unternehmer zu vertreten sein, d. h. ein Verschulden muss ihm angelastet werden, um ihn in Leistungsverzug zu bringen. Höhere Gewalt, wie Unglücke u. a., hat der Unternehmer nicht zu vertreten. Dagegen ist beispielsweise ein früher Wintereinbruch oder schlechtes Wetter nicht als höhere Gewalt anzusehen.

Rechtsfolgen des Leistungsverzugs:

Der Auftraggeber kann vom Vertrag zurücktreten und bei Verschulden des Unternehmers gegebenenfalls Schadenersatz verlangen. Der Unternehmer hat dann den Verzögerungsschaden (Verspätungsschaden) zu ersetzen, z. B. Übernahme der Kosten für den Ersatz-Lkw bei verspäteter Reparatur.

Die *Gewährleistungspflicht* des Unternehmers umfasst die mangelfeie Ausführung des bestellten Werkes und beginnt mit der Abnahme des Werkes.

Sie beträgt
- 2 Jahre bei beweglichen Sachen,
- 5 Jahre bei Bauwerken, wenn die VOB (hier: 4 Jahre) nicht zugrunde gelegt wurde.

Rechtsfolgen bei mangelhafter Leistung:

Der Auftraggeber hat einen Nacherfüllungsanspruch (Mängelbeseitigung innerhalb einer angemessenen Frist). Kommt der Unternehmer mit der Nacherfüllung in Verzug, so kann der Auftraggeber den Mangel selbst beseitigen und Aufwendungsersatz verlangen. Umgekehrt hat der Unternehmer aber auch ein Recht, nachbessern zu dürfen.

Der Auftraggeber hat nach einem ergebnislosen Ablauf der Nacherfüllungsfrist auch das Recht des Rücktritts vom Vertrag, oder der Minderung, d. h. der Herabsetzung der Vergütung. Häufig sind die Rückgängigmachung und damit die notwendig werdende Rücknahme des Werkes bei Handwerksleistungen nicht möglich. Es verbleibt der Minderungsanspruch, d. h. die Reduzierung der Vergütung.

Der Unternehmer haftet auch für Fehler der Hilfspersonen, die er zur Ausführung der Arbeiten heranzieht, also für die eigenen Mitarbeiter und Subunternehmer. Wenn mehrere Unternehmer nacheinander an einem Werk arbeiten, so ist der Nachunternehmer verpflichtet, den Auftraggeber auf einen etwaigen Mangel der Vorleistung hinzuweisen. Unterbleibt dies, so ist trotz ordentlicher Ausführung der eigenen Arbeit das Werk mangelhaft und auf Verlangen des Kunden sind beide Unternehmer zur Nachbesserung verpflichtet. Verantwortlich ist der Unternehmer auch für Mängel, die durch von ihm angeschafftes Material entstehen, selbst wenn er von den Fehlern nichts wusste. Der Unternehmer kann seinerseits allenfalls auf seine eigenen Gewährleistungsansprüche für die gelieferten Produkte bzw. die verwendeten Bauteile zurückgreifen.

Der *Zahlungsverzug* des Auftraggebers, d. h. des Schuldners der Geldforderung („Werklohn"), setzt die Fälligkeit der Forderung voraus.

Ist die Zahlung zu einem festen Kalendertermin vereinbart, so kommt bei Nichtzahlung der Schuldner ohne besondere Mahnung mit Ablauf dieses Termins in Verzug. Wurde kein Termin für die Zahlung vereinbart, so tritt Zahlungsverzug automatisch nach Ablauf von 1 Monat nach Zugang der Rechnung ein.

Der Unternehmer kann nach Eintritt des Zahlungsverzugs den Auftraggeber auf Vertragserfüllung verklagen und Ersatz des durch den Zahlungsverzug entstandenen Schadens verlangen, z. B. Verzugszinsen, Mahnkosten, Gerichtskosten.

Verzugszinsen können in folgender Höhe berechnet werden:
- 5 % über dem Basiszinssatz der Europäischen Zentralbank (EZB) bei Beteiligung eines Verbrauchers (z. B. Handwerkerforderung gegenüber Privatkunden),
- 8 % über dem Basiszinssatz der EZB bei Geldforderung unter Unternehmern oder
- Nachweis der tatsächlich gezahlten (höheren) Bankzinsen.

Die Verjährung der Ansprüche auf Geldforderungen tritt sowohl beim Werkvertrag wie auch beim Kaufvertrag (siehe unten) nach 3 Jahren (Regelverjährungsfrist) ein. Die Verjährungsfrist beginnt erst am Ende des Jahres, in dem die Forderung fällig wurde.

Kaufverträge

Der Kauf ist das häufigste Rechtsgeschäft des täglichen Lebens. Gegenstand des Kaufvertrages können nicht nur Sachen (Waren) sein. Auch Rechte, z. B. Forderungen, „Gesamtheiten" von Sachen und Rechten, z. B. Unternehmen, können ver- und gekauft werden. Ein Kaufvertrag setzt Einigung zumindest über den Kaufgegenstand und den Kaufpreis voraus. Im Kaufvertrag werden meist auch die Lieferungs- und Zahlungsbedingungen geregelt. Sie können individuell oder über die Allgemeinen Geschäftsbedingungen vereinbart werden.

Die rechtlichen Bestandteile des Kaufvertrages sind das Angebot (Antrag) und die Annahme (Auftragsbestätigung) Der Kaufvertrag kommt zustande, wenn sich diese beiden Willenserklärungen decken.

Im Kaufvertrag verpflichtet sich der Verkäufer
- die Kaufsache mangelfrei zu übergeben und
- dem Käufer das Eigentum zu verschaffen (zu übereignen).

Bei den meisten Käufen des täglichen Lebens fallen Übergabe (Verschaffung des Besitzes) und Eigentumsübertragung (Übereignung) zusammen.

Bei Kauf unter *Eigentumsvorbehalt* fallen Übergabe und Übereignung auseinander.

Die im Wirtschaftsleben zum Zweck der Darlehenssicherung verwendete *Sicherungsübereignung* basiert gleichfalls auf der Unterscheidung von *Besitz* (tatsächliche Herrschaft über eine Sache) und *Eigentum* (rechtliche Herrschaft). Hier bleibt der Schuldner (z. B. der Handwerker) Besitzer der sicherheitsübereigneten Maschine, während die Bank zur Sicherung ihres Darlehens das Eigentum erhält. Da der Besitzer nicht Eigentümer zu sein braucht, stellt sich die Frage nach den Rechtsfolgen beim Verkauf einer Sache, die dem Verkäufer (Besitzer) nicht gehört, d. h. nicht Eigentümer ist. In dem Falle, dass der Käufer eine gestohlene Sache kauft, erwirbt er kein Eigentum. Ein (gutgläubiger) Erwerb des Eigentums ist ebenso nicht bei fehlender Geschäftsfähigkeit des Verkäufers möglich. Der Eigentümer kann den Kaufgegenstand bis Ablauf der Verjährungsfrist von jedem zurückverlangen.

Der Erfüllungsort (Leistungsort) für die Übergabeverpflichtung wird in der Regel ausdrücklich oder stillschweigend vereinbart. Im Zweifel gilt:
- Bei Ladengeschäften des täglichen Lebens ist der Leistungsort das Ladenlokal.
- Bei beidseitigen Handelsgeschäften ist der Ort der gewerblichen Niederlassung des Verkäufers der Leistungsort. Der Verkäufer verpflichtet sich aber, die Kaufsache zu versenden. Die Gefahr des zufälligen Untergangs geht auf den Spediteur. Die Versandkosten trägt der Käufer, wenn nichts anderes vereinbart ist.

2. Das müssen Sie wissen: Der Prüfungsstoff

Der Verkäufer übernimmt die Gewährleistung dafür, dass
- die Kaufsache die vereinbarte Beschaffenheit hat oder
- die Beschaffenheit hat, die der Käufer der Sache – für die gewöhnliche Verwendung – erwarten kann. Zu den Eigenschaften der gewöhnlichen Verwendung zählen auch öffentliche Äußerungen des Verkäufers oder Herstellers insbesondere in der Werbung sowie in der Montageanleitung.

Der Käufer hat die Verpflichtung,
- die Kaufsache zu zahlen. Die Zahlung hat – wenn nichts anderes vereinbart – bei der Übergabe zu erfolgen.
- die gekaufte Sache abzunehmen. Mit dem Annahmeverzug trägt der Käufer das Risiko des zufälligen Untergangs.

Die *Rechtsfolgen* bei Vertragsproblemen beim Kauf entsprechen denen des Werkvertrages (siehe oben).

Zahlungsverzug tritt also ohne eine besondere Mahnung dann ein, wenn der Zahlungszeitpunkt exakt vereinbart war (z. B.: Zahlung am 1. März 2003) oder mit einer Formulierung, die den Zahlungszeitpunkt an ein „Ereignis" festmacht (z. B.: „Zahlung 14 Tage nach Erhalt der Ware"). Im Übrigen gilt die Regelung, wonach die Fälligkeit automatisch einen Monat nach Rechnungsausstellung eintritt.

Bei Verzug des Verkäufers *(Lieferungsverzug)* kann der Käufer den Rücktritt vom Vertrag und – bei Verschulden des Verkäufers – gegebenenfalls Ersatz des Verzögerungsschadens verlangen.

Bei *Sachmängeln (Gewährleistung)* gilt entsprechend der Regelung beim Werkvertrag Folgendes:
- Anspruch auf Nacherfüllung in angemessener Frist,
- Rücktritt vom Vertrag,
- Minderung (Herabsetzung des Kaufpreises) sowie
- Schadenersatz.

Die gesetzliche Verjährungsfrist bei Mängelansprüchen beträgt
- für bewegliche Sachen, d. h. für die überwiegende Zahl der Kaufgegenstände, 2 Jahre (Regelverjährung),
- bei Bauteilen unter Anlehnung an die Regelung für Bauwerke im Werkvertragsrecht 5 Jahre.

Bei Geschäften unter Kaufleuten muss der Käufer die Ware unverzüglich prüfen und erkannte Mängel unverzüglich rügen, um sich die Mängelansprüche zu erhalten. Die Mängelansprüche können für gebrauchte Sachen, z. B. gebrauchte Pkw, auf 1 Jahr verkürzt werden.

Die *Verjährungsfristen für Kaufpreisforderungen* entsprechen denen des Werkvertragsrechtes, d. h. Regelverjährung von 3 Jahren.

Fernabsatzverträge- und Verbraucherkreditgeschäfte

Der Gesetzgeber hat den Verbraucher in einer Reihe von Fällen vor übereilten Entscheidungen beim Kauf, aber auch bei Werkverträgen, geschützt. Er hat zu diesem Zweck besondere Rechtsvorschriften bei Fernabsatzgeschäften (u. a. Verträge mittels Teledienste, aber auch sog. Haustürgeschäfte) und bei Verbraucherkreditgeschäften geschaffen. Nicht unter diese Verbraucherschutzvorschriften fallen Verträge mit Versicherungen, Geschäfte unter Kaufleuten und Verträge, deren Abschluss auf Verhandlungen und die vorhergehende Bestellung durch den Kunden zurückgehen. Letzteres trifft für die meisten Handwerkerverträge zu.

Bei Geschäften in der Privatwohnung, auf der Straße (auch bei „Kaffeefahrten") und am Arbeitsplatz wird dem Kunden gemäß den oben genannten Vorschriften ein Widerrufsrecht eingeräumt. Es muss innerhalb von 2 Wochen ausgeübt werden. Der Kunde muss über das Widerrufsrecht informiert werden. Die Informationen über das Widerrufsrecht und über eine Reihe weiterer Sachverhalte (Identität des Unternehmers, Preise u. a.) müssen auf einem dauerhaften Datenträger fixiert sein und jederzeit abgerufen werden können. Mit dem Widerruf wird der Vertrag gegenstandslos.

Zusätzliche und die obigen Bestimmungen ergänzende Schutzvorschriften gelten für Verbraucherkreditgeschäfte. Sie gelten nicht nur für die Kreditgeschäfte der Handwerker und anderer Gewerbetreibenden mit privaten Verbrauchern, sondern auch für Verbraucherkredite der Kreditinstitute. Das Widerrufsrecht kann hier gleichfalls innerhalb von 2 Wochen ausgeübt werden. Im Übrigen sind diese Verbraucherkreditgeschäfte schriftlich abzufassen und müssen u. a. den effektiven Jahreszins enthalten.

Miet- und Pachtverträge

Durch den Mietvertrag verpflichtet sich der Vermieter, dem Mieter den Gebrauch der zu vermietenden Sache während der Mietzeit zu gewähren. Der Mieter verpflichtet sich, den vereinbarten Mietzins zu entrichten. Durch diese Zahlungsverpflichtung unterscheidet sich die Miete von der Leihe, die unentgeltlich erfolgt. Gleichwohl spricht die Praxis vielfach von Leihe (z. B. Leihwagen), obwohl Miete gemeint ist. Die Pacht gestattet im Unterschied zur Miete nicht nur den Gebrauch einer Sache, sondern auch den Ertrag und die Nutzung einer Sache. Sie kann sich auch auf Rechte beziehen.

Die wichtigsten gesetzlichen Vorschriften über die Miete:
- Mietverträge über Grundstücke (Geschäftsräume, Wohnräume), die mit einer Laufzeit von über 1 Jahr abgeschlossen werden, bedürfen der Schriftform.

○ Die Miethöhe wird für gewerbliche Räume frei vereinbart (Marktmiete).

Oft werden Wertsicherungsklauseln (Anpassung an den Lebenshaltungskostenindex) vereinbart. Diese Klauseln bedürfen der Genehmigung durch die Landeszentralbank. Genehmigungsvoraussetzung: Laufzeit von mindestens 10 Jahren.

Der Vermieter ist verpflichtet, die anfallenden Reparaturen auf seine Kosten vornehmen zu lassen. In den meisten Mietverträgen („Deutscher Einheitsmietvertrag") wird jedoch die Übernahme von „Schönheitsreparaturen" durch den Mieter vereinbart.

○ Das Mietverhältnis endet mit dem Ablauf der vereinbarten Festmietzeit oder durch Kündigung.

Die fristgemäße (ordentliche) Kündigung erfolgt bei Mietverträgen über gewerbliche Räume mit Monatsmietzahlung zum Ende des nächsten Kalendervierteljahres. Die Kündigungen müssen jeweils spätestens am dritten Werktag
– des Januar zum 30. Juni,
– des April zum 30. September,
– des Juli zum 31. Dezember,
– des Oktober zum 31. März
ausgesprochen werden.

In der Praxis bedeutet dies eine Kündigungsfrist von annähernd einem halben Jahr. Bei der Geschäftsraummiete können aber nach Belieben abweichende längere oder kürzere Kündigungsfristen vereinbart werden.

Die außerordentliche fristlose Kündigung durch den Vermieter ist möglich, wenn der Mieter mit zwei Mietzinszahlungen im Verzug ist oder die Mietsache trotz Abmahnung fortgesetzt vertragswidrig gebraucht wird, z. B. erheblicher Lärm in den Abendstunden oder die vertragswidrige Nutzung einer Garage als Werkstatt.

Der Vermieter hat ein Pfandrecht an den Sachen, die in einem vermieteten Raum eingebracht sind. Dieses Pfandrecht geht aber „ins Leere", wenn Maschinen oder Waren unter Eigentumsvorbehalt stehen. Daher wird oft eine Sicherheitsleistung verlangt (bei Wohnraummiete begrenzt auf 3 Monatsmieten, Verzinsungspflicht!). Bei Wohnungsmieten gelten u. U. zum Schutze des Mieters für Mietpreiserhöhungen und Kündigungen weitere Sondervorschriften.

Für die *Pacht* sind im Wesentlichen die Bestimmungen über die Miete gültig.

Besonderheiten:

Die Kündigung einer Pacht kann – soweit eine andere Vereinbarung, z. B. Festpachtzeit, nicht besteht – nur zum Schluss eines Pachtjahres unter Einhaltung einer halbjährigen Kündigungsfrist ausgesprochen werden.

Bei der Pacht eines Betriebes ist zu beachten:

Der Verpächter bleibt Eigentümer der Betriebsgrundstücke und der Einrichtung. Die Übernahme von Maschinen und Geräten durch den Pächter kann jedoch vereinbart werden. Die Warenvorräte gehen auf den Pächter über. Die Forderungen und Verbindlichkeiten des Betriebes, die zum Zeitpunkt des Vertragsabschlusses bestehen, verbleiben beim Verpächter, die Übernahme kann vereinbart werden. Bei Firmenfortführung (bei Kaufleuten) kann der Pächter, auch wenn die Übernahme der Verbindlichkeiten nicht vereinbart war, für die Altschulden in Anspruch genommen werden. Die Arbeitsverträge gehen auf den Pächter über.

Leasing

Ein Mietverhältnis besonderer Art ist der Leasingvertrag. Er kann in seiner Ausgestaltung je nach Einzelbedingungen erheblich von den Grundsätzen des Mietvertragsrechts nach BGB abweichen. Grundsätzlich wird das Leasingobjekt nach Ablauf der Grundmietzeit an den Leasinggeber zurückgegeben. In vielen Fällen wird dem Leasingnehmer jedoch das Anrecht eingeräumt, die Nutzung des Leasinggegenstandes nach Ablauf der Grundmietzeit fortzusetzen – und zwar als Kaufoption oder Mietoption.

Ein wesentlicher Vorteil des Leasings gegenüber dem „Kauf auf Kredit" besteht darin, dass der Leasinggeber in der Regel auf Sicherheiten verzichtet, die den Kreditrahmen des Schuldners schmälern würden. Allerdings sind die Finanzierungskosten insgesamt meist höher als bei der Kreditaufnahme. Steuerliche Gesichtspunkte können dennoch das Leasing vorteilhafter werden lassen.

In jedem Fall sind vor Abschluss eines Leasingvertrages Alternativangebote einzuholen und Vergleichsrechnungen durchzuführen.

Rechtsverfahren

Rechtsstreitigkeiten sollten möglichst gütlich, ohne ein Gericht anzurufen, bereinigt werden. Nicht selten besteht auch die Möglichkeit, ein privates Schiedsgericht (Schlichtungsstelle) einzuschalten. Innungen und Verbände unterhalten vielfach derartige Stellen. Der Klärung von Rechtsstreitigkeiten zwischen Handwerkern und ihren Kunden dienen auch Sachverständigengutachten, die bei der Handwerkskammer von den Gerichten oder einer Vertragspartei angefordert werden. Letztlich können Rechtsansprüche im gerichtlichen Mahnverfahren oder im Zivilprozess durchgesetzt werden.

Mahn- und Klageverfahren

Der Gläubiger kann Geldforderungen nach erfolglosen außergerichtlichen Schritten (Zahlungserinnerung, Mahnung) relativ einfach und schnell durch das gerichtliche *Mahnverfahren* eintreiben.

Das Mahngesuch des Gläubigers ist auf einem im Büro- und Schreibwarenhandel erhältlichen Vordruck („Antrag auf Erlass eines Mahnbescheides") zu stellen. Es beinhaltet die Aufforderung an den Antragsgegner (Schuldner), binnen 2 Wochen an den Gläubiger die Hauptforderung, die Zinsen, außergerichtliche Mahnkosten und die Verfahrenkosten zu zahlen oder Widerspruch zu erheben.

Das Mahngesuch ist ohne Rücksicht auf die Höhe der Forderung an das Amtsgericht zu richten, an dem der Antragsteller (Gläubiger) seinen Wohn- bzw. Betriebssitz hat. Das Amtsgericht prüft das Mahngesuch auf die formalen Erfordernisse, nicht jedoch auf die Rechtmäßigkeit des Anspruchs und stellt den Mahnbescheid von Amts wegen durch die Post dem Schuldner zu.

Das Verhalten des Schuldners bestimmt den weiteren Verlauf des Verfahrens:
- Zahlt der Schuldner, ist das Verfahren beendet.
- Zahlt der Schuldner nicht und legt keinen Widerspruch ein, kann der Gläubiger die Zwangsvollstreckung beantragen.
- Erhebt der Schuldner Widerspruch, kann der Gläubiger – oder Schuldner – die Durchführung des streitigen Verfahrens beim Gericht beantragen (Zivilprozess).

Im Zivilprozess ist die Klage in erster *Instanz* bei den Amts- oder Landgerichten einzureichen. Bei Streitigkeiten mit einem Streitwert bis 5.000,- € sind die Amtsgerichte, für höhere Streitwerte die Landgerichte zuständig. Örtlich zuständig ist das Gericht am Wohnsitz des Schuldners (allgemeiner Gerichtsstand). Unter Kaufleuten ist es üblich, einen besonderen Gerichtsstand, i. d. R. den Ort Unternehmenssitzes des Gläubigers, zu vereinbaren.

Im Zivilprozess wird festgestellt, ob der Anspruch des Klägers rechtlich begründet ist. Der Klageantrag muss Höhe und Grund des geltend gemachten Anspruches enthalten und über strittige Tatsachen müssen Beweise vorgelegt werden. Als Beweismittel kommen in Frage: Urkunden (Vertragsunterlagen, Korrespondenz), Zeugen, Sachverständigengutachten, Einnahme eines Augenscheins durch das Gericht.

Die mündliche Verhandlung dient dazu, den Streitfall zu erörtern und durch gütliche Einigung (gerichtlicher Vergleich) oder durch gerichtliche Entscheidung (Urteil) zu erledigen.

Gegen ein für ihn nachteiliges Urteil kann der Unterlegene die Rechtsmittel der Berufung beim übergeordneten Gericht (Landgericht, Oberlandesgericht) einlegen. Gegen

Berufungsurteile des Oberlandesgerichtes kann unter bestimmen Voraussetzungen eine Revision beim Bundesgerichtshof beantragt werden

Vollstreckungsverfahren

Rechtmäßig festgestellte Ansprüche können durch staatlichen Zwang (Zwangsvollstreckung) verwirklicht werden.

Voraussetzung zur Zwangsvollstreckung ist der *Vollstreckungstitel.* Er stellt eine amtliche Urkunde dar, in der festgestellt wird, dass der Schuldner zur Leistung verpflichtet ist. Vollstreckungstitel sind u. a. rechtskräftige Urteile, Vollstreckungsbescheide aufgrund eines gerichtlichen Mahnverfahrens, gerichtliche Vergleiche, notarielle Urkunden, in denen sich der Schuldner der Zwangsvollstreckung unterwirft (z. B. Darlehensverträge bei Banken).

Die Zwangsvollstreckung erfolgt in das bewegliche Vermögen (Pfändung), in das unbewegliche Vermögen (Sicherungshypothek, Zwangsversteigerung) und in Forderungen und Rechte (Pfändung) des Schuldners.

Die Pfändung in das bewegliche Vermögen wird durch den Gerichtsvollzieher, in den übrigen Fällen durch das Vollstreckungsgericht (Amtsgericht) durchgeführt. Bleibt ein Vollstreckungsversuch erfolglos, so kann der Gläubiger unter Vorlage der Unpfändbarkeitsbescheinigung beantragen, dass der Schuldner vor das Amtsgericht vorgeladen wird und ein Verzeichnis seiner gesamten Vermögenswerte erstellt, dessen Richtigkeit und Vollständigkeit er an Eides statt versichern muss (eidesstattliche Versicherung, früher: Offenbarungseid). Der Schuldner wird in das Schuldnerverzeichnis („schwarze Liste") des Amtsgerichtes eingetragen. Sie steht jedermann zur Einsicht offen. Bei der Einzelvollstreckung versucht jeder Gläubiger auf eigene Faust, seine Forderung zu realisieren.

Insolvenzverfahren

Ein besonderes gesetzlich geregeltes Verfahren bei Zahlungsunfähigkeit (Illiquidität) und Überschuldung von Unternehmen (Fremdkapital ist höher als Betriebsvermögen) und Privatpersonen sieht die Insolvenzordnung vor.

Die Ziele des Insolvenzverfahrens sind:
- die gemeinschaftliche Befriedigung der Gläubiger,
- die Sanierung des Schuldners aufgrund eines Insolvenzplans,
- die Restschuldbefreiung des redlichen Schuldners.

2. Das müssen Sie wissen: Der Prüfungsstoff

Die Anmeldung der Insolvenzforderungen muss beim Insolvenzverwalter erfolgen. Zuständig für die Durchführung des Verfahrens sind die Amtsgerichte, deren Sitz am Ort des Landgerichts liegt.

Die Insolvenzordnung zielt vorrangig darauf ab, bei Zahlungsunfähigkeit oder Überschuldung eines Unternehmens dessen Fortführung zu ermöglichen. Deshalb kann u. a. bereits bei drohender Zahlungsunfähigkeit – allerdings nur auf Eigenantrag des Schuldners – das Insolvenzverfahren betrieben werden. Bei eingetretener Zahlungsunfähigkeit und Überschuldung sind sowohl die Gläubiger als auch der Schuldner berechtigt bzw. verpflichtet, das Insolvenzverfahren zu beantragen. Als Gläubiger haben auch Arbeitnehmer das Recht, Insolvenzantrag zu stellen. Sie bilden unter den Gläubigern eine eigene Gruppe. Sie haben Anspruch auf Konkursausfallgeld und auf die Durchführung eines Sozialplanes, ohne jedoch ein Konkursvorrecht zu besitzen. Die gesicherten Gläubiger (z. B. Pfandrechtsgläubiger) haben besondere Initiativrechte zur Beschleunigung der Verwertung ihrer Gegenstände. Sie müssen sich – anders als nach dem früheren Recht – jetzt auch an den Kosten des Insolvenzverfahrens beteiligen.

Über den im Mittelpunkt des Verfahrens stehenden Insolvenzplan entscheiden die Gläubiger. Der Insolvenzplan kann sowohl eine Sanierung als auch eine Liquidation vorsehen. Für natürliche Personen und Einzelunternehmer besteht die Möglichkeit einer Restschuldbefreiung. Sie tritt nach Ablauf einer „Wohlverhaltensperiode" von sechs Jahren nach Verfahrenseröffnung ein. Der Schuldner muss, um eine Restschuldbefreiung zu erhalten, während dieses Zeitraumes sein pfändbares Einkommen zur Befriedigung der Gläubiger zur Verfügung stellen und sich um eine angemessene Erwerbstätigkeit bemühen.

Für Einzelpersonen und nicht ins Handelsregister eingetragene Einzelunternehmen (mit weniger als 20 Gläubigern und keine Forderungen von Arbeitnehmern) wickelt sich das Insolvenzverfahren nach einem vereinfachten Verfahren ab. Es sieht in der ersten Stufe den Versuch einer außergerichtlichen Einigung zur Schuldenbereinigung vor, der mit dem Antrag auf Eröffnung des Insolvenzverfahrens nachzuweisen ist. In der zweiten Stufe soll im gerichtlichen Verfahren nochmals eine gütliche Einigung über einen Schuldenbereinigungsplan herbeigeführt werden. Nach dessen Scheitern wird schließlich als dritte Stufe ein vereinfachtes Verbraucherinsolvenzverfahren durchgeführt mit dem Ziel, die Restschuldbefreiung zu erlangen.

Prüfungsfragen zum Fach „Recht und Steuern" siehe Seite 130.

2.3 Fach: Rechnungswesen und Controlling

Das betriebliche Rechnungswesen liefert die Informationen, die die Betriebsleitung zur Steuerung, Kontrolle und Rechnungslegung des Betriebs- und Geschäftsablaufes benötigt. Die Notwendigkeit eines aussagefähigen Rechnungswesens ergibt sich darüber hinaus aus den Interessen der Kapitalgeber (Gesellschafter, Kreditinstitute) und des Staates (Finanzbehörden, statistische Ämter). Der Aufbau des betrieblichen Rechnungswesens muss sich somit sowohl nach jeweiligen betrieblichen Erfordernissen und als auch nach den gesetzlichen Anforderungen (Erklärungs- und Berichtspflichten) richten.

Vor diesem Hintergrund unterteilt sich das Rechnungswesen in:
- Buchführung und Jahresrechnung: Finanzbuchhaltung, Steuerbilanz und Gewinn- und Verlustrechnung (GuV);
- Kosten- und Leistungsrechnung: innerbetriebliches Rechnungswesen, Kalkulation und Angebotserstellung;
- Betriebsstatistik und -auswertung, Betriebsvergleiche.

2.3.1 Buchführung und Jahresrechnung

Finanzbuchhaltung

Kern des betrieblichen Rechnungswesens in der Praxis des Handwerksbetriebes ist die *Finanzbuchhaltung* (Geschäftsbuchhaltung). Sie ist Grundlage für
- die Erstellung des Jahresabschlusses, d. h. der Steuerbilanz und der Gewinn- und Verlustrechnung (GuV),
- die kurzfristige (monatliche) Erfolgsrechnung sowie
- die Überwachung der Außenstände und der Verbindlichkeiten.

Darüber hinaus liefern im Laufe des Geschäftsjahres Lohnbuchhaltung und Waren-, Material- und Lagerverwaltung weitere Unterlagen für die Kosten- und Leistungsrechnung und die innerbetriebliche Statistik.

In der Praxis bedient man sich zur Erstellung der Bilanz und der GuV und letztlich damit der Ermittlung des Betriebsvermögens bzw. des Gewinns des Systems der *doppelten Buchführung*. Bei der doppelten Buchführung wird jeder Geschäftsvorfall zweifach gebucht. Er wird zum einen mit seiner Wirkung auf das Betriebsvermögen oder die Schulden und zum anderen auf den Aufwand oder den Ertrag des Unternehmens festgehalten. Die buchhalterische Erfassung dieser Vorgänge erfolgt auf der einen Seite auf Soll- bzw. Aktiva-Konten und auf der anderen Seite auf Haben- bzw. Passiva-Konten. Die Summe aller Soll-Buchungen entspricht in diesem System der Summe aller Haben-Buchungen.

Mit der doppelten Buchführung ist es möglich, den in einem bestimmten Zeitraum in einem Unternehmen erwirtschafteten Gewinn bzw. Verlust in zweifacher Hinsicht zu ermitteln:
- über die Veränderung (Zuwachs bzw. Minderung) des Betriebsvermögens (Eigenkapitals) und
- über das Ergebnis (Gewinn bzw. Verlust) in der Gewinn- und Verlustrechnung.

Die Pflicht zur Buchführung und zur Bilanzierung ergibt sich für Kaufleute aus dem Handelsgesetzbuch, für die GmbH auch aus dem GmbH-Gesetz. Eine Buchführungspflicht besteht aufgrund steuerrechtlicher Vorschriften – unabhängig von der Kaufmannseigenschaft oder der Rechtsform – in folgenden Fällen:
- Umsatz: über 260.000,- € im Jahr oder
- Gewinn: über 25.000,- € im Jahr.

Alle Betriebe müssen jedoch gewisse Mindestaufzeichnungen vornehmen. Dazu gehört die Führung eines Wareneingangsbuches, eines Warenausgangsbuches und eines Kassenbuches.

Gewinnermittlungsmethoden

Bei den nicht bilanzierungspflichtigen Betrieben kann der Gewinn mit Hilfe einer *Einnahme-Überschuss-Rechnung* ermittelt werden. Der Gewinn stellt sich hier als die Differenz zwischen den Betriebseinnahmen und den Betriebsausgaben dar. Das Anlagevermögen, also die Werte der Maschinen und Werkzeuge, interessieren in dieser Rechnung nicht. Allerdings müssen Abschreibungen auf das Anlagevermögen vorgenommen werden. Verbindlichkeiten und Forderungen spielen keine Rolle.

Alle anderen nach den oben genannten Vorschriften bilanzierungspflichtigen Betriebe ermitteln den Gewinn durch einen *Betriebsvermögensvergleich*.

Das Schema zur Ermittlung des Gewinnes sieht wie folgt aus:

Betriebsvermögen (Eigenkapital) am Jahresende
<u>– Betriebsvermögen (Eigenkapital) am Jahresanfang</u>
= Betriebsvermögenszuwachs
+ Privatentnahme
<u>– Privateinlagen</u>
= Gewinn/Verlust

Jahresabschluss

Unter Betriebsvermögen versteht man den Unterschiedsbetrag zwischen dem Wert des Vermögens und dem Wert der Schulden. Die Entnahmen werden beim Betriebsvermögensvergleich hinzugerechnet, weil sie das Betriebsvermögen gemindert haben. Diese Minderung soll durch die Hinzurechnung wieder ausgeglichen werden. Dementsprechend werden die Einlagen abgezogen, weil sie das Betriebsvermögen erhöht haben. Diese Erhöhung soll durch den Abzug wieder ausgeglichen werden.

Die *Bilanz* (vgl. S. 118) ist eine zum Bilanzstichtag (Jahresende) vorgenommene Gegenüberstellung des Vermögens (Aktiva), bestehend aus dem Anlagevermögen und dem Umlaufvermögen einerseits, und dem Kapital (Passiva), bestehend aus dem Eigenkapital und dem Fremdkapital andererseits. Vermögen und Schulden stimmen praktisch nie genau überein. Im Normalfall ist das Vermögen größer als die Schulden. Es ergibt sich daher stets ein Unterschiedsbetrag, der als Eigenkapital bezeichnet wird. Das Eigenkapital wird auf der Passivseite ausgewiesen. Dadurch gleichen sich die Bilanzsummen der Aktiva und der Passiva aus (Bilanzgleichung: Aktiva = Passiva).

Das Betriebsvermögen wird mittels der *Inventur* ermittelt. Die Inventur erstreckt sich auf alle Wirtschaftsgüter des Betriebes, also auf die Gegenstände des Anlagevermögens und die des Umlaufvermögens. Zu jedem Bilanzstichtag ist ein Verzeichnis des Anlagevermögens mit den jeweiligen Zu- und Abgängen zu erstellen (Bestandsverzeichnis). Beim Umlaufvermögen werden nicht nur das Warenlager, alle Roh-, Hilfs- und Betriebsstoffe, sondern auch alle unfertigen und fertigen Erzeugnisse erfasst.

Zum Bilanzstichtag stellen sich im Zuge der Vermögensermittlung Fragen der *Bewertung* v. a.
- des Anlagevermögens (reguläre Absetzung für Abnutzung [Afa], evtl. außerordentliche Abschreibungen für besondere Wertminderungen),
- des Waren-/Materialbestandes (Abschreibungen für Wertminderungen, Verluste),
- der Forderungen (Abschreibung zweifelhafter bzw. uneinbringlicher Forderungen),
- der Rückstellungen für in Zukunft fällige Verbindlichkeiten (z. B. Steuern).

Die Bewertung der o. a. Vermögensteile und Verbindlichkeiten beeinflusst unmittelbar das Jahresergebnis (Gewinn/Verlust). Die Vermögensbewertung ist nach den steuer- und handelsrechtlichen Bewertungsrichtlinien vorzunehmen. Wichtige Hilfsmittel für die Praxis bilden die Richtlinien der Finanzverwaltung, z. B. über die betriebsgewöhnliche Nutzungsdauer für Gegenstände des Anlagevermögens (Afa-Tabellen).

Alle betrieblichen Aufwendungen und Erträge werden in der *Gewinn- und Verlustrechnung (GuV)* gegenübergestellt. Sie dient der Ermittlung des Jahresergebnisses und ist mit der Bilanz Bestandteil des Jahresabschlusses.

Während die Zahlen der Bilanz nur den Status eines Unternehmens zu einem bestimmten Zeitpunkt (z. B. Jahresschluss) angeben, gibt die GuV Aufschluss über die Ertragskraft des Betriebes über einen bestimmten Zeitraum (Jahr). Sie gibt eine Übersicht über die Zusammensetzung der Erträge (Erlöse) und der Aufwendungen einer Periode und weist den Erfolg bzw. Misserfolg dieses Zeitraumes als Differenz zwischen Erträgen (Erlösen) ./. Aufwendungen (= Gewinn oder Verlust) aus.

Wichtigster Maßstab, um den Erfolg eines Unternehmens zu beurteilen, ist der *Gewinn*.

Der *Gewinn (Unternehmensgewinn)* muss mindestens
- eine angemessene Vergütung für die unternehmerische Tätigkeit (Unternehmerlohn) und
- eine marktgerechte Rendite für das eingesetzte Eigenkapital (Eigenkapitalrentabilität) darstellen.

Unternehmergewinn (Unternehmensgewinn ./. Unternehmerlohn) + Abschreibungen *(= cash-flow)* stellen die Mittel dar, die dem Unternehmen zur Finanzierung von Investitionen ohne Aufnahme von Fremdkapital zur Verfügung stehen.

2.3.2 Kostenrechnung und Kalkulation

Die Kosten- und Leistungsrechnung stellt eine wichtige Grundlage für die Kosten- und Leistungskontrolle sowie für die Kalkulation (Vor- und Nachkalkulation) und Angebotserstellung dar.

Die Kosten- und Leistungsrechnung baut auf der Finanzbuchhaltung auf: Die Aufwendungen und Erlöse der GuV werden um außerordentliche/betriebsfremde Positionen bereinigt. Zusätzliche betriebsbedingte – kalkulatorische – Kosten werden berücksichtigt, soweit sie nicht bereits in den Aufwendungen enthalten sind (Unternehmerlohn im Einzelunternehmen und in der Personengesellschaft, Eigenkapitalzinsen).

Die Ziele der Kostenrechnung machen eine Gliederung der Kosten notwendig nach:
- *Kostenstellen* (Entstehungsbereiche), z. B. Materiallager, Werkstatt/Leistungserstellung, Vertrieb/Verwaltung
- Kostenarten (Verrechnungsart), d. h. in *Einzelkosten* (dem Auftrag/Artikel unmittelbar zurechenbar) und *Gemeinkosten* (dem Auftrag/Artikel nicht unmittelbar zurechenbar).

Der Ermittlung der Bereichs- und der Gemeinkosten sowie der entsprechenden Zuschläge auf die jeweiligen Einzelkosten dient der *Betriebsabrechnungsbogen (BAB)*.

Die wichtigste Aufgabe der Kostenrechnung ist es, dem Unternehmer die Grundlagen für die Kalkulation der einzelnen Betriebsleistungen und Produkte (Kostenträger) zu liefern. Die Kalkulation (Kostenträgerrechnung) dient also der Preisermittlung (siehe auch Seite 36).

Die Kalkulationsmethode, d. h. die Art und Weise, wie die im Betrieb anfallenden Kosten dem Produkt bzw. der anzubietenden Leistung zuzurechnen sind, richtet sich nach Betriebsart und dem Produkt- und Leistungsprogramm des Betriebes.

Im Handwerk werden in der Regel angewandt:

- *Zuschlagskalkulation* als Angebotskalkulation in produzierenden Betrieben für Werkleistungen, Bauaufträge u. Ä.

Das Kalkulationsschema sieht wie folgt aus:

Materialeinsatzkosten
+ Materialgemeinkosten
= Materialkosten
+ Lohneinzelkosten   } Fertigungskosten
+ Lohngemeinkosten
= Herstellungskosten
+ Vertriebs- und Verwaltungsgemeinkosten
= Selbstkosten
+ Gewinn
= **Angebotspreis**

- *Warenkalkulation* für Handelswaren

Einkaufspreis
+ Bezugskosten
= Bezugspreis (Einstandspreis)
+ Handlungskosten
= Selbstkostenpreis
+ Gewinn
= **Verkaufspreis**

- *Leistungskalkulation* für Dienstleistungen und Reparaturen

Stundenlohn
+ Fertigungsgemeinkosten
= Lohnkosten
+ Verwaltungs- und Vertriebsgemeinkosten
= Selbstkosten
+ Gewinn
= **Stundenverrechnungssatz**

In der Leistungskalkulation können zur Ermittlung eines *Stundenverrechnungssatzes* die gesamten Gemeinkosten des Betriebes – vereinfachend – auch in einem einzigen Zuschlagssatz auf den Stundenlohn aufgeschlagen werden.

Dieser Gemeinkostenzuschlagssatz umfasst dann i. d. R. folgende Kosten:

- Gesetzliche Sozialaufwendungen:
  - Arbeitgeberanteil zur Kranken-, Pflege-, Renten- und Arbeitslosenversicherung
  - Konkursausfallgeld
  - Abgabe nach dem Schwerbehindertengesetz
  - Lohnfortzahlung im Krankheitsfall
  - Beiträge zur Berufsgenossenschaft
  - Entgelt für gesetzliche Feiertage
  - Entgelt für gesetzliche Ausfalltage (z. B. Wehrübung, Musterung)

- Tarifliche Sozialaufwendungen:
  - Urlaubsentgelt
  - Urlaubsgeld
  - Sonderzahlungen (Weihnachtsgeld)

- Betriebliche Gemeinkosten:
  - Lohne für nicht direkt verrechenbare Stunden, z. B. für Arbeitsvorbereitung
  - Gehälter für Büromitarbeiter, Arbeitsvorbereitung, Lager u. Ä.
  - Porto, Telefon, Büromaterial
  - Werbung
  - Heizung, Strom, Gas, Wasser
  - betriebliche Steuern (z. B. Gewerbesteuer)
  - betriebliche Versicherungen, Beiträge, Gebühren
  - Instandhaltung an Gebäuden und Maschinen
  - Raumkosten, Mieten für Lagerhaltung
  - Kfz-Kosten, Reisekosten
  - Steuer- und Rechtsberatungskosten
  - Kapitaldienst/Zinsen für Kredite, die zur Vorfinanzierung von Kundenarbeiten erforderlich sind

- Kalkulatorische Gemeinkosten:
  - Unternehmerlohn
  - Verzinsung des eingesetzten Kapitals
  - kalkulatorische Miete
  - kalkulatorische Abschreibung

Der auf diese Weise ermittelte durchschnittliche Gemeinkostenzuschlagssatz auf den Lohn (einschl. Gewinn von etwa 5 %) beträgt im Handwerk – bei größeren Unterschieden von Branche zu Branche und von Betrieb zu Betrieb – ca. 220 % bis z. T. über 250 %.

Bei einem – angenommenen – Stundenlohn von 12,- € ergeben sich damit Stundenverrechnungssätze von über 40,- €.

Deckungsbeitragsrechnung und Rohgewinnermittlung

Eine Ergänzung zu den o. a. Kalkulationsmethoden, die auf Vollkosten beruhen, stellt die Deckungsbeitragsrechnung dar. Sie unterteilt die Kosten in:
- variable Kosten, die von der Menge der hergestellten Erzeugnisse bzw. von dem Umfang des Auftrages abhängig sind und
- fixe Kosten, die von der Herstellungsmenge/Auftragsgröße, d. h. von der Beschäftigung (Kapazitätsauslastung), unabhängig sind.

Die Deckungsbeitragsrechnung geht von den Erlösen/Verkaufspreisen aus und berechnet die Deckungsbeiträge und den Gewinn nach folgendem Schema:

Verkaufserlös
- variable Kosten
= Deckungsbeitrag
- fixe Kosten
= **Gewinn**

Die Deckungsbeitragsrechnung ermöglicht die Ermittlung der Preisuntergrenze, die die Summe der variablen Kosten darstellt, sowie die Berechnung der Deckungsbeiträge zur Abdeckung von fixen Kosten und Gewinn. Dabei muss bedacht werden, dass der Betrieb auf die Abdeckung der fixen Kosten langfristig nicht verzichten kann. Wenn bei einem Auftrag der Deckungsbeitrag nur einen Teil der fixen Kosten abdeckt, muss gewährleistet sein, dass andere Aufträge so hohe Deckungsbeiträge erzielen, dass insgesamt die fixen Kosten erwirtschaftet werden.

Sobald der Betrieb neben den variablen Kosten alle fixen Kosten erwirtschaftet, wird die *Gewinnschwelle (Kostendeckungspunkt, Break-even-Point)* erreicht. Um diesen Kostendeckungspunkt zu erreichen, ist also eine bestimmte Auftragshöhe-/Produktionsmenge *(Kapazitätsauslastung)* erforderlich, die umso höher sein muss, je höher die fixen Kosten des Betriebes sind.

Die Deckungsbeitragsrechnung dient ferner der Ermittlung der optimalen Artikel-/Angebotsauswahl. Sie ist bei dem Sortiment gegeben, bei dem sich der höchste Deckungsbeitrag einstellt.

Eine Hilfsgröße zur überschlägigen Beurteilung der Wirtschaftlichkeit der Leistungserstellung und zur Ermittlung des Verkaufsgewinnes stellt der *Rohertrag bzw. Rohgewinn* dar. Aus der Jahresrechnung bzw. in der Zuschlags- oder Warenkalkulation werden diese Werte wie folgt ermittelt:

Rohertrag = Jahresumsatz (Verkaufserlöse) – Materialaufwand (Wareneinsatz)
Rohgewinn = Verkaufspreis – Bezugspreis

Der Rohgewinn in % des Verkaufspreises wird als *Handelsspanne* bezeichnet.

Durchschnittliche Rohgewinne für verschiedene Handwerke sind auf Seite 194 zusammengestellt.

Kostenplanung

Unter dem Gesichtspunkt einer wirtschaftlichen Leistungserstellung hat das Vorhandensein hoher *Fixkosten* (z. B. Mieten, Abschreibungen, Verwaltungskosten) in den meisten Betrieben große Bedeutung. Sie fallen im Gegensatz zu den *variablen Kosten* unabhängig von der Beschäftigungslage an. Die Wirtschaftlichkeit ist aufgrund der Fixkosten umso größer, je besser die Kapazität des Betriebes ausgelastet ist. Man spricht hier von der *Fixkostendegression*. Die Fixkosten werden auch Bereitschafts- oder Kapazitätskosten genannt und als Zeitkosten (z. B. Miete pro Monat) erfasst. Sie fallen im Extremfall auch dann an, wenn überhaupt nicht gearbeitet wird.

Im produzierenden Handwerk bewirken diese Fixkosten bei einer höheren Produktion niedrigere Stückkosten (Kosten pro produzierte Einheit). In den konsum- und dienstleistenden Betrieben werden ebenfalls bei gleich bleibenden Fixkosten (i. d. R. hohe fixe Personalkosten) durch eine bessere Beschäftigung niedrige Kosten pro Leistungseinheit erzielt. Die Leistungen des Betriebes können also bei verbesserter Beschäftigungslage auf der Grundlage niedrigerer Gesamtstückkosten kalkuliert werden. Man geht dabei in der Regel davon aus, dass die variablen Kosten (z. B. Materialpreise) unverändert bleiben. Aber auch die variablen Kosten, z. B Materialkosten, können u. U. bei steigender Betriebsauslastung, z. B. durch Mengenrabatte beim Materialeinkauf, niedriger werden.

Kostensenkungsmöglichkeiten bestehen sowohl bei den fixen als auch bei den variablen Kosten.

Bei fixen Kosten bestehen, wenn auch meist nicht auf kurze Sicht, Einsparungsmöglichkeiten z. B. durch:
○ Überprüfung der Vertriebs- und Verwaltungskosten, evtl. Auslagerung von Arbeitsleistungen, z. B. Buchhaltung außer Haus.
○ Ausrichtung des Personalbedarfes auf der Basis einer Normalauslastung; bei extremen Beschäftigungslagen Einsatz von Aushilfskräften statt fest angestellten Personals (fixe Personalkosten werden zu variablen Personalkosten).

- Neuordnung von Tätigkeitsfeldern im Betrieb.
- Höhere Personaleffizienz durch verbesserte Arbeitsbedingungen (vgl. Seite 40).
- Reduzierung der Kosten für Betriebsanlagen, z. B. Kfz (vgl.: Liquiditätsplanung S. 49).

Bei den variablen Kosten können Einsparungseffekte vor allem durch einen preisbewussteren Einkauf ergriffen werden, z. B. durch:
- Überprüfung der Lieferbeziehungen betreffend Einkaufsmenge, Rabattierung und Zahlungskonditionen.
- Wechsel zu kostengünstigeren Lieferanten.
- Vergleich der Kosten von Eigenherstellung und Fremdbezug.

2.3.3 Erfolgsrechnung und Kennzahlen

Aus dem Jahresabschluss kann die Unternehmensführung nicht nur das Betriebsergebnis (Gewinn/Verlust) des abgelaufenen Wirtschaftsjahres ablesen. Zeitnah lassen sich auch monatliche Auswertungen, sog. kurzfristige Erfolgsrechnungen, erstellen.

Bei der *kurzfristigen Erfolgsrechnung* werden von den Erlösen eines Monats/Quartals die Aufwendungen eines Monats/Quartals abgezogen. Da man nur auf die Zahlen der laufenden Buchhaltung zurückgreift, bleiben die in diesem Zeitraum eingetretenen Bestandsveränderungen, vornehmlich beim Material und bei den halbfertigen Waren, zuerst einmal unberücksichtigt. Man erhält jedoch einen ersten vorläufigen Überblick über das Betriebsergebnis, das man aussagefähiger machen kann, wenn man die Bestandsveränderungen zumindest überschlägig berücksichtigt. Diese kurzfristigen Erfolgsrechnungen fallen meist als „Nebenprodukt" bei der EDV-gestützten Buchführung an.

Aus dem Jahresabschluss, der kurzfristigen Erfolgsrechnung und aus den in anderen Quellen des betrieblichen Rechnungswesens enthaltenen Daten können Kennzahlen entwickelt werden. Sie bringen wichtige Erkenntnisse für die betriebswirtschaftliche Auswertung des Betriebsgeschehens, für eine eventuell notwendig werdende Schwachstellenanalyse und für die Steuerung des Betriebsablaufes. Eine vor allem auf Kennzahlen gestützte Unternehmensführung bezeichnet man als *Controlling*.

Kennzahlen liefern Informationen über die Rentabilität und Produktivität, die Leistungs- und Kostenstruktur sowie die Vermögens- und Finanzierungsstruktur des Unternehmens. Sie ermöglicht die Aufdeckung von Schwachstellen und Verlustquellen.

Eine Kennzahl kann nie isoliert betrachtet werden. Sie muss
- die Branche,
- Betriebsgröße und
- die Individualität des Leistungsprogramms

des Betriebes berücksichtigen.

2. Das müssen Sie wissen: Der Prüfungsstoff

Eine Kennzahl erhält daher ihren Aussagewert im
- internen *Betriebsvergleich*, d. h. in der Gegenüberstellung mit Vorjahr(en) und in der Gegenüberstellung mit Soll-Zahlen (Zielvorgaben) des Betriebes, sowie im
- externen Betriebsvergleich, d. h. in der Gegenüberstellung mit Betrieben gleicher Branche, Struktur und Größe.

Wichtige Kennzahlen

- *der Rentabilität/Produktivität:*

$$\text{Eigenkapitalrentabilität} = \frac{\text{Unternehmergewinn} \times 100}{\text{Eigenkapital}}$$

$$\text{Umsatzrentabilität} = \frac{\text{Unternehmergewinn} \times 100}{\text{Betriebsleistung (Jahresumsatz)}}$$

$$\text{Produktivität} = \frac{\text{Betriebsleistung (Jahresumsatz)} \times 100}{\text{Anzahl der Beschäftigten}}$$

- *der Kostenstruktur:*

$$\text{Lohnintensität} = \frac{\text{Personalaufwand} \times 100}{\text{Betriebsleistung}}$$

$$\text{Materialintensität} = \frac{\text{Materialeinsatz} \times 100}{\text{Betriebsleistung}}$$

- *der Vermögens- und Kapitalstruktur:*

$$\text{Eigenkapitalquote} = \frac{\text{Eigenkapital} \times 100}{\text{Gesamtkapital (Bilanzsumme)}}$$

$$\text{Anlagedeckung} = \frac{\text{Eigenkapital} \times 100}{\text{Anlagevermögen}}$$

Kennzahlen für die einzelnen Handwerkszweige liefern die laufenden Betriebsvergleiche des Deutschen Handwerksinstituts, der Landesgewerbeförderungsstelle des nordrhein-westfälischen Handwerks und der jeweiligen Fachverbände. Auch in einer Kostenstrukturerhebung des Statistischen Bundesamtes wurden für alle Handwerksbrachen wichtige Kennzahlen ermittelt (vgl. Seite 194).

Die aktuellen Betriebsvergleiche und Kennzahlen liegen den betriebswirtschaftlichen Beratungsstellen der Handwerkskammern vor.

Statistiken

Nicht nur die Steuerverwaltungen (Finanzämter) legen den Betrieben ständige Berichts- und Mitteilungspflichten auf. Aufgrund gesetzlicher Vorschriften erfüllen die Betriebe zahlreiche weitere Berichtspflichten.

Alle Betriebe oder eine repräsentative Auswahl einer Branche müssen ständig (monatlich, vierteljährlich oder jährlich) Meldungen abgeben, u. U. an:
- Sozialversicherungen über Lohnsumme, Arbeitsunfälle u. a.,
- statistische Landesämter, u. a. für die repräsentative vierteljährliche Handwerksberichterstattung (betr. Umsatz, Anzahl der Beschäftigten), Bauberichterstattung (Unternehmen der Bau- und Ausbauhandwerke über Auftragseingänge, geleistete Arbeitsstunden u. a.).

Prüfungsfragen zu „Rechnungswesen und Controlling" siehe Seiten 139 ff. und 146 ff.

2. Das müssen Sie wissen: Der Prüfungsstoff

Schlussbilanz
per 31. Dezember 2001

Fa. Stefan Kirsch e. Kfm., Innenausbau, Holzhausen

Aktiva						Passiva
	Wert 1.1.2001	Zugang +	Abgang ./.	AfA ./.	Wert 31.12.2001	Wert 31.12.2001
Anlage-vermögen						
Grund und Boden	60.000,00				60.000,00	
Werkstatt-gebäude	210.400,00	158.700,00		9.600,00	359.500,00	
Maschinen	28.800,00	6.700,00	4.000,00	5.400,00	26.100,00	
Fahrzeuge	18.100,00	52.000,00	4.000,00	16.600,00	53.500,00	
Einrichtung	3.800,00			700,00	3.100,00	
	321.100,00	217.400,00	4.000,00	32.300,00	502.200,00	
Umlauf-vermögen						
Material					44.000,00	
teilfertige Arbeiten					18.000,00	
Kundenforderungen					101.009,96	
sonstige kurzfristige Forderungen					180,00	
Bankguthaben					1.341,36	
Kasse					1.732,14	
Rechnungsabgrenzung					1.100,00	
Eigenkapital 1.1.2001						158.555,11
Privateinlagen + 7.000,00						
Privatentnahmen ./. 99.523,50						./. 92.523,50
Gewinn 2001						+ 110.607,54
Rückstellungen						
Gewerbesteuer						7.000,00
Fremdkapital						
Bankdarlehen, langfristig						372.450,00
kurzfristige Verbindlichkeiten:						
Lieferantenverbindlichkeit						83.680,00
Mehrwertsteuer						1.164,73
sonstige kurzfristige Verbindlichkeiten						28.629,58
						113.474,31
Bilanzsumme					€ 669.563,46	**Bilanzsumme** € 669.563,46

Gewinn- und Verlustrechnung
01.01. – 31.12.2001

	Umsatzerlöse		€	646.563,19
./.	Kundenskonti			1.243,00
	Zwischensumme			645.320,19
+	Bestandserhöhung (teilfertige Arbeiten)		+	13.000,00
=	Betriebsleistung			658.320,19
+	Eigenverbrauch		+	1.800,00
=	Gesamtleistung			660.120,19
./.	Materialaufwand		./.	248.926,48
+	Lieferantenskonti		+	3.428,51
=	Rohgewinn			414.622,22
+	sonstige Erlöse		+	7.420,00
	Zwischensumme			422.042,22
./.	Aufwendungen			
	Personalaufwand		./.	196.457,26
	Abschreibungen		./.	32.300,00
	Strom, Gas, Wasser	10.107,30		
	Steuern, Gebühren, Beiträge, Versicherungen	5.223,72		
	Bürokosten	5.211,80		
	Kfz-Kosten	11.801,14		
	sonstige Kosten	32.927,65	./.	65.271,61
+	Zinserträge	114,22		
./.	Zinsaufwand	21.320,10	./.	21.205,81
	Zwischensumme			106.807,54
+	außerordentliche Erträge		+	3.800,00
	Gewinn 2001		€	110.607,54

3. Tipps und Hilfen für Meisterschüler

3.1 Abc wirtschaftlicher Grundbegriffe

Abmahnung	Missbilligung eines Verhaltens mit Androhung der Kündigung, sofern sich das Verhalten nicht ändert.
Abschreibung	Über die Nutzungsdauer verteilter Wertverlust eines Wirtschaftsgutes.
Allgemein-verbindlichkeit	Ausdehnung eines Tarifvertrages auf nicht tarifgebundene Arbeitgeber und Arbeitnehmer.
Anfechtungsgründe	Irrtum, arglistige Täuschung, rechtswidrige Drohung.
Annuität	Gleich bleibende Monats-/Jahresrate mit abnehmendem Zins- und steigendem Tilgungsanteil.
Beiträge	Entgelt zur Finanzierung öffentlicher Einrichtungen. Gegenleistung: Nutzungsanspruch.
Besitz	Tatsächliche Herrschaft über eine Sache.
Betriebsabrechnungs-bogen (BAB)	Tabellarische Darstellung der Kostenarten (KA) und der Kostenstellen (Kst). Aufgabe: Verteilung von KA auf Kst.
Bilanz	Gegenüberstellung von Vermögen und Kapital; wird aus Buchführung und Inventar entwickelt.
Bürgschaft	Vertrag zwischen Kreditgeber und Bürgen, in dem sich der Bürge verpflichtet, für die Verbindlichkeit eines Dritten einzustehen. Bei Ausfallbürgschaft kann Einrede der Vorausklage geltend gemacht werden (Ggs.: selbstschuldnerische Bürgschaft).
Cash-flow	Gewinn zzgl. Abschreibungen.
Controlling	Auf Kennzahlen und Soll-Ist-Vergleichen aufbauendes betriebliches Steuerungsinstrument.
Deckungsbeitrags-rechnung	Kostenträgerrechnung, die zwischen variablen und fixen Kosten unterscheidet und u. a. zur Ermittlung der Preisuntergrenze dient.
Eigenkapitalhilfe	Finanzierungshilfe des Bundes für Existenzgründer, eigenkapitalähnliches Darlehen.
Eigentum	Rechtliche Herrschaft über eine Sache.

3.1 Abc wirtschaftlicher Grundbegriffe

Einkünfte	Bei der Einkommensteuer: Einkommen aus Land- und Forstwirtschaft, Gewerbebetrieb, selbstständiger Arbeit, nicht selbstständiger Arbeit, Kapitalvermögen, Vermietung und Verpachtung, sonstige Einkünfte.
ERP-Darlehen	Finanzierungshilfe des Bundes, zinsgünstiges Darlehen.
Firma	Name, unter dem der Kaufmann seine Geschäfte betreibt.
Franchising	Nutzung eines Vertriebs-, Ausstattungs- oder Werbekonzeptes gegen Entgelt. Vertragspartner: Franchisegeber und Franchisenehmer.
Gebühr	Entgelt für eine Verwaltungsleistung oder für die Inanspruchnahme einer öffentlichen Einrichtung.
Gemeindesteuern	Gewerbesteuer, Grundsteuer.
Gemeinschaftssteuern	Fließen mehreren staatlichen Gebietskörperschaften zu. Einkommensteuer, Umsatzsteuer.
Gewinn- und Verlustrechnung	Gegenüberstellung der Aufwendungen und Erträge; Saldo: Jahreserfolg (Gewinn, Verlust).
Geschäftsfähigkeit	Fähigkeit, selbstständig Geschäfte abschließen zu können.
Grundschuld	Belastung eines Grundstückes zur Sicherung einer Geldsumme, auch ohne Bestehen einer Forderung (Ggs.: Hypothek).
Handelsregister	Öffentliches Verzeichnis, in dem alle Kaufleute eingetragen sind.
Handwerk	Gewerbe, das in der Handwerksordnung (HwO), Anlage A, als Handwerk aufgeführt ist und handwerksmäßig betrieben wird.
Handwerkskammer (HWK)	Gesamtinteressenvertretung des Handwerks eines (Regierungs-)Bezirkes oder Landes. Selbstverwaltungsorganisation mit hoheitlichen Aufgaben, Bildungs- und Beratungseinrichtungen.
Handwerksrolle	Verzeichnis der selbstständigen Handwerker des HWK-Bezirks. Eintragung erfordert grundsätzlich den Nachweis der Meisterprüfung.
Innung	Fachorganisation im Handwerk. Aufgaben: Interessenvertretung, Förderung der Mitgliedsbetriebe durch Information und Beratung.
Investitionszulage	Zuschuss des Bundes zur Finanzierung von Investitionen in den neuen Bundesländern und Berlin.
Kapitaldienst	Summe aus Zins- und Tilgungsleistungen.

Kapitalgesellschaft	Gesellschaft mit eigener Rechtspersönlichkeit (juristische Person), z. B. GmbH, AG. Ggs.: Personengesellschaft, z.B. GbR, OHG, KG.
Kaufmann	Der Inhaber eines Gewerbebetriebes mit einem in „kaufmännischer Weise eingerichteten Geschäftsbetrieb", der Formkaufmann (z. B. GmbH) und der in das Handelsregister eingetragene Kleingewerbetreibende.
Landessteuern	Kfz-Steuer, Biersteuer.
Liquidität	Fähigkeit eines Betriebes, seinen Zahlungsverpflichtungen stets termingerecht nachzukommen.
Marketing	Konsequent am Markt orientierte Unternehmensführung.
Marketinginstrumente	Mittel der Absatzförderung: Produkt- und Leistungsprogramm, Kundendienst, Preis, Werbung und Verkaufsförderung, Absatzwegepolitik.
Nichtigkeitsgründe	Verstoß gegen gesetzliches Verbot oder gute Sitten, Schein- und Scherzgeschäfte.
Personengesellschaft	GbR, OHG, KG.
Prokura	Vollmacht zum Abschluss aller Rechtsgeschäfte und zur gerichtlichen und außergerichtlichen Vertretung eines Unternehmens.
Rechtsfähigkeit	Fähigkeit, Träger von Rechten und Pflichten zu sein.
Selbstfinanzierung	Finanzierung eines Betriebes über nicht entnommene Gewinne.
Sicherungsübereignung	Übertragung des Eigentums an einer beweglichen Sache ohne Besitzübergang.
Sonderausgaben	Ausgaben der privaten Lebensführung, deren Abzug bei der Ermittlung des zu versteuernden Einkommens zulässig ist (z. B. Vorsorgeaufwendungen, Kirchensteuer).
Sozialprodukt	Die Summe aller in Geld bewerteten Güter und Dienstleistungen eines Landes.
Steuern	Allgemeine Deckungsmittel für öffentliche Haushalte ohne Gegenleistungsanspruch.
VOB	Verdingungsordnung für Bauleistungen. Vertragsbedingungen bei öffentlichen Aufträgen und – bei Vereinbarung – auch zwischen sonstigen Vertragspartnern.

Werbungskosten	Aufwendungen zur Erwerbung, Sicherung und Erhaltung der Einnahmen (z. B. Aufwendungen für Arbeitsmittel bei Einkünften aus nicht selbstständiger Arbeit), Begriff des ESTG.
Zession	Abtretung einer Forderung an Dritte.

3.2 Prüfungsvorbereitung

Die 300 häufigsten Fragen aus der Meisterprüfung

Lfd. Nr.	Frage:	Lösung*) s. Seite

Fach: Wirtschaft und Betrieb

Lfd. Nr.	Frage	Lösung
1.	Nennen Sie die wesentlichen Elemente der Marktwirtschaft!	23
2.	Welche Aufgaben hat der Staat in der sozialen Marktwirtschaft?	23
3.	Führen Sie einige aktuelle Beispiele für strukturpolitische Maßnahmen des Staates an!	○
4.	Was versteht man unter dem Sozialprodukt einer Volkswirtschaft?	24
5.	Welches sind – im Blick auf seine Entstehung – die hauptsächlichen Bestandteile des Sozialprodukts?	23
6.	Das Statistische Bundesamt teilt mit, dass das Sozialprodukt um 3 % gewachsen ist. Erläutern Sie diese Aussage!	24
7.	Was versteht man unter wirtschaftlichem Wachstum?	24
8.	Welche Ziele hat lt. gesetzlichem Auftrag die Wirtschaftspolitik in Deutschland zu verfolgen?	24
9.	Welche Ziele verfolgt die Mittelstandspolitik?	24
10.	Nennen Sie wichtige mittelstandspolitische Maßnahmen!	24
11.	Unterscheiden Sie anhand wirtschaftlicher Merkmale zwischen den Wirtschaftsbereichen Industrie und Handwerk!	25

*) mit ○ gekennzeichnete Fragen sind individuell unterschiedlich bzw. unter dem jeweiligen aktuellen oder örtlichen Bezug zu beantworten!

3. Tipps und Hilfen für Meisterschüler

12.	Wie viele Unternehmen und Beschäftigte zählt das Handwerk in Deutschland?	26
13.	Erläutern Sie die Tätigkeitsbereiche des Handwerks in Produktion und Dienstleistung!	25
14.	Was versteht man unter dem „Magischen Viereck"?	24
15.	Nennen und erläutern Sie die Aufgabenbereiche der Handwerkskammer!	28
16.	Welche Förderungsmöglichkeiten und Dienstleistungen bietet die Handwerkskammer ihren Mitgliedern?	28
17.	Welche hoheitlichen Aufgaben erfüllt die Handwerkskammer?	29
18.	In welchen Fragen kann sich der Handwerker, der sich selbstständig machen will, an die Handwerkskammer wenden? Zählen Sie die verschiedenen Beratungsangebote auf, die ihm zur Verfügung stehen!	28
19.	Erläutern Sie die Aufgabenbereiche der Innung!	29
20.	Welche Förderungsmöglichkeiten und Dienstleistungen bietet die Innung ihren Mitgliedern?	29
21.	Wie heißt die Spitzenorganisation des Handwerks in Deutschland?	30
22.	Wo liegen im Vergleich zur Betriebsneugründung die Vorteile, wo die Risiken der Übernahme eines Betriebes?	171
23.	In welche Organisationsbereiche lässt sich schematisch ein Handwerksbetrieb aufteilen?	30
24.	Nennen und erläutern Sie betriebswirtschaftliche Organisations- und Planungsgrundsätze!	31
25.	Was versteht man unter dem „organisatorischen Optimum"?	32
26.	Nennen Sie Beispiele für informelle Organisationssysteme!	31
27.	Welche Gesellschaft können zwei Personen ohne Formalitäten gründen?	176
28.	Nennen und erläutern Sie die drei wesentlichen Unternehmensführungsaufgaben!	31
29.	Erläutern Sie die Feststellung, dass in Deutschland die Wirtschaft das Recht der Selbstverwaltung hat!	28

Nr.	Frage	Seite
30.	Welche Gesichtspunkte sind bei der Wahl der Rechtsform zu beachten?	175
31.	Unter welchen Voraussetzungen ist die Wahl der Rechtsform auch nach Gründung eines Unternehmens zu überdenken und evtl. eine Rechtsformänderung vorzunehmen?	175
32.	Nennen Sie die wichtigsten Merkmale a) des Einzelunternehmens, b) der Gesellschaft bürgerlichen Rechts (GbR), c) der Gesellschaft mit beschränkter Haftung (GmbH)!	175
33.	Welche Anforderungen werden an die Höhe des Gründungskapitals bei a) der Einzelunternehmung, b) der GbR, c) der GmbH gestellt?	175
34.	Welche Formvorschriften gelten für den Abschluss eines Gesellschaftsvertrages für eine GbR?	176
35.	In welchen Fällen wird im Handwerk die GbR gerne als Rechtsform gewählt?	176
36.	Welche besonderen Veröffentlichungs- und Formvorschriften sind bei der GmbH zu beachten?	176
37.	Welche Aufgaben haben bei der GmbH a) die Gesellschafterversammlung, b) der bzw. die Geschäftsführer?	177
38.	Wer kann Sie bei der Wahl der richtigen Rechtsform beraten?	178
39.	Welche Gesichtspunkte sind bei der Wahl eines Standortes eines Handwerksbetriebes zu prüfen?	166
40.	Nennen Sie drei Gruppen von Standortfaktoren, die unter betriebswirtschaftlichen Aspekten von Bedeutung sind!	166
41.	Welche Behörde ist für die Genehmigung Ihres Betriebsstandortes zuständig?	174
42.	Erläutern Sie mit Blick auf einen konsum- bzw. dienstleistenden Handwerksbetrieb (z. B. Bäcker, Fleischer, Friseur) die Absatzfaktoren, die bei der Wahl eines Geschäftsstandortes zu prüfen sind!	169
43.	Erläutern Sie mit Blick auf einen produzierenden Handwerksbetrieb (z. B. Metallbauer, Schreiner, Bauunternehmen) die Kostenfaktoren, die bei der Wahl eines Betriebsstandortes zu prüfen sind!	169

3. Tipps und Hilfen für Meisterschüler

44.	Nennen Sie einige Faktoren der örtlichen, regionalen und überregionalen Infrastruktur, die die Standortwahl eines Handwerksbetriebes beeinflussen können!	167
45.	Welche Steuerbelastung ist bei der Wahl des Betriebsstandortes von Bedeutung?	166
46.	Welche Standortfaktoren erscheinen Ihnen aus der Sicht „Ihres Betriebes" (Ihres Berufszweiges) besonders wichtig?	○
47.	Welche rechtlichen Vorschriften können neben dem Bauplanungsrecht die Standortwahl – v. a. produzierender Betriebe – noch beeinflussen?	170
48.	In welchem Fall ist bei einer Betriebsgründung ein Antrag auf Nutzungsänderung zu stellen?	173
49.	Wo werden für Ihren Wohnort/Betriebsort Anträge auf Baugenehmigung bzw. Änderung einer Nutzung gestellt?	173
50.	Beim Bau und bei der Einrichtung eines produzierenden Betriebes sind zahlreiche planerische Überlegungen anzustellen. Nennen Sie wichtige Planungsaspekte!	169
51.	In welchen Gebieten kann die Errichtung eines Tischlerbetriebes in der Regel nicht genehmigt werden?	168
52.	Welche Planungsaspekte sind im Besonderen bei der Einrichtung einer Geschäftsstätte des konsum- und dienstleistenden Handwerks zu beachten?	170
53.	Welche Möglichkeiten hat ein Unternehmer, mit organisatorischen Mitteln dem Prinzip der Kostenverantwortung im Betrieb Rechnung zu tragen?	32
54.	Nennen Sie beispielhaft Vorschriften des Umwelt- und Immissionsschutzes, die bei der Neuerrichtung von Betriebsstätten zu beachten sind!	170
55.	Welche Ziele haben die Vorschriften der Arbeitsstättenverordnung? Erläutern Sie diese anhand von Beispielen!	170
56.	Nennen Sie Behörden, die in Fragen des Umwelt-, Immissions- und Arbeitsschutzes tätig werden!	171
57.	Welche Marketingziele kann sich ein Unternehmer setzen?	34
58.	Welche Analysen muss ein Unternehmer vornehmen, bevor er sich Marketingziele setzt und die erforderlichen Marketinginstrumente plant?	33

59.	Führen Sie die einzelnen Marketinginstrumente an!	34
60.	Welches ist das wichtigste Marketinginstrument des Handwerksbetriebes?	34
61.	Worin soll sich das Produkt- und Leistungsprogramm eines Handwerksunternehmers im Besonderen auszeichnen? Nennen Sie schlagwortartig die drei wichtigsten Eigenschaften!	35
62.	Welche Werbeziele kann sich ein Handwerksunternehmer vornehmen?	37
63.	Was versteht die Werbung unter einer Zielgruppe? Erläutern Sie ihre Bedeutung für eine Werbemaßnahme!	37
64.	Nennen Sie die wichtigsten Werbemittel des Handwerksunternehmers!	37
65.	Erläutern Sie die Bedeutung der Personalpolitik für das Handwerksunternehmen!	39
66.	Welche Faktoren beeinflussen die Arbeitsleistung? Nennen Sie hierzu zwei Gruppen von Faktoren und geben Sie jeweils Beispiele an!	40
67.	Welche Aufgaben hat die Personalplanung?	40
68.	Erläutern Sie die Vor- und Nachteile der Zusammenarbeit mit einem freien Mitarbeiter im Vergleich zu einem angestellten Mitarbeiter!	40
69.	Welche Formerfordernisse sind beim Personalleasing zu beachten?	42
70.	Führen Sie die betrieblichen und die außerbetrieblichen Rahmenbedingungen auf, die die Planung des Personalbedarfs berücksichtigen muss!	40
71.	Welches sind die „Bausteine" einer Stellenanzeige?	45
72.	Wie kann der Handwerksunternehmer seine Mitarbeiter zur Leistungsbereitschaft motivieren? Nennen Sie hierzu schlagwortartig fünf Motivatoren!	44
73.	Mit welchem Führungsstil und mit welchen Verhaltensgrundsätzen kann die Leistungsbereitschaft der Mitarbeiter gefördert und ein gutes Betriebsklima geschaffen werden?	44
74.	Welche Managementmethode arbeitet mit der Methode der Zielvereinbarung?	44
75.	Führen Sie die Orientierungsmaßstäbe für die Entlohnung auf!	42

3. Tipps und Hilfen für Meisterschüler

76.	Worin liegt die Bedeutung (Anwendungsbereiche, Vor- und Nachteile) von Zeitlohn und Leistungslohn?	42
77.	Aus welchen Quellen kommt das Eigenkapital eines Unternehmers?	182
78.	Wie nennt man das haftende Eigenkapital in der GmbH?	182
79.	In welchem Umfang steht der Gewinn einem Unternehmer zur Finanzierung von Investitionen zur Verfügung?	182
80.	Weshalb stellen Abschreibungen auf betriebliche Anlagegüter Finanzierungsmittel dar?	182
81.	Welche Fremdmittel stehen Handwerksbetrieben i. d. R. für die Finanzierung zur Verfügung? Nennen Sie die wichtigsten kurz- und langfristigen Mittel!	182
82.	Welche wichtigen öffentlichen Programmkredite (Staatliche Finanzierungsmittel) kennen Sie? Führen Sie das wichtigste Bundesprogramm und das für Ihr Land bedeutendste Landesprogramm mit ihren aktuellen Konditionen (s. o.) an!	183
83.	Wo beantragen Sie öffentliche Programmkredite?	183
84.	Erläutern Sie die Bedeutung des Kontokorrentkredites für die Unternehmen und geben Sie den aktuellen Zinssatz für diesen Kredit an!	53
85.	Erläutern Sie, weshalb man bei der Inanspruchnahme eines Lieferantenkredites von einer Zinsbelastung sprechen kann!	53
86.	Welche Gesichtspunkte werden zur Bewertung der persönlichen Kreditwürdigkeit (Bonität) eines Unternehmers herangezogen?	184
87.	Welche Möglichkeiten hat ein Kreditinstitut, um sich über die persönlichen Kreditverhältnisse und über die Bonität eines Unternehmers zu informieren?	184
88.	Was sind Bürgschaftsbanken (Bürgschaftsgesellschaften) und worin liegt ihre Bedeutung für das Handwerk?	185
89.	Nennen Sie drei Möglichkeiten, einen Existenzgründungskredit abzusichern!	184
90.	Welches sind die üblichen Sicherungen, die Kreditinstitute von Handwerksberieben für die Darlehensgewährung verlangen?	184

91.	In welchen Rechtsgeschäften ist die Vereinbarung eines Eigentumsvorbehalts üblich?	186
92.	Beschreiben Sie die Bestandteile eines Investitionsplanes und seine Bedeutung für den Finanzierungsplan!	179
93.	Auf der Aufgabenseite eines Finanzplanes sind folgende Positionen aufgeführt: a) Zahlung an Lieferanten, b) Lohn- und Gehaltszahlung, c) Privatentnahme, d) Abschreibung einer Maschine. Welche Position gehört nicht in den Finanzplan?	49
94.	Welche hauptsächlichen Positionen enthält ein Finanzierungsplan?	180
95.	Führen Sie wichtige Finanzierungsregeln an!	186
96.	Unterscheiden Sie zwischen Finanzierungsplan und Finanzplan!	49
97.	Welchen Zwecken dient ein Finanzplan?	49
98.	Welches sind die Bestandteile eines Finanzplanes? Stellen Sie schematisch einen solchen Plan für drei Perioden (z. B. 3 Monate) auf!	49
99.	Nennen Sie Formen kurzfristiger Inanspruchnahme von Fremdkapital!	53
100.	Unterscheiden Sie zwischen Überdeckung und Unterdeckung im Zuge der Finanzplanung!	49
101.	Wie kann man die Kapitaldienstgrenze, die bei der Aufnahme von Fremdkapital zu beachten ist, ermitteln? Führen Sie hierzu zwei Methoden an!	187
102.	Was versteht man unter Fixkostendegression? Erläutern Sie diesen Begriff anhand eines Beispiels aus dem a) Produktionsbereich, b) Absatzbereich eines Handwerksbetriebes!	114
103.	Nennen und erläutern Sie einige organisatorische Hilfsmittel, die v. a. produzierenden Betrieben zur ordnungsgemäßen Auftragsabwicklung zur Verfügung stehen!	46
104.	Welche Einzelaufgaben übernehmen i. d. R. integrierte Waren- bzw. Materialbewirtschaftungssysteme?	48

105.	Welche besonderen Überlegungen zum Verkaufsvorgang sind bei handelsorientierten Handwerksbetrieben notwendig, um möglichst optimale Geschäftsabläufe zu erreichen?	48
106.	Welche grundsätzlichen Anforderungen sind im Unternehmen an die Abwicklung des Zahlungsverkehrs zu stellen?	51
107.	Führen Sie die Vor- und Nachteile der Bargeldzahlung an!	52
108.	Unterscheiden Sie zwischen Dauerauftrag und Lastschriftverfahren!	52
109.	Erläutern Sie die Bedeutung der „Kreditlinie" (Kreditgrenze) für das Unternehmen!	51
110.	Nennen Sie mögliche Ursachen von Liquiditätsproblemen!	50
111.	Erläutern Sie die Zahlungsabwicklung mit der elektronischen Geldbörse (Geldkarte)?	53
112.	Unterscheiden Sie zwischen Abbuchungsauftrag und Einzugsermächtigung!	52
113.	Welche kartenunterstützte Zahlungsmittel kennen Sie?	53
114.	Wie lassen sich Liquiditätsprobleme beheben?	51
115.	Das unbefristete Arbeitsverhältnis ist die am weitest verbreitete Beschäftigungsform in den Unternehmen. Nennen und erläutern Sie weitere Beschäftigungsformen!	41
116.	Wie lassen sich im Unternehmen Beschäftigungs-/Auftragsspitzen durch personalpolitische Maßnahmen bewältigen?	41
117.	Führen Sie Grundregeln an, die helfen, Forderungsausfälle im Geschäftsverkehr zu vermeiden!	51

Fach: Recht und Steuern

118.	Welches sind die wichtigsten Rechtsnormen und wie kommen diese jeweils zustande?	55
119.	Führen Sie einige Behörden und Ämter Ihres Bundeslandes an und geben Sie Auskunft über deren jeweilige sachliche Zuständigkeit!	55
120.	Welche Aufgaben haben die Gemeinden? Nennen Sie Beispiele und ordnen Sie diese den beiden großen Aufgabenbereichen der Gemeinde zu!	55

121.	Führen Sie Aufgabengebiete der Gemeinden an, die den Handwerksunternehmer im Besonderen berühren!	55
122.	Wer wählt den Bürgermeister/Oberbürgermeister Ihrer Gemeinde/Stadt?	○
123.	Unterscheiden Sie zwischen öffentlichem Recht und privatem Recht!	56
124.	Ist der Werkvertrag eines Handwerksunternehmens mit der Gemeinde nach öffentlichem oder privatem Recht zu beurteilen?	55
125.	Welche Rechtsgebiete gehören zu den einzelnen Gerichtsbarkeiten? Geben Sie anhand von Beispielen an, welche Gerichte für welche Streitigkeiten zuständig sind!	56
126.	Beschreiben Sie die Aufgaben der ordentlichen Gerichte!	56
127.	Welches Gericht ist zuständig bei a) einer Zahlungsklage von 6.000,- €, b) einer Zahlungsklage von 4.000,- €?	104
128.	Beschreiben Sie den Instanzenweg und nennen Sie die jeweils einzulegenden Rechtsmittel!	104
129.	Welche Ziele haben die in Deutschland gegebenen wettbewerbsrechtlichen Vorschriften? Nennen Sie drei wichtige Ziele!	56
130.	Nennen Sie Gesetze, in denen wichtige wettbewerbsrechtliche Bestimmungen enthalten sind!	57
131.	Nennen Sie Beispiele für unternehmerische Handlungen, die nach dem Gesetz gegen Wettbewerbsbeschränkungen (Kartellgesetz) verboten sind!	57
132.	Wie ist die zwischenbetriebliche Zusammenarbeit kleiner und mittlerer Betriebe nach dem Kartellgesetz zu beurteilen?	57
133.	Was besagt die Generalklausel des Gesetzes gegen den unlauteren Wettbewerb?	57
134.	Nennen Sie Beispiele für unlauteren Wettbewerb!	57
135.	Wie ist bei Zahlungsklagen die örtliche Zuständigkeit geregelt?	104
136.	Ist eine Preisauszeichnung gesetzlich vorgeschrieben? Beantworten Sie diese Frage mit Blick auf einzelne Handwerksbereiche und erläutern Sie die jeweiligen Regelungen!	61

137.	Führen Sie die wichtigsten Bestimmungen des Ladenschlussgesetzes an!	61
138.	Nennen Sie zwei Beispiele für Sonderregelungen des Ladenschlusses!	61
139.	Was versteht die Gewerbeordnung unter einem Gewerbe?	57
140.	Was ist der Inhalt der Gewerbeordnung? Führen Sie drei Regelungsbereiche an!	57
141.	Das Handelsrecht erlaubt Ihnen „Fantasienamen" für Ihren Betrieb. Erläutern Sie die rechtlichen Grenzen, die Ihnen bei der Wahl der Firmenbezeichnung gesetzt sind!	60
142.	Was ist das Handelsregister und wo wird es geführt?	58
143.	Welche Bedeutung hat die Eintragung eines Unternehmens im Handelsregister?	59
144.	Unter welchen Voraussetzungen werden Handwerksbetriebe in das Handelsregister eingetragen?	59
145.	Was versteht das Handelsrecht unter einer „Firma"?	59
146.	Wie ist das Recht zur Führung einer „Firma" im Falle des Kaufs oder der Pacht eines Betriebes geregelt?	59
147.	Wird a) eine GmbH oder b) eine BGB-Gesellschaft ins Handelsregister eingetragen?	59
148.	Wie haften die Gesellschafter einer BGB-Gesellschaft?	176
149.	Was versteht man unter Prokura?	59
150.	Wann ist ein Gewerbe „Handwerk"?	60
151.	Welche Gesichtspunkte sind bei der Klärung der Frage, ob ein Gewerbe handwerksmäßig betrieben wird, von Bedeutung?	60
152.	Was ist die Handwerksrolle?	152
153.	Wer kann in die Handwerksrolle eingetragen werden?	152
154.	Nennen Sie die möglichen Voraussetzungen, die ein Handwerker für die Eintragung nachweisen muss!	152

Nr.	Frage	Seite
155.	Welche handwerksrechtlichen Voraussetzungen müssen vorliegen, wenn ein Handwerksbetrieb in der Form einer a) GmbH, b) einer BGB-Gesellschaft eingetragen werden soll?	155
156.	Welche Behörde erteilt die Ausnahmebewilligung für die Eintragung in die Handwerksrolle?	152
157.	Unterscheiden Sie zwischen Bedürfnisprüfung und dem Nachweis der Sachkunde bzw. der Zuverlässigkeit als Voraussetzung zur selbstständigen Ausübung eines Gewerbes!	152
158.	Welche rechtliche Bedeutung für das Betreiben eines Handwerks hat die Eintragung in die Handwerksrolle?	152
159.	Welche beiden Tatbestände müssen vorliegen, damit eine Ausnahmebewilligung für die Eintragung in die Handwerksrolle erteilt werden kann?	152
160.	Prüfen Sie, ob in folgenden Fällen die Eintragung in die Handwerksrolle erforderlich ist: a) ein Bauunternehmer beschäftigt zur Instandhaltung seines Fuhrparks einen Kfz-Gesellen, b) Frau Hübsch möchte einen Kosmetiksalon eröffnen, c) ein Kaufhaus möchte neben dem Warenverkauf noch eine Konditorei betreiben.	155
161.	Was versteht man unter handwerklichen Nebenbetrieben und Hilfsbetrieben, und welche Regelungen bestehen jeweils für die Eintragung in die Handwerksrolle?	155
162.	Muss der Inhaber eines handwerksähnlichen Gewerbes eine Prüfung ablegen, um bei der Handwerkskammer eingetragen werden zu können?	160
163.	Wo muss Meister M. sein Unternehmen nach bestandener Meisterprüfung anmelden?	152
164.	Wann kann ein Handwerker aus einem EU-Land in Deutschland in die Handwerksrolle eingetragen werden? Führen Sie hierzu den entsprechenden Grundsatz an!	154
165.	Was versteht man unter Steuern, Beiträgen und Gebühren? Erläutern Sie diese Begriffe und nennen Sie jeweils Beispiele!	62
166.	Über welche Einnahmen verfügen die Gemeinden, um ihre Aufgaben zu finanzieren?	63

3. Tipps und Hilfen für Meisterschüler

167.	Nennen Sie Gemeinschaftssteuern, Bundessteuern, Landessteuern, Gemeindesteuern!	63
168.	Unterscheiden Sie zwischen direkten und indirekten Steuern und nennen Sie für jede Steuerart Beispiele!	63
169.	Wer wird von den Finanzbehörden zur Zahlung von Umsatzsteuer (Mehrwertsteuer) herangezogen?	64
170.	Welche wirtschaftlichen Vorgänge unterliegen grundsätzlich der Umsatzsteuer?	64
171.	Unterliegt die Entnahme von Waren aus dem Unternehmen für private Zwecke (z. B. Fleischwaren für den Haushalt des Fleischermeisters) der Umsatzsteuer?	65
172.	Wie ist die Privatentnahme von Bargeld aus der Betriebskasse durch den Unternehmer steuerlich zu behandeln?	65
173.	Erläutern Sie die Sonderregelung bei der Umsatzsteuer; die für Betriebe bis 125.000,- € Jahresumsatz besteht!	65
174.	Wann sind Umsatzsteuer-Voranmeldungen abzugeben?	66
175.	Erläutern Sie schematisch die Berechnung der Gewerbesteuer!	67
176.	Wie hoch ist der Gewerbesteuerhebesatz in Ihrer Gemeinde?	○
177.	Gegenüber welcher Behörde gibt der Gewerbesteuerpflichtige die Gewerbesteuererklärung ab?	66
178.	Wer erteilt a) den Gewerbesteuermessbescheid, b) den Gewerbesteuerbescheid?	66
179.	Begründen Sie die Feststellung: „Die Einkommensteuer ist eine Personensteuer."!	67
180.	Erläutern Sie schematisch die Berechnung des zu versteuernden Einkommens!	68
181.	Nennen Sie die sieben Einkunftsarten zur Ermittlung des zu versteuernden Einkommens!	68
182.	Was versteht das Einkommensteuergesetz unter „Werbungskosten"? Nennen Sie Beispiele!	69
183.	Unterscheiden Sie zwischen Werbungskosten und Betriebsausgaben!	70

184.	Was versteht das Einkommensteuergesetz unter „Sonderausgaben"? Nennen Sie Beispiele!	69
185.	Unter welche Einkunftsarten des ESTG fallen die folgenden Einkünfte: a) Gewinn einer selbstständigen Friseurmeisterin, b) Dividende aus einer privaten Aktienanlage, c) Gewinn eines selbstständigen Rechtsanwaltes!	68
186.	Erläutern Sie den Einkommensteuertarif!	71
187.	Erläutern Sie das Einkommensteuerverfahren!	71
188.	Welche Einkünfte hat in der Regel ein Handwerksunternehmer?	68
189.	Welche Freibeträge sind in der Lohnsteuertabelle nicht berücksichtigt, die in der Einkommensteuertabelle eingearbeitet sind?	71
190.	Beschreiben Sie kurz den Charakter der Körperschaftsteuer!	72
191.	Wird die Körperschaftsteuer in der GmbH als Betriebsausgabe oder als Privatausgabe gebucht?	72
192.	In welchem Gesetz sind die wichtigsten verfahrensrechtlichen Bestimmungen in Steuersachen enthalten?	73
193.	Nennen Sie die Träger der einzelnen Sozialversicherungszweige!	76
194.	Bei welcher Behörde wird in der Regel ein Einspruch gegen den Steuerbescheid eingelegt?	74
195.	Unterscheiden Sie zwischen Versicherungspflichtgrenze und Beitragsbemessungsgrenze!	75
196.	Welche besondere Stellung hat die Krankenkasse im Einzugsverfahren der Sozialversicherungsbeiträge?	76
197.	Ein selbstständiger Handwerksmeister kann sich von der Rentenversicherungspflicht befreien lassen. Welche Voraussetzungen müssen vorliegen?	78
198.	Welche Faktoren bestimmen die Höhe einer Rente aus der gesetzlichen Rentenversicherung?	77
199.	Erläutern Sie die Bezugsgröße, nach der sich der Rentenversicherungsbeitrag des selbstständigen Handwerkers richtet!	78
200.	Wie ist die Rentenversicherung der selbstständigen Handwerker geregelt?	78

3. Tipps und Hilfen für Meisterschüler

201.	Unterscheiden Sie zwischen Arbeitslosengeld und Arbeitslosenhilfe?	78
202.	Nennen Sie zwei Faktoren, nach denen sich die Höhe der Erbschaftsteuer richtet!	73
203.	Welcher Berufsgenossenschaft gehört „Ihr" Betrieb an?	O
204.	Welche Faktoren bestimmen die Höhe der Umlage, die an die Berufsgenossenschaft zu zahlen ist?	80
205.	Welche gesetzlichen Pflichten haben die Vertragspartner beim Arbeitsvertrag?	83
206.	Inwieweit ist die Vertragsfreiheit beim Abschluss eines Arbeitsvertrages eingeschränkt?	82
207.	Unterscheiden Sie hinsichtlich der Kündigungsregelung zwischen einem „Probearbeitsvertrag" auf Zeit und der Vereinbarung einer Probezeit bei einem unbefristeten Arbeitsvertrag!	84
208.	Wann sind Zeitverträge grundsätzlich nur zulässig?	84
209.	Wann ist grundsätzlich nur eine außerordentliche (fristlose) Kündigung zulässig?	85
210.	In welchen Fällen sind Tarifverträge verbindlich? Führen Sie hierzu die verschiedenen Möglichkeiten an!	85
211.	Was versteht man unter einem Aufhebungsvertrag?	84
212.	Wie ist die Personalvertretung nach dem Betriebsverfassungsrecht in Betrieben bis zu 20 Arbeitnehmern geregelt?	86
213.	Welche Beteiligungsrechte hat der Betriebsrat? Nennen Sie Beispiele!	86
214.	Welche betrieblichen Voraussetzungen gelten für die Anwendbarkeit der Bestimmungen des Kündigungsschutzgesetzes?	86
215.	Welche Verpflichtungen ergeben sich aus dem Arbeitsvertrag für den Arbeitnehmer?	83
216.	Was besagt der allgemeine Kündigungsschutz des Kündigungsschutzgesetzes? Erläutern Sie die wesentlichen Bestimmungen!	86
217.	Nennen Sie betriebsbedingte Gründe, die eine Kündigung nach dem Kündigungsschutzgesetz rechtfertigen und weitere Voraussetzungen, die dabei vom Unternehmen zu beachten sind!	87
218.	In welchen Fällen kann ohne Einhaltung einer Frist gekündigt werden?	85

219.	In welchen Kündigungsfällen ist eine Abmahnung erforderlich und worauf ist bei der Abmahnung zu achten?	87
220.	Innerhalb welcher Frist muss ein Arbeitnehmer gegen eine Kündigung Kündigungsschutzklage erheben?	87
221.	Im Zuge eines Kündigungsschutzprozesses kommt das Arbeitsgericht zu der Feststellung, dass die Kündigungsgründe nicht ausreichend sind. Welche Folgerungen ergeben sich daraus?	87
222.	Welche Personengruppen haben einen besonderen Kündigungsschutz?	88
223.	Welche besondere Regelung besteht im Zusammenhang mit der Lohnfortzahlung für Betriebe mit nicht mehr als 20 Beschäftigten?	83
224.	Zählen Sie die wichtigsten Gesetze auf, die dem Gesundheits- und Gefahrenschutz im Betrieb dienen!	86
225.	Nennen Sie zwei Institutionen, die für den technischen Arbeitsschutz zuständig sind!	170
226.	In welchem Gesetz sind die im Geschäftsverkehr wichtigsten Vertragstypen geregelt?	89
227.	Erläutern Sie den Begriff „Geschäftsfähigkeit" und zählen Sie die Personengruppen auf, die geschäftsfähig, beschränkt geschäftsfähig, geschäftsunfähig sind!	89
228.	Welche rechtliche Wirkung haben Rechtsgeschäfte, die mit einem Geschäftsunfähigen abgeschlossen werden?	90
229.	Wie läuft das gerichtliche Mahnverfahren ab?	104
230.	Was ist bei Rechtsgeschäften zu beachten, die mit einer beschränkt geschäftsfähigen Person abgeschlossen werden?	90
231.	In welchen Fällen sind Rechtsgeschäfte nichtig?	90
232.	Was gilt hinsichtlich der Steuerpflicht bei nichtigen Rechtsgeschäften?	91
233.	Unter welchen Voraussetzungen hat eine Vertragspartei ein Anfechtungsrecht und welche rechtliche Wirkung erzeugt die Anfechtung?	91
234.	Nennen Sie Beispiele für „Allgemeine Geschäftsbedingungen" aus der Praxis verschiedener Branchen!	92

3. Tipps und Hilfen für Meisterschüler

235.	Welche wirtschaftliche und rechtliche Bedeutung haben „Allgemeine Geschäftsbedingungen"?	92
236.	Führen Sie die wichtigsten Vorschriften für die Anwendbarkeit der „Allgemeinen Geschäftsbedingungen" an!	92
237.	Welches sind die gesetzlichen Pflichten der Vertragsparteien beim Werkvertrag?	93
238.	Erläutern Sie die Gewährleistungspflichten des Unternehmers beim Werkvertrag!	94
239.	Was gilt für die Höhe der Vergütung beim Werkvertrag, wenn hierüber vertraglich nichts vereinbart wurde?	94
240.	Welches Recht hat der Kunde, wenn ein Kostenvoranschlag wesentlich überschritten wird?	94
241.	Welche rechtlich bedeutsamen Folgen hat die Abnahme eines Werkes?	95
242.	Welche Rechtsfolgen hat der Leistungsverzug des Unternehmers? Nennen Sie die Rechte des Kunden!	97
243.	Wie lange muss der Unternehmer für seine Arbeit die Gewährleistung übernehmen?	97
244.	Welche Rechtsfolgen hat die Schlechtleistung des Unternehmers? Nennen Sie die Rechte des Kunden!	97
245.	Welche Rechte hat der Unternehmer beim Zahlungsverzug des Kunden?	98
246.	Erläutern Sie die Bedeutung der VOB und ihre Anwendbarkeit bei Werkverträgen!	96
247.	Erläutern Sie die Nachbesserungsregelungen des Werkvertrages und des Kaufvertrages?	100
248.	Welche Mietverträge bedürfen der Schriftform?	101
249.	Welche wirtschaftlich bedeutsamen gesetzlichen Vorschriften sind von den Vertragsparteien bei der Pacht eines Betriebes zu beachten?	103
250.	Führen Sie die Möglichkeiten auf, die ein Handwerksunternehmer hat, um Rechtsstreitigkeiten ohne Anrufung eines Gerichtes klären zu können!	103

251.	Erläutern Sie den Verfahrensweg eines Mahngesuchs!	104
252.	Welche Beweismittel können im Zivilprozess zur Klärung einer Frage herangezogen werden?	104
253.	Wie kann ein Unternehmer rechtmäßig festgestellte Ansprüche durch eine Zwangsvollstreckung verwirklichen?	105
254.	Wie heißt die hierfür erforderliche Urkunde? Nennen Sie einige Beispiele für derartige Urkunden!	105
255.	Welche Ziele hat das Insolvenzverfahren?	105
256.	Beschreiben Sie die Aufgaben des betrieblichen Rechnungswesens!	107

Fach: Rechnungswesen und Controlling

257.	Aus welchen Teilen besteht das betriebliche Rechnungswesen?	107
258.	Wie werden in der Bilanz die betrieblichen Schulden eingeteilt?	118
259.	Wie erkennen Sie beim Blick auf eine Bilanz, dass das Unternehmen überschuldet ist?	118
260.	Welche Gründe gibt es, das betriebliche Anlagevermögen abzuschreiben!	118
261.	Was besagt die „Bilanzgleichung" und erläutern Sie diese!	109
262.	Unterscheiden Sie zwischen Überschuldung und Illiquidität!	105
263.	Was versteht man unter „Controlling"?	115
264.	Begründen Sie die Feststellung, dass die Finanzbuchhaltung den Kern des betrieblichen Rechnungswesens darstellt!	107
265.	Unterscheiden Sie fixe und variable Kosten!	113
266.	Nach welcher Methode ermitteln Handwerksbetriebe i. d. R. den Gewinn?	111
267.	Geben Sie auf der Grundlage der Methode des Betriebsvermögensvergleichs das Berechnungsschema für die Gewinnermittlung an!	108
268.	Welche einzelnen Bewertungsfragen stellen sich zum Bilanzstichtag!	109

3. Tipps und Hilfen für Meisterschüler

269.	An welchen Maßstäben sollte sich die Höhe des in einem Unternehmen zu erzielenden Mindestgewinnes orientieren?	110
270.	Was verstehen Sie unter Einzelkosten und Gemeinkosten?	110
271.	Was versteht man unter dem „Cash-flow" eines Unternehmens?	110
272.	Wie errechnet sich die Handelsspanne einer Ware?	114
273.	Nennen Sie je drei Beispiele für das Anlage- und für das Umlaufvermögen!	118
274.	Nennen Sie wichtige Kennzahlen der Rentabilität und der Produktivität und geben Sie die Formel an, nach der sie berechnet werden!	116
275.	Was versteht man unter der Eigenkapitalquote?	116
276.	An welchem Maßstab kann man die zu erzielende Eigenkapitalrentabilität eines Unternehmens messen?	110
277.	Stellen Sie das Schema zur Bestimmung des Stundenverrechnungssatzes dar!	112
278.	Nennen Sie die Informationsmöglichkeiten, mit denen Sie Auskunft über die aktuellen Kennzahlen Ihres Handwerkszweiges erhalten!	116
279.	Nennen Sie die Möglichkeiten, die zu einem Anwachsen des Eigenkapitals führen!	182
280.	Nennen Sie wichtige Kennzahlen der Kosten-, Vermögens- und Kapitalstruktur und geben Sie an, wie sie berechnet werden!	116
281.	Was versteht man unter kalkulatorischen Kosten?	112
282.	Was versteht man unter der Anlagedeckung?	116
283.	Welche Aufgaben hat die Kosten- und Leistungsrechnung?	110
284.	Unterscheiden Sie zwischen Kosten- und Leistungsrechnung und Finanzbuchhaltung!	110
285.	Erläutern Sie, welche Bewertungsfragen sich bei der Aufstellung der Bilanz und des Betriebsvermögens am Jahresende stellen!	109
286.	Gliedern Sie die Kosten mit Blick auf die verschiedenen Zwecke der Kostenrechnung nach Kostengruppen!	110
287.	Zeigen Sie das Gliederungsschema der Bilanz auf?	109
288.	Welchem Zweck dient der Betriebsabrechnungsbogen (BAB)?	110

289.	Stellen Sie das Schema der a) Zuschlagskalkulation, b) Warenkalkulation, c) Leistungskalkulation dar!	111
290.	Welche Angaben fehlen im Vergleich zur GuV bei der monatlichen Erfolgsrechnung?	115
291.	Wie errechnen sich der Rohertrag aus dem Jahresumsatz und der Rohgewinn aus dem Verkaufspreis?	114
292.	In welchem Teil des Jahresabschlusses kann man die Ergebnisse der Inventur ablesen?	109
293.	Welchen Zielen dient die Deckungsbeitragsrechnung?	113
294.	Wie errechnet sich der Gewinn auf der Grundlage der Deckungsbeitragsrechnung? Geben Sie das entsprechende Schema an!	113
295.	Aus welchen Bestandteilen setzt sich regelmäßig der Jahresabschluss zusammen?	107
296.	Nennen Sie die Grenzen, die für die Buchführungspflicht nach steuerlichen Vorschriften maßgeblich sind!	108
297.	Wo liegen die Grenzen für die Buchführungspflicht aufgrund steuerrechtlicher Vorschriften?	108
298.	Für wen hat der Betrieb statistische Aufzeichnungen anzufertigen? Nennen Sie zwei wichtige Institutionen mit jeweils zwei Beispielen für die anzufertigenden Statistiken!	107
299.	Wie unterscheiden sich Unternehmergewinn und Unternehmensgewinn?	110
300.	Wie unterscheidet sich der Rohertrag vom Unternehmensgewinn?	114

Prüfungsfragen werden auch in der Form vorgegebener Auswahlantworten gestellt! (vgl. hierzu die nachfolgende „Testprüfung"!)

3. Tipps und Hilfen für Meisterschüler

3.3 Testprüfung: „So wird man Meister – A, B, C oder D?"

Kreuzen Sie die richtige Antwort an! (Lösungen siehe Seite 149)

Fach: Wirtschaft und Betrieb

1. Unter Bruttosozialprodukt versteht man
   - ❏ A) alle durch die Einwohner eines bestimmten Gebietes produzierten Güter und Dienstleistungen.
   - ❏ B) alle Bar- und Sachleistungen der gesetzlichen Krankenversicherung.
   - ❏ C) nur die Sachleistungen der gesetzlichen Krankenversicherung.
   - ❏ D) das Wirtschaftswachstum in einer Volkswirtschaft, bezogen auf die Leistungen pro Arbeitskraft.

2. Die zentralen Aufgaben der staatlichen Wirtschaftspolitik in der sozialen Marktwirtschaft sind:
   - ❏ A) Die Einrichtung von staatlichen Unternehmensberatungsstellen zur Förderung von Rationalisierungsmaßnahmen.
   - ❏ B) Die Verteilung des Sozialprodukts für Verbrauchs- und Investitionszwecke sowie für den Staatsverbrauch.
   - ❏ C) Die Erreichung von Vollbeschäftigung, Wirtschaftswachstum, Preisstabilität und außenwirtschaftlichem Gleichgewicht.
   - ❏ D) Einflussnahme auf Preisbildung, Lohn- und Tarifpolitik sowie auf die Führung großer Unternehmer.

3. Welche von den nachstehend aufgeführten Aufgaben gehören nicht zu den gesetzlichen Aufgaben der Handwerkskammer?
   - ❏ A) Vertretung der Interessen des Gesamthandwerks im Kammerbereich.
   - ❏ B) Festsetzung von Preisen für handwerklich erzeugte Waren und für handwerkliche Dienstleistungen.
   - ❏ C) Beratung aller Handwerker des Kammerbereichs in allen mit dem Handwerk zusammenhängenden Fragen.
   - ❏ D) Bestellung und Vereidigung von Sachverständigen für die verschiedenen Handwerke.

4. Die wichtigsten Marketinginstrumente sind:
   - ❏ A) Buchhaltung, Produktpolitik, Preispolitik, Kostenrechnung.
   - ❏ B) Werbepolitik, Verkaufsförderungspolitik, Personalpolitik, Vertriebspolitik.
   - ❏ C) Marktforschung, Konkurrenzbeobachtung, Kundenbefragung, Logistik.
   - ❏ D) Produktpolitik, Preispolitik, Kommunikationspolitik, Vertriebspolitik.

5. Lieferungs- und Zahlungsbedingungen
- ❑ A) richten sich nach den Vorgaben der Handwerkskammer.
- ❑ B) werden einzelbetrieblich festgelegt.
- ❑ C) werden zwischen Betriebsinhaber und Betriebsrat vereinbart.
- ❑ D) sind vorrangig in Großbetrieben üblich.

6. Welche äußeren Faktoren im Betrieb beeinflussen hauptsächlich die Arbeitsleistung?
- ❑ A) Die Höhe des Urlaubsgeldes an die Arbeitnehmer.
- ❑ B) Dauer und Zeitpunkt des Jahresurlaubs des Arbeitnehmers.
- ❑ C) Technische Hilfsmittel, Gestaltung von Arbeitsplatz und -raum.
- ❑ D) Anlagen und Fertigkeiten des Arbeitnehmers.

7. Von Selbstfinanzierung spricht man, wenn
- ❑ A) Investitionen durch Einzug betrieblicher Kundenforderungen finanziert werden.
- ❑ B) Investitionen durch Ausnutzung von Lieferantenkrediten finanziert werden.
- ❑ C) Privatvermögen und Eigenleistungen für betriebliche Finanzierungszwecke eingesetzt werden.
- ❑ D) der Kapitalbedarf durch Gewinne gedeckt wird.

8. Welches sind die wichtigsten kurzfristigen Kreditarten?
- ❑ A) Kontokorrentkredit und Lieferantenkredit.
- ❑ B) Darlehen der Hausbank und öffentliche Finanzierungshilfen.
- ❑ C) Verwandten- und Gesellschaftsdarlehen.
- ❑ D) Kredite nach Handwerkskreditprogramm.

9. Unter Kapitaldienst versteht man aus betrieblicher Sicht
- ❑ A) die Kreditbearbeitungsgebühren der Bank bei Aufnahme von Fremdkapital.
- ❑ B) die Zins- und Tilgungsleistungen für aufgenommene Kredite und Darlehen.
- ❑ C) nur die Zinszahlungen für aufgenommene Kredite.
- ❑ D) ausschließlich die Tilgungsleistungen für aufgenommene Darlehen.

10. Wer ist für die Abklärung bzw. Genehmigung von Neu-, An- und Umbauten zuständig, die im Zuge einer Betriebsübernahme vorgenommen werden?
- ❑ A) Die Innung.
- ❑ B) Die Handwerkskammer.
- ❑ C) Das Gewerbeamt bei der Gemeinde.
- ❑ D) Die untere Bauaufsichtsbehörde.

11. Welche Steuerbelastung ist bei der Standortwahl von Bedeutung?
- ☐ A) Sonderausgaben bei der Einkommensteuern.
- ☐ B) Hebesatz der Gewerbesteuer.
- ☐ C) Steuersatz der Mehrwertsteuer.
- ☐ D) Höhe der Kfz-Steuer.

12. Heinz Meier will mit Fritz Schulze einen Betrieb gründen. Welche Gesellschaft können sie ohne Formalitäten gründen?
- ☐ A) OHG.
- ☐ B) KG.
- ☐ C) GmbH.
- ☐ D) BGB-Gesellschaft.

Fach: Recht und Steuern

1. Wann ist eine Tätigkeit „Handwerk" im Sinne der Handwerksordnung?
- ☐ A) Immer dann, wenn eine Tätigkeit hauptsächlich mit der Hand ausgeführt wird, wobei aber auch Werkzeuge und einfache Maschinen verwendet werden.
- ☐ B) Immer dann, wenn handwerkliche Produkte in Serie auf Vorrat hergestellt werden.
- ☐ C) Immer dann, wenn in einer Werkstatt gearbeitet wird.
- ☐ D) Immer dann, wenn eine Tätigkeit, die in der Anlage A zur Handwerksordnung (Positivliste) aufgeführt ist, in handwerksmäßiger Form betrieben wird.

2. Kann auch eine juristische Person, zum Beispiel eine GmbH, in der Handwerksrolle eingetragen werden?
- ☐ A) Nein, Handwerksbetriebe dürfen nur von natürlichen Personen betrieben werden.
- ☐ B) Ja, eine GmbH kann immer in der Handwerksrolle eingetragen werden, auch wenn kein qualifizierter Betriebsleiter vorhanden ist.
- ☐ C) Ja, auch eine GmbH kann in die Handwerksrolle eingetragen werden, wenn wenigstens ein Gesellschafter die Eintragungvoraussetzung (Meisterprüfung, Ausnahmebewilligung usw.) erfüllt.
- ☐ D) Ja, eine GmbH kann in der Handwerksrolle eingetragen werden, wenn eine Person den Betrieb in technischer Beziehung leitet, die eine Voraussetzung für die Eintragung in die Handwerksrolle erfüllt.

3. Was ist nach den Vorschriften des Gesetzes gegen den unlauteren Wettbewerb (UWG) verboten?
- ☐ A) Alle Wettbewerbshandlungen, die gegen die guten Sitten verstoßen.
- ☐ B) Das UWG ist nur eine Sollvorschrift und verbietet überhaupt nichts.
- ☐ C) Verboten ist vor allem, die Preise der Konkurrenz zu unterbieten.
- ☐ D) Verboten sind alle Sonderveranstaltungen und Sonderangebote.

3.3 Testprüfung: „So wird man Meister – A, B, C oder D?"

4. Können Minderjährige wirksam Arbeitsverträge abschließen?
   - ❏ A) Ja, aber nur mit Zustimmung oder Ermächtigung des gesetzlichen Vertreters.
   - ❏ B) Ja, ohne Zustimmung und Ermächtigung des gesetzlichen Vertreters.
   - ❏ C) Ja, selbst gegen den ausdrücklichen Willen des gesetzlichen Vertreters.
   - ❏ D) Nein, selbst dann nicht, wenn der gesetzliche Vertreter seine Zustimmung hierzu erteilt.

5. Schreibt das Gesetz für die Kündigung eines Arbeitsverhältnisses die Schriftform vor?
   - ❏ A) Eine mündliche Kündigung ist unwirksam.
   - ❏ B) Die Kündigung bedarf der Schriftform, wenn der Arbeitgeber kündigt.
   - ❏ C) Die Kündigung bedarf der Schriftform, wenn der Arbeitnehmer kündigt.
   - ❏ D) Die Kündigung bedarf nur der Schriftform, wenn es sich um ein Angestelltenverhältnis handelt.

6. Wie heißt der Versicherungsträger der Arbeitslosenversicherung?
   - ❏ A) Bundesanstalt für Arbeit.
   - ❏ B) Berufsgenossenschaft.
   - ❏ C) Landesarbeitsamt.
   - ❏ D) Landesversicherungsanstalt.

7. Wie funktioniert das Umsatzsteuersystem?
   - ❏ A) Die Einkaufsbeträge dürfen von den Verkaufserlösen abgezogen werden.
   - ❏ B) Die Umsatzsteuer, die dem Kunden in Rechnung gestellt wird, ist an das Finanzamt abzuführen.
   - ❏ C) Der Unternehmer ist berechtigt, die Vorsteuer, die er von seinem Lieferanten in Rechnung gestellt bekommt, von der Umsatzsteuer, die er seinem Kunden in Rechnung stellt, abzuziehen. Der Differenzbetrag ist die an das Finanzamt zu zahlende Umsatzsteuerzahllast.
   - ❏ D) Der Unternehmer ist verpflichtet, die Vorsteuer dem Finanzamt abzuführen und dem Kunden dafür eine um die Vorsteuer geminderte Rechnung auszustellen.

8. Was versteht man unter Geschäftsfähigkeit?
   - ❏ A) Die Fähigkeit, Rechtsgeschäfte rechtswirksam abschließen zu können.
   - ❏ B) Die Fähigkeit, ein Erwerbsgeschäft selbstständig führen zu können.
   - ❏ C) Die Fähigkeit, sich durch eine verbotene Handlung strafbar zu machen.
   - ❏ D) Die Fähigkeit, rechtsvorteilhafte Geschäfte selbst abschließen zu können.

3. Tipps und Hilfen für Meisterschüler

9. Unter den nachfolgend aufgezählten Beispielen ist ein Vertrag, der gültig ist. Welcher ist das?
   - A) Ein Vertrag mit einem Geschäftsunfähigen über ein Geldgeschenk.
   - B) Ein Kaufvertrag über den Ankauf einer Maschine zum Preise von 50.000,- €, der nur mündlich geschlossen wird.
   - C) Ein Vertrag, der mit den guten Sitten nicht in Einklang steht.
   - D) Ein Ratenzahlungsvertrag, den ein 17-jähriger Geselle ohne Genehmigung seiner Eltern abschließt.

10. Bei Geldschulden kann der Gläubiger vom Schuldner vom Zeitpunkt des Verzugs ab Verzugszinsen verlangen, und zwar mindestens den gesetzlichen Verzugszins. Wie hoch ist dieser?
    - A) So hoch wie der jeweilige Basiszinssatz der EZB.
    - B) 1 % unter Basiszinssatz der EZB.
    - C) 5 % über dem Basiszinssatz der EZB.
    - D) 6 % bei Privatschulden und 8 % bei Geschäftsstellen.

11. Ist für einen Werkvertrag Schriftform vorgeschrieben?
    - A) Nein, der Werkvertrag kann in jeder beliebigen Form geschlossen werden.
    - B) Ja, er muss immer schriftlich gemacht werden.
    - C) Ja, aber nur, wenn es sich um Arbeiten an einem Bauwerk handelt.
    - D) Nein, nur der Vertrag über den Bau eines Hauses muss notariell beglaubigt werden.

12. Wie lange läuft die gesetzliche Verjährungsfrist für die Mängelansprüche des Auftraggebers (Bestellers) beim Werkvertrag?
    - A) Bei Arbeiten an beweglichen Sachen 1 Woche, bei Arbeiten an einem Grundstück 1 Monat, bei Arbeiten an einem Bauwerk 1 Jahr.
    - B) Bei Arbeiten an beweglichen Sachen 3 Monate, bei Arbeiten an einem Grundstück 6 Monate und bei Arbeiten an einem Bauwerk 9 Monate.
    - C) Bei Arbeiten an Sachen 2 Jahre und bei Arbeiten an einem Bauwerk 5 Jahre.
    - D) Bei Arbeiten an beweglichen Sachen 1 Jahr, bei Arbeiten an einem Grundstück 2 Jahre, bei Arbeiten an einem Bauwerk 10 Jahre.

Fach: Rechnungswesen und Controlling

1. Welches ist der wichtigste Zweig des betrieblichen Rechnungswesens?
   - A) Die Kalkulation.
   - B) Die Kostenrechnung.
   - C) Die Buchführung und der Jahresabschluss.
   - D) Die Statistik.

2. Auf der Aktivseite der Bilanz teilt man ein in
   - A) Anlagevermögen und Umlaufvermögen.
   - B) Betriebsvermögen und Privatvermögen.
   - C) Vermögen und Eigenkapital.
   - D) Eigenkapital und Fremdkapital.

3. Der Gewinn oder Verlust ergibt sich
   - A) aus der Differenz zwischen Aufwendung und Erträgen.
   - B) nur aus der Differenz zwischen Vermögen und Verbindlichkeiten (Schulden).
   - C) nur aus der Differenz zwischen Eigenkapital und Fremdkapital.
   - D) aus der Differenz zwischen Umsatzerlösen und Privatentnahmen.

4. Direkt zu verrechnende Kosten sind in der Regel
   - A) Kosten, die direkt auf das Einzelstück verrechnet werden.
   - B) nur ein Teil der Gemeinkosten des Betriebes.
   - C) nur die Lohnkosten, die direkt auf das Produkt verrechnet werden können.
   - D) nur die Materialkosten, die direkt auf das Produkt verrechnet werden können.

5. Die Kosten des Betriebes sind in erster Linie zu entnehmen aus
   - A) Notizen des Betriebsinhabers.
   - B) statischen Aufzeichnungen.
   - C) den Zahlen der Buchführung.
   - D) den Preislisten.

6. Welche Kalkulationsmethode kommt im Handwerk am häufigsten vor?
   - A) Die Divisionskalkulation.
   - B) Die Zuschlagskalkulation.
   - C) Die Deckungsbeitragsrechnung.
   - D) Die Grenzkostenrechnung.

7. Bei der Zuschlagskalkulation werden die Kosten des Betriebes
   - aufgegliedert in Gewinnkosten und kalkulatorische Kosten.
   - aufgegliedert in Einzelkosten und Gemeinkosten.
   - nicht aufgegliedert, sondern einfach pauschal verrechnet.
   - aufgegliedert in fixe und variable Kosten.

8. Controlling bedeutet,
   - A) dass die im Betrieb mitarbeitende Meisterfrau die Auftragszettel auf Vollständigkeit prüft.
   - B) dass Ist- und Sollwerte stets verglichen werden müssen und bei Abweichungen gegengesteuert werden muss.

3. Tipps und Hilfen für Meisterschüler

- ❏ C) dass der Steuerberater für Kalkulationszwecke herangezogen wird.
- ❏ D) dass nur die Arbeitszeiten der Mitarbeiter kontrolliert werden.

9. Die Gewinnschwelle ist für einen Betrieb dann erreicht, wenn
- ❏ A) die Summe der Gemeinkosten dem Umsatzerlös entspricht.
- ❏ B) die Summe aus fixen und variablen Kosten dem Umsatzerlös entspricht.
- ❏ C) die fixen den variablen Kosten entsprechen.
- ❏ D) die Summe der kalkulatorischen Kosten dem Umsatzerlös entspricht.

10. Warum braucht man in erster Linie eine Kostenrechnung und Kalkulation?
- ❏ A) Um einen kostengerechten Preis für eine betriebliche Leistung oder für ein vom Betrieb hergestelltes Produkt zu berechnen.
- ❏ B) Weil sie nach den Grundsätzen der ordnungsmäßigen Buchführung vorgeschrieben sind.
- ❏ C) Um den Jahresumsatz ermitteln zu können.
- ❏ D) Um eine staatliche Preiskontrolle durch die zuständigen Behörden zu ermöglichen.

11. Was versteht man unter Liquidität?
- ❏ A) Das Verhältnis von Betriebsvermögen zu Kapitalvermögen.
- ❏ B) Das Verhältnis des Gesamtvermögens zu den Gesamtverbindlichkeiten.
- ❏ C) Die Auflösung eines Unternehmens.
- ❏ D) Den Grad der Zahlungsbereitschaft eines Unternehmens.

12. Eine Bilanz ist
- ❏ A) die Gegenüberstellung des betrieblichen Vermögens auf der Aktivseite und des Kapitals auf der Passivseite.
- ❏ B) die Zusammenstellung des gesamten Vermögens und aller Verbindlichkeiten (Schulden) eines Unternehmers.
- ❏ C) der Ausweis aller betrieblichen Vermögensgegenstände ohne Verbindlichkeiten (Schulden).
- ❏ D) Die Gegenüberstellung von Eigenkapital und Fremdkapital.

Lösung siehe Seite 149!

3.3 Testprüfung: „So wird man Meister – A, B, C oder D?"

Lösungen:

Fach: Wirtschaft und Betrieb

1.) A	7.) D
2.) C	8.) A
3.) B	9.) B
4.) D	10.) D
5.) B	11.) B
6.) C	12.) D

Fach: Recht und Steuern

1.) D	7.) C
2.) D	8.) A
3.) A	9.) B
4.) A	10.) C
5.) A	11.) A
6.) A	12.) C

Fach: Rechnungswesen und Controlling

1.) C	7.) B
2.) A	8.) B
3.) A	9.) B
4.) A	10.) A
5.) C	11.) D
6.) B	12.) A

Bei mindestens 6 richtigen Lösungen in jedem Fach haben Sie die Testprüfung bestanden.

Bei weniger als 6 richtigen Lösungen müssen Sie noch lernen! Die auf Seite 123 ff. zusammengestellten 300 Fragen aus Meisterprüfungen helfen Ihnen dabei.

Meisterbrief

Herr Thomas Schwinn
geboren am 19.01.1978 in Bamberg
hat die Meisterprüfung im
Kraftfahrzeugtechnikerhandwerk
erfolgreich abgelegt und ist damit
zur Führung des Meistertitels
in diesem Handwerk berechtigt.

Saarbrücken, den 15.08.2002

Handwerkskammer des Saarlandes

Präsident   Hauptgeschäftsführer

Vorsitzender des Prüfungsausschusses

11. Die Existenzgründung

Ein Wort zuvor: Die Qualifikation zum Unternehmer

In der Marktwirtschaft steht es grundsätzlich jedem frei, als Unternehmer tätig zu werden, d. h. einen Betrieb zu gründen und neue oder bessere Produkte und Leistungen am Markt einzuführen. Dieser freie Marktzugang lässt zwar einen Sachkundenachweis, nirgendwo jedoch eine Bedürfnisprüfung von außerhalb des Unternehmens (Staat, Behörden, Verbände) zu. Allein die Leistungen des Unternehmers selbst und die Marktverhältnisse entscheiden darüber, ob ein Betrieb sich auf dem Markt durchsetzt und das Angebot marktgerecht ist.

Der Unternehmer selbst wird im marktwirtschaftlichem System von dem Ziel der Gewinnerzielung geleitet. Das Streben nach einem höheren Einkommen ist denn auch der wichtigste Beweggrund, den Weg in die Selbstständigkeit zu gehen. Gleichwohl gibt es eine Reihe weiterer Zielvorstellungen und Motive für die unternehmerische Tätigkeit: der Wunsch nach Unabhängigkeit und Selbstverwirklichung, das Bedürfnis nach beruflicher Anerkennung oder die drohende Arbeitslosigkeit, Prestigestreben oder die Pflege der Familientradition u. a. Diese Ziele stellen gleichsam Motor und Antrieb für ein Unternehmen und die Person des Unternehmers dar.

Erfolg oder Misserfolg auf dem Weg zu dem gesteckten Ziel hängen in erster Linie von der persönlichen Befähigung des Unternehmers ab. Hierzu gehören sowohl die fachliche als auch die menschliche Befähigung, ein Unternehmen zu führen, d. h. vor allem fachliches (meisterliches) Können mit einer soliden Basis kaufmännischer und rechtlicher Grundkenntnisse, ein Mindestmaß an Berufserfahrung, aber auch Kreativität, Kontakt- und Anpassungsfähigkeit. Hinzu kommen Verantwortungsbewusstsein und Überzeugungskraft. Nicht zuletzt muss gerade auch der Unternehmer über Lernbereitschaft und Durchstehvermögen verfügen. Jeder Existenzgründer muss diese, an die Selbstständigkeit gestellten Anforderungen, mit seinen Fähigkeiten und Fertigkeiten vergleichen. Je größer die Übereinstimmung ist, desto besser sind die Chancen, ein erfolgreicher Unternehmer zu werden.

Der Existenzgründer muss sich danach also vorbehaltlos die Frage stellen, ob er „das Zeug" zum Unternehmer hat. Eine ehrliche Selbsteinschätzung der eigenen Person ist dabei ebenso erforderlich wie die Fremdeinschätzung durch Bekannte und Vertraute, mit denen über die angestrebte Selbstständigkeit gesprochen werden sollte. Auch mit dem Partner und mit der Familie bedarf es dringend des Gespräches über das vorgesehene Unternehmen. Dies ist schon deshalb nötig, um festzustellen, ob in der unmittelbaren persönlichen Umgebung des Existenzgründers genügend Akzeptanz und Unterstützung für das Vorhaben vorhanden ist.

1. Das sollten Sie wissen: Existenzgründung mit und ohne Meisterbrief

Während die freie Markwirtschaft als Voraussetzung zur Selbstständigkeit eine Bedürfnisprüfung nicht zulässt, wird in einer Reihe von Berufen und Branchen (z. B. Steuerberater, Architekten, Ärzte, Banken) der Nachweis einer bestimmten Qualifikation (Sachkunde-/Befähigungsnachweis) gefordert. Dies gilt auch für das Handwerk.

1.1 Gründung als Einzelunternehmen

In den Handwerksberufen (siehe Seite 155) ist der Befähigungsnachweis für die Gründung eines Einzelunternehmens grundsätzlich durch die Meisterprüfung des Betriebsinhabers zu erbringen. Mit dem Nachweis der bestandenen Meisterprüfung (Meisterbrief) kann der Handwerksmeister sich in die Handwerksrolle, die bei der Handwerkskammer geführt wird, eintragen lassen. Er hat damit die rechtlichen Voraussetzungen erfüllt, um selbstständig, d. h. in eigenem Namen und auf eigene Rechnung, Handwerksarbeiten in seinem Beruf ausführen zu dürfen.

In die Handwerksrolle kann außerdem eingetragen werden, wer
- als *Diplomingenieur* die Prüfung in einer dem Handwerk entsprechenden Fachrichtung (z. B. Ing./Hochbau für Maurerhandwerk) abgelegt hat und entweder die Gesellenprüfung bestanden hat oder eine dreijährige praktische Tätigkeit in dem auszuübenden Handwerk nachweisen kann.
- in einem „dem zu betreibenden Handwerk *verwandten Handwerk*" die Meisterprüfung bestanden hat, z. B. der Elektrotechnikermeister für die Ausübung des Informationstechnikerhandwerks, der Bäckermeister für die Ausübung des Konditorenhandwerks (vgl. hierzu das Verzeichnis der verwandten Handwerke, Seite 158).
- bereits mit einem Handwerk in die Handwerksrolle eingetragen ist, kann unter gewissen Voraussetzungen für weitere – auch nicht verwandte – Handwerke eine *„Ausübungsberechtigung"* ohne Nachweis einer weiteren Meisterprüfung erhalten.
- eine *Ausnahmebewilligung* der höheren Verwaltungsbehörde (Wirtschaftsministerium/Bezirksregierung) erhalten hat. Voraussetzungen hierfür sind: die Unzumutbarkeit der Ablegung der Meisterprüfung (Ausnahmegrund) und der Nachweis meistergleicher Kenntnisse und Fertigkeiten.

Die aktuelle Verwaltungspraxis sieht *Ausnahmegründe* z. B. in folgenden Fällen vor:
- Möglichkeit einer Betriebsübernahme, die eine günstige Gelegenheit zur Existenzgründung darstellt. In diesem Fall wird die Ausnahmebewilligung befristet, d. h. die Meisterprüfung ist nachzuholen.

1.1 Gründung als Einzelunternehmen

> **Meister-Tipp: Informations- und Beratungsangebote**
>
> Nach dem Erwerb des Meisterbriefs benötigen Sie eine maßgeschneiderte Existenzgründungsberatung. Sie sollten sich darüber hinaus einige weitere nützliche Informationsquellen erschließen.
>
> Informationsangebote gibt es für Existenzgründer heute in Hülle und Fülle. Sie werden selten den besonderen Ansprüchen von Handwerkern gerecht. Kein anderer Wirtschaftszweig verfügt über ein derart erfahrenes und dazu noch kostenlos in Anspruch zu nehmendes Beraterteam wie das Handwerk. Das Beratungsangebot Ihrer Handwerkskammer vor Ort sollten Sie deshalb unbedingt in Anspruch nehmen. Die Adressen finden Sie auf S. 232 ff. Zusammen mit einem guten Steuerberater, nach dem Sie sich zügig umsehen sollten, stehen Ihnen damit in der Regel erst einmal ausreichende und kompetente Beratungshilfen zur Verfügung.
>
> Darüber hinaus müssen Sie von Anfang an sicher stellen, dass auch Ihr Fachwissen ständig weiterentwickelt wird. Die Gewinnung fachlicher Informationen durch die Mitgliedschaft in der jeweiligen Fachinnung, die nicht selten mit dem Bezug einer Fachzeitschrift verbunden ist, sollte daher auch auf Ihrem Gründungsplan stehen. Die Adressen des Zentralverbandes Ihrer Branche, bei dem Sie Auskunft über dessen örtlichen Organisationen erhalten, finden Sie auf den Seiten 251 ff. In jedem Fall muss der Bezug einer Fachzeitschrift (vgl. S. 245) und der turnusgemäße Besuch einer Fachmesse (vgl. S. 249) fest auf Ihrem Unternehmensplan stehen.
>
> Letztlich müssen Sie sich als Handwerksunternehmer in Ihrem lokalen und regionalen Umfeld die für Ihre Geschäftsentwicklung wichtigen Informationen und Kontakte verschaffen. In fast allen Gemeinden gibt es heute Wirtschaftsförderungsämter oder andere Organisationen, die Ihnen als Kontakt- und Informationsbörse gute Dienste leisten können. Laden Sie den Bürgermeister oder einen maßgeblichen Gemeindevertreter zu Ihrer Betriebsgründung ein! Sie werden sehr bald aus den hier geknüpften Kontakten Nutzen ziehen können.
>
> **In den folgenden Kapiteln geben wir Ihnen einen Überblick über die wesentlichen Entscheidungen, die Sie bei der Betriebsgründung treffen müssen. Sie werden Ihnen auf der Suche nach den „richtigen" Fragen eine Hilfe sein, die Sie an sich selbst und an ihre Berater stellen sollten.**

- Bei unzumutbaren langen Wartezeiten für Kurse zur Vorbereitung auf die Meisterprüfung. Unzumutbar gilt eine Wartezeit von mehr als 2 Jahren. Auch hier wird die Ausnahmebewilligung nur befristet erteilt.
- Arbeitslosigkeit oder drohende Arbeitslosigkeit aufgrund betrieblicher Umstrukturierung oder Ausgliederung handwerklicher Leistungen und der Antragsteller wegen Mangel an vergleichbaren offenen Stellen kein entsprechendes Anstellungsverhältnis findet.
- Es wird nur eine begrenzte Spezialtätigkeit aus einem Handwerk ausgeübt.
- Ein Lebensalter von etwa 47 Jahren. Bei Vorliegen einer Gesellenprüfung kann die Altersgrenze herabgesetzt werden, wenn Aufgaben in herausgehobener, verantwortlicher oder leitender Stelle wahrgenommen wurden.

1. Das sollten Sie wissen: Existenzgründung mit und ohne Meisterbrief

○ Erhebliche und dauerhafte gesundheitliche Beeinträchtigung oder körperliche Behinderung, wenn das Prüfungsverfahren nicht durch entsprechende Gestaltung die persönliche Belastung des Prüflings ausgleichen kann.

In allen Fällen muss der Antragsteller für eine Ausnahmebewilligung neben dem Ausnahmegrund den Nachweis erbringen, dass er die zur selbstständigen Ausübung des Handwerks notwendigen Kenntnisse und Fertigkeiten besitzt. Dabei sind die bisherigen beruflichen Erfahrungen und Tätigkeiten zu berücksichtigen.

Die Handwerksberufe, die in der Anlage A der Handwerksordnung (HwO) aufgeführt werden (vgl. S. 155), sind mit ihren wesentlichen Tätigkeiten in Berufsbildern beschrieben. Aus diesen Berufsbildern werden im Übrigen auch die Inhalte für die praktischen und fachtheoretischen Teile der Gesellen- und Meisterprüfungen entwickelt. Die in den Berufsbildern beschriebenen und das jeweilige Handwerk prägenden wesentlichen und meist schwierigeren Tätigkeiten bilden den Kern dieses Handwerks und machen den Unterschied zu den einfachen nicht handwerklichen, z. B. industriellen oder handwerksähnlichen, Tätigkeiten aus (zu den handwerksähnlichen Tätigkeiten siehe Seite 160).

Mit dem Meisterbrief in einem Handwerksberuf ist grundsätzlich die Berechtigung verbunden, Lehrlinge in diesem Handwerk auszubilden.

Der Meisterbrief verschafft auch den Weg zum *Hochschulzugang*. Als Zulassungsvoraussetzung für ein Studium wird neben dem Meisterbrief von den Hochschulen in der Regel noch die Absolvierung eines Eignungsgespräches gefordert. Auskünfte erteilen die Studienberatungen der einzelnen Hochschulen.

Nach dem Tode eines selbstständigen Handwerkers gelten folgende Regelungen:

Der überlebende Ehegatte darf den Betrieb fortführen. Nach dem Ablauf eines Jahres muss ein Betriebsleiter beschäftigt werden, der die Voraussetzung zur Eintragung in die Handwerksrolle erfüllt. Erben dürfen den Betrieb bis zum 25. Lebensjahr – mit Genehmigung der HWK 2 Jahre darüber hinaus – fortführen. Nach Ablauf von 1 Jahr nach dem Tode des selbstständigen Handwerkers müssen sie gleichfalls einen Betriebsleiter beschäftigen, der die Voraussetzung zur Eintragung in die Handwerksrolle erfüllt.

Handwerker aus EU-Ländern können in Deutschland eingetragen werden, wenn sie in ihrem Heimatland mindestens 6 Jahre – bei nachgewiesener dreijähriger Berufsausbildung 3 Jahre – ununterbrochen als Selbstständiger oder Betriebsleiter tätig gewesen sind. Bei Betriebsgründungen im Ausland haben Handwerker aus Deutschland gemäß dem Grundsatz der Inländergleichbehandlung den Anspruch, so behandelt zu werden, wie es die Bestimmungen des Aufnahmestaates für die eigenen Angehörigen vorsehen.

1.2 Gesellschaftsgründung

Gesellschaften (vgl. auch S. 176) werden unter folgenden Voraussetzungen in die Handwerksrolle eingetragen:
- Gesellschaft des bürgerlichen Rechts (GbR):
  Ein Gesellschafter muss die Voraussetzung zur Eintragung in die Handwerksrolle (Meisterprüfung) erfüllen.
- Gesellschaft mit beschränkter Haftung (GmbH):
  Der Betriebsleiter, der auch Gesellschafter sein kann, muss die Voraussetzung zur Eintragung in die Handwerksrolle erfüllen.

Ein handwerklicher *Nebenbetrieb*, z. B. die Fleischerei eines Handelsunternehmens, muss gleichfalls von einer Person geleitet werden, die die Voraussetzung zur Eintragung in die Handwerksrolle erfüllt. Dies gilt nicht für einen sog. *Hilfsbetrieb*, der nur betriebsinterne Leistungen erbringt (z. B. Kfz-Reparaturwerkstätte einer Spedition). Diese Hilfsbetriebe sind nicht eintragungspflichtig.

Berufe des Handwerks – Meisterberufe:

lt. Handwerksordnung (HwO), Anlage A

Nr.	I. Gruppe der Bau- und Ausbaugewerbe
1	Maurer und Betonbauer
2	Ofen- und Luftheizungsbauer
3	Zimmerer
4	Dachdecker
5	Straßenbauer
6	Wärme-, Kälte- und Schallschutzisolierer
7	Fliesen-, Platten- und Mosaikleger
8	Betonstein- und Terrazzohersteller
9	Estrichleger
10	Brunnenbauer
11	Steinmetze und Steinbildhauer
12	Stuckateure
13	Maler und Lackierer
14	Gerüstbauer
15	Schornsteinfeger
	II. Gruppe der Elektro- und Metallgewerbe
16	Metallbauer
17	Chirurgiemechaniker

1. Das sollten Sie wissen: Existenzgründung mit und ohne Meisterbrief

18	Karosserie- und Fahrzeugbauer
19	Feinwerkmechaniker
20	Zweiradmechaniker
21	Kälteanlagenbauer
22	Informationstechniker
23	Kraftfahrzeugtechniker
24	Landmaschinenmechaniker
25	Büchsenmacher
26	Klempner
27	Installateur und Heizungsbauer
28	Behälter- und Apparatebauer
29	Elektrotechniker
30	Elektromaschinenbauer
31	Uhrmacher
32	Graveure
33	Metallbildner
34	Galvaniseure
35	Metall- und Glockengießer
36	Schneidewerkzeugmechaniker
37	Gold- und Silberschmiede

III. Gruppe der Holzgewerbe

38	Tischler
39	Parkettleger
40	Rollladen- und Jalousiebauer
41	Boots- und Schiffbauer
42	Modellbauer
43	Drechsler (Elfenbeinschnitzer) und Holzspielzeugmacher
44	Holzbildhauer
45	Böttcher
46	Korbmacher

IV. Gruppe der Bekleidungs-, Textil- und Ledergewerbe

47	Damen- und Herrenschneider
48	Sticker
49	Modisten
50	Weber
51	Seiler
52	Segelmacher
53	Kürschner
54	Schuhmacher

55	Sattler und Feintäschner
56	Raumausstatter

V. Gruppe der Nahrungsmittelgewerbe

57	Bäcker
58	Konditoren
59	Fleischer
60	Müller
61	Brauer und Mälzer
62	Weinküfer

VI. Gruppe der Gewerbe für Gesundheits- und Körperpflege sowie der chem. und Reinigungsgewerbe

63	Augenoptiker
64	Hörgeräteakustiker
65	Orthopädietechniker
66	Orthopädieschuhmacher
67	Zahntechniker
68	Friseure
69	Textilreiniger
70	Wachszieher
71	Gebäudereiniger

VII. Gruppe der Glas-, Papier-, keramischen und sonstigen Gewerbe

72	Glaser
73	Glasveredler
74	Feinoptiker
75	Glasbläser und Glasapparatebauer
76	Glas- und Porzellanmaler
77	Edelsteinschleifer und Graveure
78	Fotografen
79	Buchbinder
80	Buchdrucker: Schriftsetzer; Drucker
81	Siebdrucker
82	Flexografen
83	Keramiker
84	Orgel- und Harmoniumbauer
85	Klavier- und Cembalobauer
86	Handzuginstrumentenmacher
87	Geigenbauer

1. Das sollten Sie wissen: Existenzgründung mit und ohne Meisterbrief

88	Bogenmacher
89	Metallblasinstrumentenmacher
90	Holzblasinstrumentenmacher
91	Zupfinstrumentenmacher
92	Vergolder
93	Schilder- und Lichtreklamehersteller
94	Vulkaniseure und Reifenmechaniker

Verwandte Handwerke:

	Beruf:	verwandt mit:
1	Bäcker	Konditoren
2	Betonstein- und Terrazzohersteller	Steinmetze und Steinbildhauer
3	Behälter- und Apparatebauer	Klempner
4	Informationstechniker	Elektrotechniker
5	Elektrotechniker	Informationstechniker
6	Elektromaschinenbauer	Elektromaschinenbauer
7	Feinwerkmechaniker	Elektrotechniker
8	Glaser	Schneidewerkzeugmechaniker; Graveure
9	Glasveredler	Glasveredler
10	Gold- und Silberschmiede	Glaser
11	Graveure	Metallbildner
12	Holzbildhauer	Feinwerkmechaniker Steinmetze und Steinbildhauer Drechsler (Elfenbeinschnitzer) und Holzspielzeugmacher
13	Drechsler (Elfenbeinschnitzer) und Holzspielzeugmacher	Holzbildhauer
14	Konditoren	Bäcker
15	Klempner	Behälter- und Apparatebauer
16	Kraftfahrzeugtechniker	Zweiradmechaniker (Krafträder)
17	Landmaschinenmechaniker	Metallbauer
18	Maler und Lackierer	Stuckateure; Raumausstatter (Renovieren und Neugestalten von Oberflächen in Innenräumen)
19	Maurer und Betonbauer	Estrichleger
20	Metallbauer	Metallbildner; Feinwerkmechaniker; Landmaschinenmechaniker
21	Metallbildner	Gold- und Silberschmiede
22	Orthopädieschuhmacher	Schuhmacher
23	Raumausstatter	Maler und Lackierer (Renovieren und Neugestalten von Oberflächen in Innenräumen)

24	Steinmetze und Steinbildhauer	Holzbildhauer; Betonstein- und Terrazzohersteller
25	Stuckateure	Maler und Lackierer (Maler)
26	Tischler	Parkettleger; Drechsler (Elfenbeinschnitzer) und Holzspielzeugmacher (Holzspielzeuge)
27	Zweiradmechaniker (Krafträder)	Kraftfahrzeugtechniker

1.3 Gründung im handwerksähnlichen Gewerbe

Besondere Nachweise wie die Meisterprüfung als Voraussetzung zur Ausübung des Gewerbes sind für die meist einfacheren Tätigkeiten der sog. handwerksähnlichen Gewerbe nicht erforderlich. Diese in der Anlage B der HwO genannten und nachstehend aufgeführten Gewerbezweige werden ohne Befähigungsnachweis lediglich bei der HWK registriert.

Die handwerksähnlichen Gewerbe – Gewerbe ohne Meisterprüfung

lt. Handwerksordnung (HWO), Anlage B

Nr.	I. Gruppe der Bau- und Ausbaugewerbe
1	Eisenflechter
2	Bautentrocknungsgewerbe
3	Bodenleger
4	Asphaltierer (ohne Straßenbau)
5	Fuger (im Hochbau)
6	Holz- und Bautenschutzgewerbe (Mauerschutz und Holzimprägnierung in Gebäuden)
7	Rammgewerbe (Einrammen von Pfählen im Wasserbau)
8	Betonbohrer und -schneider
9	Theater- und Ausstattungsmaler
	II. Gruppe der Metallgewerbe
10	Herstellung von Drahtgestellen für Dekorationszwecke in Sonderanfertigung
11	Metallschleifer und Metallpolierer
12	Metallsägenschärfer
13	Tankschutzbetriebe (Korrosionsschutz von Öltanks für Feuerungsanlagen ohne chem. Verfahren)
14	Fahrzeugverwerter
15	Rohr- und Kanalreiniger
16	Kabelverleger im Hochbau (ohne Anschlussarbeiten)
	III. Gruppe der Holzgewerbe
17	Holzschuhmacher
18	Holzblockmacher
19	Daubenhauer
20	Holzleitermacher (Sonderanfertigung)
21	Muldenhauer
22	Holzreifenmacher
23	Holzschindelmacher

24	Einbau von genormten Baufertigteilen (z. B. Fenster, Türen, Zargen, Regale)
25	Bürsten- und Pinselmacher
IV. Gruppe der Bekleidungs-, Textil- und Ledergewerbe	
26	Bügelanstalten für Herren-Oberbekleidung
27	Dekorationsnäher (ohne Schaufensterdekoration)
28	Fleckteppichhersteller
29	Klöppler
30	Theaterkostümnäher
31	Plisseebrenner
32	Posamentierer
33	Stoffmaler
34	Stricker
35	Textilhanddrucker
36	Kunststopfer
37	Änderungsschneider
38	Handschuhmacher
39	Ausführung einfacher Schuhreparaturen
40	Gerber
V. Gruppe der Nahrungsmittelgewerbe	
41	Innereifleischer (Kuttler)
42	Speiseeishersteller (mit Vertrieb von Speiseeis mit üblichem Zubehör)
43	Fleischzerleger, Ausbeiner
VI. Gruppe der Gewerbe für Gesundheits- und Körperpflege sowie der chemischen und Reinigungsgewerbe	
44	Appreteure, Dekateure
45	Schnellreiniger
46	Teppichreiniger
47	Getränkeleitungsreiniger
48	Kosmetiker
49	Maskenbildner
VII. Gruppe der sonstigen Gewerbe	
50	Bestattungsgewerbe
51	Lampenschirmhersteller
52	Klavierstimmer
53	Theaterplastiker
54	Requisiteure
55	Schirmmacher
56	Steindrucker
57	Schlagzeugmacher

1. Das sollten Sie wissen: Existenzgründung mit und ohne Meisterbrief

Bei einigen der oben aufgeführten handwerksähnlichen Gewerbe stellt sich die Frage der Abgrenzung zu den Handwerksberufen der Anlage A (Meisterberufe). Für die am häufigsten vertretenen Gewerbe fügen wir daher nachstehend auf der Grundlage einer Aufstellung des Deutschen Handwerkskammertages die entsprechenden Tätigkeitsbeschreibungen auf:

Nr. 3) Bodenleger

Vorbereiten der Untergrundoberflächen, insbesondere durch Vorstriche und Spachtelausgleich- sowie Nivellierungsmassen; Verlegen von elastischen und textilen Bodenbelägen in Platten und Bahnen; Fräsen, Schweißen und Verfugen von elastischen Bodenbelägen; Verarbeiten von Bauprofilen und Treppenkanten; Erstellung von Fertigparkett unter Verwendung großformatiger Elemente in schwimmender Verlegung.

Nr. 5) Fuger (Hochbau)

Das Tätigkeitsgebiet des Fugers erstreckt sich auf die Bereiche des Fassadenbaus und innerhalb des Gebäudes insbesondere auf den Bereich der Verfugungen im Sanitätsbereich. Dazu gehören:

Abdichten von Fugen und zwischen Werkstoffen aus Beton, Waschbeton, Sichtbeton und unverputztem Mauerwerk mit spritzbaren, dauerelastischen Dichtstoffen einschließlich der Vorbereitung mit entsprechenden Fugenbändern etc. sowie der Ausfugung mit Fugenmörtel. Die Instandsetzung schadhaft gewordener Außenwandfugen. Anbringen dauerelastischer Dehnfugen mit entsprechenden Verfugungsstoffen. Die Herstellung von bautechnisch notwendigen Trennfugen in festen Bodenbelägen gehört dagegen zum Arbeitsbereich der jeweiligen Vollhandwerke.

Nr. 6) Holz- und Bautenschutzgewerbe

- Holzschutz:
  - Erkennen und Beurteilen von Schäden an Holz und Holzbauteilen;
  - Einbringen von Holzschutz gegen tierische und pflanzliche Holzzerstörer und Feuer;
  - Beseitigung von Schäden durch tierische und pflanzliche Holzzerstörer (wie Holzblock, Holzwurm, Schwamm).
- Bautenschutz:
  - Erkennen und Beurteilen von Schäden an Beton und Mauerwerk;
  - Abdichten von Wänden, Böden, Fugen und Rissen in Beton und Mauerwerk;

- Abdichten von Boden- und Wandflächen zur Lagerung Wasser gefährdender Stoffe;
- Beschichten chemisch, mechanisch und witterungsbelasteter Flächen, z. B. Industrie- und Gewerbeböden, Antigraffitibeschichtung, Betonschutz;
- Instandsetzen von feucht- und salzgeschädigtem Mauerwerk, Abdichten von Ingenieurbauten gegen drückendes und nicht drückendes Wasser;
- Flächenabdichtung mit Kunststoffkombinationen, Folien auf Vorbeschichtungen, Harzen u. a.;
- Flächendichtungen mit zementgebunden Oberflächenmitteln;
- Abdichtungen von Stahlbetonbehältern (Faultürme, Trinkwasserbehälter, Schwimmbecken, Neutralisierungsbecken) mit zementgebunden Oberflächendichtungsmitteln und zusätzlichem Schutz gegen Chemikalienbelastung durch duroplastische Kunststoffe;
- Abdichtung von Dehnungsfugen an Bauwerken aus Stahlbeton oder Mauerwerk gegen nicht drückendes und drückendes Wasser mit elektrischen Fugenmassen;
- Herstellung von chemikalienbeständigen Abdichtungen an Bauwerken und Stahlbetonbehältern aus Reaktionsharzen;
- Herstellung von ölbeständigen und öldichten Beschichtungen an Öltankwannen und in Öltanks aus Stahlbeton gem. vorliegenden Vorschriften mit Kunstharzen;
- Herstellung von nachträglichen Innenabdichtungen im Rahmen der Altbausanierung mit zementgebundenen Oberflächendichtungsmitteln mit Spezialputzen gegen bauschädliche Salze;
- Kraftschlüssige oder elastische Risseinjektionen an Stahlbetonbauwerken zur Wiederherstellung der Standfestigkeit bzw. Abdichtung gegen Wasserdurchtritt;
- Wiederherstellung der Stahlüberdeckung gem. DIN 1045 an beschädigten Stahlbetonteilen durch Aufbringung geeigneter Oberflächendichtungsmittel;
- nachträgliche Herstellung von Horizontalsperren an Bauwerken gegen aufsteigendes Kapillarwasser durch Anlegen von Bohrlochsperren.

Nr. 11) Metallschleifer und Metallpolierer

Das Schleifen einschließlich des Polierens von Gegenständen aus Metallen und Kunststoffen; die Tätigkeit umfasst damit das Vor- und Nachbehandeln anderweitig beschichteter Gegenstände. Dazu gehört das mechanische Entfernen von galvanischen und nicht galvanischen Überzügen.

Nr. 12) Metallsägenschärfer-Gewerbe

Das Schärfen von Metallsägen, die sowohl im Haushalt als auch in der Holz und Kunststoff bzw. Stein verarbeitenden Industrie eingesetzt werden.

Nr. 24) Einbau von genormten Baufertigteilen

Arbeitsgebiet, das auch dem Tischlerhandwerk hervorgegangen ist. Das Einbauen genormter Fenster und Zargen aus Holz, Metallen, Nichteisenmetallen und Kunststoffen mit Ausnahme bauaufsichtlich eingeführter Bauteile wie z. B. Feuerschutzabschlüsse.

Nr. 37) Änderungsschneider

Individuelle Anpassung und Reparatur von Konfektionsware, wie z. B. Verlängerung oder Kürzung von Säumen an Anzügen, Mänteln und Röcken. Reparaturen, wie Knöpfe annähen, Taschenfutter ausbessern, Bundweiten abnehmen oder erweitern, Reißverschlüsse austauschen und ähnliche Arbeiten.

Nr. 48) Kosmetiker

Pflege von Gesicht, Hand und Körper, soweit diese nicht einem Dermatologen vorbehalten ist. Packungen und Masken, Augenbrauen- und Wimpernpflege, Hautreinigung, Behandlungsmethoden verschiedener Hautanomalien, Nagelpflege einschließlich des Setzens künstlicher Nägel und weiterer Tätigkeiten der dekorativen Kosmetik.

2. Das müssen Sie wissen: Die Grundentscheidungen des Existenzgründers

2.1 Der Beginn

2.1.1 Geschäftsidee und Unternehmenskonzept

Das Unternehmenskonzept ist gleichsam das persönliche Erfolgsprogramm des Unternehmers. Es stellt in der Praxis eine wesentliche Grundlage dafür dar, bei den künftigen Geschäftspartnern, bei Lieferanten und vor allem bei den Kapital- und Kreditgebern das notwendige Vertrauen aufzubauen.

In einem schriftlich zu fixierenden Unternehmenskonzept sind danach über folgende Punkte Aussagen zu treffen:
- Angaben zur Person des/der Existenzgründer, berufliche Qualifikation, berufliche Erfahrungen, Spezialisierungen,
- Produkt- und Leistungsprogramm,
- Standort und Kundenkreis,
- Investitions- und Finanzierungsplan,
- Personal- und Kostenplanung,
- Umsatz- und Ertragsvorschau.

Das Unternehmenskonzept sollte auf einem *Leitbild* aufbauen, das sich der zukünftige Unternehmer als Richtlinie für die Gestaltung seines Produkt- und Dienstleistungsangebotes setzt. Das persönliche Leitbild des Unternehmers sollte vor allem nach außen, im Besonderen im Verhalten gegenüber dem Kunden, aber auch nach innen, das heißt in der Personalpolitik und in der Personalführung des Unternehmens, deutlich werden. Das Leitbild eines Handwerksunternehmens muss die persönliche Handschrift des Unternehmers tragen und dem Unternehmen eine unverwechselbare Identität auf dem Markt und in der Öffentlichkeit verschaffen.

Kernstück eines Unternehmenskonzeptes, das der Existenzgründer vor der Selbstständigmachung entwickeln muss, ist das Produkt- und Leistungsprogramm des zukünftigen Unternehmens (vgl. hierzu Seite 34). Der Existenzgründer muss also eine Vorstellung davon haben, welche Produkte und Dienstleistungen er welchen Zielgruppen anbieten will. Er muss eine Geschäftsidee haben, die zu einem tragfähigen Unternehmenskonzept zu entwickeln ist. Dabei muss man sehen, dass wirklich Erfolg versprechende neue Geschäftsideen selten sind. Die meisten Unternehmenskonzepte beruhen daher darauf, eine schon verbreitete Geschäftsidee anders und besser anzubieten und so dem Kunden einen Vorteil gegenüber dem Angebot der Mitwettbewerber zu verschaffen.

2.2 Der Standort

Es gibt grundsätzlich drei Wege in die berufliche Selbstständigkeit:
- einen Betrieb neu gründen,
- einen Betrieb übernehmen oder
- sich an einem bestehenden Betrieb aktiv beteiligen.

Bei der Gründung eines Unternehmens ebenso wie bei der Errichtung einer neuen Betriebs-/Geschäftsstätte eines bereits bestehenden Unternehmens (z. B. Filiale) ist der ins Auge gefasste Betriebs-/Geschäftsstandort auf seine Standortqualität hin zu überprüfen. Sofern eine Betriebsübernahme in Betracht gezogen wird, ist die Standortqualität des zu übernehmenden Betriebes zu prüfen. Dies gilt entsprechend auch für die Beteiligung an einem bestehenden Betrieb

2.2.1 Standortwahl und Betriebsgenehmigung

Bei der Entscheidung über den „richtigen" Standort sind betriebswirtschaftliche und rechtliche Gesichtspunkte zu berücksichtigen.

Aus *betriebswirtschaftlicher* Sicht können folgende Standortfaktoren in der Betrachtung herangezogen werden:

Absatzfaktoren:

Sie geben Antwort auf die Absatzerwartungen am Standort („Was bringt mir der Standort?"). Zu untersuchen sind hier:
- der Kundenkreis (Absatz-/Einzugsgebiet),
- die Kundenstruktur (Kaufkraft, Alter u. a.) und
- die Konkurrenz.

Kostenfaktoren:

Sie geben Antwort auf die voraussichtlichen Standortkosten („Was kostet mich der Standort?"). Zu untersuchen sind hier:
- die Kosten für Miete oder Grunderwerb,
- die Wege (evtl. Wohnortentfernung) und Transportkosten für den Unternehmer und für die wichtigsten Lieferanten,
- die Höhe der Gemeindesteuern (Gewerbesteuer, Grundsteuer) und der kommunalen Gebühren und Beiträge,
- die öffentliche Förderung (regionale Wirtschaftsförderung) und
- der Arbeitsmarkt (regionales Lohnniveau).

2.2 Der Standort

Infrastrukturfaktoren:

Sie geben Antwort auf die Fragestellung „Wie sieht die Betriebsumgebung aus?" Sie beeinflussen die Umsatzerwartungen, z. T. aber auch die Kosten des Unternehmens. Zu untersuchen sind hier:
- das örtliche Umfeld (Erweiterungsmöglichkeiten, Ortsbild),
- die Verkehrslage,
- die Straßen (lokale, regionale, überregionale Anbindung),
- die Park- und Haltemöglichkeiten,
- der öffentliche Nahverkehr,
- das privates und öffentliche Dienstleistungsangebot (Nahversorgung, Post, Banken) und
- die regionale/kommunale Entwicklung (Bevölkerungsentwicklung, Planung von Wohn- und Gewerbegebieten).

Bei der Standortwahl sind nicht alle der oben genannten Gesichtspunkte gleich wichtig. Es ist daher herauszufinden, welche der aufgeführten Standortfaktoren im konkreten Fall für den Geschäftserfolg von entscheidender Bedeutung sind. So sollten z. B. diese oder ähnliche Fragen gestellt werden:
- Ist es bedeutsam, ob die Kundendichte in unmittelbarer Umgebung des Betriebes groß ist?
- Spielt es eine Rolle, ob in unmittelbarer Umgebung Konkurrenten vorhanden sind?
- Kommt dem Mietpreis die entscheidende Rolle bei der Standortwahl zu?
- Kommt es darauf an, dass der Betriebsstandort ohne großen Aufwand erreichbar ist?

Auch die oben aufgeführten Faktoren wie kurze Wege zu wichtigen Dienstleitungseinrichtungen, Entfernung zur Wohnung des Betriebsinhabers oder der Beschäftigten können hier einfließen. Mit diesen oder ähnlichen Überlegungen wird ein grobes Anforderungsprofil geschaffen, mit dem bei der Suche nach dem zukünftigen Betriebsstandort gezielter vorgegangen werden bzw. bei schon vorliegenden Standortalternativen die Entscheidung erleichtert werden kann.

Da die Ausübung eines Gewerbes nicht überall gestattet ist, sind bei der Standortwahl auch *rechtliche Gesichtspunkte* zu prüfen:

Ein Gewerbe darf nach dem Bauplanungsrecht (Baugesetzbuch) grundsätzlich nur in Bebauungsplangebieten, d. h. in Gebieten, für die ein Bebauungsplan vorliegt, oder im bereits bebauten – unbeplanten – Innenbereich ausgeübt werden. Außerhalb dieser Ortsinnenlagen, im sog. Außenbereich, ist eine Ansiedlung nur in Ausnahmefällen möglich. Der Betrieb muss sich vor allem hinsichtlich der Nutzung und – bei Baumaßnah-

2. Das müssen Sie wissen: Die Grundentscheidungen des Existenzgründers

men – auch in Ausmaß und Gestaltung des Baukörpers in die Umgebung einfügen. Bebauungspläne bzw. der Umgebungscharakter bestimmen somit auch die Art und den Umfang der möglichen gewerblichen Nutzung. Danach sind zulässig:
- in reinen Wohngebieten keinerlei Betriebe,
- in allgemeinen Wohngebieten nur nahversorgende und dienstleistende Handwerke, von denen keine Störungen auf die Nachbarschaft ausgehen (z. B. Friseur, kleinere Bäckereien und Fleischereien, Verkaufsstellen),
- in Mischgebieten Betriebe, die nicht wesentlich stören (z. B. kleinere Kfz- und Installationsbetriebe) und
- in Gewerbegebieten alle Betriebe, die nicht erheblich belästigen (z. B. alle Handwerksbetriebe).

Die bei den Gemeinden einzusehenden Flächennutzungspläne geben Anhaltspunkte, in welches Gebiet ein Standort einzuordnen ist. Vor allem für produzierende Betriebe sind bei der Standortwahl auch besondere Vorschriften des Umweltrechts zu beachten, z. B. Immissionsschutzrecht (Lärm, Abluft), Wasserschutzzonen, abwasserrechtliche Regelungen. Rechtlich unbedenkliche Standorte für größere produzierende und Kfz-Unternehmen sind aufgrund des gegebenen Bau- und Umweltrechtes heute meist nur in Gewerbegebieten vorhanden.

Ein Antrag auf *Nutzungsänderung bzw. ein Bauantrag* wird erforderlich, wenn in privat genutzten Räumen oder auf Grundstücken, die bisher von einem weniger störenden Gewerbe genutzt wurden, eine neue Betriebsstätte entstehen soll. Ein Existenzgründer, der in einer Garage oder in einem sonstigen privat genutzten Raum eine gewerbliche Tätigkeit aufnehmen will, benötigt also in jedem Fall eine Genehmigung der Bauaufsichtsbehörde. Dies gilt auch dann, wenn eine bauliche Veränderung nicht vorgenommen werden soll. Eine Betriebsübernahme ohne Änderung der Nutzungsart erfordert hingegen keine Genehmigung. Der Betriebsübernehmer sollte sich jedoch vergewissern, dass die Vornutzung auch tatsächlich von der Aufsichtsbehörde genehmigt ist (siehe hierzu „Meister-Tipp: Die Genehmigung des Betriebsstandortes" auf Seite 173).

Neuerdings gibt es in allen Bundesländern Vorschriften, die die Genehmigungsdauer beschleunigen und die Verfahren vereinfachen sollen. Sie betreffen jedoch meist nur einfachere, eingeschossige Bauprojekte in Bebauungsplangebieten und nicht die von Existenzgründern meist bevorzugten Betriebsstätten im „unbeplanten" Innenbereich. Einen Anspruch auf die Einhaltung bestimmter Fristen für die Bearbeitung eines Antrages durch die Behörden hat der Antragsteller jedoch fast immer. In diesem Zusammenhang muss unbedingt darauf geachtet werden, dass die Antragsunterlagen vollständig sind, da erst mit der Vollständigkeit der Unterlagen die Frist zu laufen beginnt.

2.2 Der Standort

Merke:

- Grundsätzlich sind bei den Überlegungen zur Wahl des richtigen Standortes alle Standortfaktoren einzubeziehen. Das Gewicht, das die einzelnen Faktoren für die Standortentscheidung haben, ist jedoch abhängig von der Branche.
- Erfahrungsgemäß richten sich im Handwerk produzierende Betriebe vor allem nach den Standortkosten (Miete, Grunderwerbskosten) und regionalen Infrastrukturfaktoren (Verkehrslage u. a.). Rechtliche Gesichtspunkte, vor allem bei Betriebsstätten innerhalb der bebauten Ortslage, schränken hier die Standortauswahl meist erheblich ein.
- Konsum- und dienstleistende Betriebe berücksichtigen hauptsächlich Absatzfaktoren (Kundendichte u. a.) und lokale Infrastrukturfaktoren (Parkplätze u. a.).
- Vor allem in Ballungsräumen und in größeren Städten werden in Gründer-, Handwerker- und Gewerbezentren (mehrere Betriebsstätten unter einem Dach) interessante Flächen zu meist günstigen Konditionen angeboten. Über diese und andere Gewerbeflächenstandorte (Gewerbegebiete) können die Gemeinden (Wirtschaftsförderungsämter) und die Handwerkskammern Auskunft geben. Die „Betriebsbörse", die bei der Handwerkskammer geführt wird, gibt Auskunft über Betriebe, die zur Übernahme anstehen.

2.2.2 Betriebs- und Geschäftsstättenplanung

Mit der Errichtung der Betriebs- bzw. Geschäftsstätte nehmen die unternehmerischen Zielvorstellungen und die Betriebsplanung konkrete Gestalt an.

Die Investitionsplanung muss nicht nur die technischen und wirtschaftlichen Entwicklungstendenzen der Branche im Auge haben. Sie muss auch die Auswirkungen einer jeden Investitionsentscheidung auf die Finanz- und Kostenplanung des Unternehmens berücksichtigen. Die sorgfältige Planung der Betriebsstätte unter Beachtung der Betriebs- und Geschäftsabläufe ist die Grundlage dafür, dass der vorgegebene Finanzierungsrahmen nicht überschritten wird. Eine durchdachte Betriebsplanung stellt damit auf Jahre hinaus die Weichen für eine kostengünstige und wirtschaftliche Leistungserstellung und damit für den Erfolg des Unternehmens.

Bei der Planung einer Betriebsstätte sind im Einzelnen Überlegungen anzustellen über:
- das Raumprogramm,
- die Maschinen- und Geräteaufstellung,
- die Verkehrsflächen und die Transportmittel,
- den Betriebsablauf (Materialfluss, Arbeitsfluss),
- die Arbeitsplatzgestaltung (Beleuchtung, Belüftung),
- die Energieversorgung.

2. Das müssen Sie wissen: Die Grundentscheidungen des Existenzgründers

Geschäftsstätten, Verkaufsräume, Büros u. Ä. erfordern darüber hinaus Überlegungen u. a. zu folgenden Punkten:
- die Kundenwege,
- die Platzierung von Waren und Warengruppen,
- die Bedienungsart und Zahlungsabwicklung.

Die *Wirtschaftlichkeit* ist die wichtigste Messlatte bei jeder Investitionsplanung. Unter Wirtschaftlichkeitsaspekten ist auf eine optimale Nutzung und eine kostengünstige Unterhaltung der Betriebseinrichtungen ebenso zu achten wie auf Flexibilität und Erweiterungsmöglichkeit bei zukünftig notwendig werdenden betrieblichen Veränderungen.

Bei der Neuerrichtung und bei der Einrichtung einer Betriebsstätte sind neben diesen wirtschaftlichen Gesichtspunkten heute in zunehmendem Umfang auch *Rechtsvorschriften* zu berücksichtigen. Sie stellen die Eckpunkte und den Rahmen dar, in dem sich die Planung bewegen kann.

Hierzu zählen im Besonderen die Vorschriften des *Umwelt- und Immissionsschutzes*, z. B.
- Abstände zur Wohnbebauung, zu Gewässern und Grünzügen,
- sonstige Immissionsschutzvorschriften betr. Lärm und Abluft,
- Vorschriften der Abfallbeseitigung und Abwassereinleitung,
- Pflanzgebote und die Erhaltung von Landschaftsbestandteilen (Bäumen).

Das Bauordnungsrecht, d. h. vornehmlich die *Landesbauordnungen*, enthalten weitere wichtige bautechnische Bestimmungen (z. B. Brandschutz), die bei Neu- und Umbauten zu beachten sind. Vielfach stellen Gemeindesatzungen (örtliche Bauvorschriften) vornehmlich im Innerortsbereich weitere Anforderungen an die Gestaltung von Gebäuden und Bauteilen (z. B. Werbeanlagen).

Schließlich sind *arbeitsschutzrechtliche Vorschriften* (Arbeitsstättenverordnung, Unfallverhütungsvorschriften der Berufsgenossenschaften) bei der Betriebsplanung mit zu berücksichtigen. Die Arbeitsstättenverordnung enthält bundeseinheitliche Gesundheits- und Sicherheitsvorschriften für Arbeitsstätten. Als Beispiele seien hier genannt:
- Raumhöhe für Arbeitsräume bei Grundfläche bis zu 100 m^2 mindestens 2,75 m.
- Mindesthöhe von 2,00 m für innerbetriebliche Verkehrswege für Fußgänger und Fahrzeuge.
- Pausenraum bei Beschäftigung von mehr als 10 Arbeitnehmern. Ein besonderer Pausenraum ist jedoch nicht notwendig, wenn die Arbeitnehmer in Büroräumen oder vergleichbaren Arbeitsräumen beschäftigt sind und dort die Voraussetzungen für gleichwertige Erholung während der Pausen gegeben sind.
- Raumtemperatur bei überwiegend nicht sitzender Tätigkeit: +17 °C, bei überwiegend sitzender Tätigkeit und in Verkaufsräumen: +19 °C, in Büroräumen: +20 °C.
- Lärm in Arbeitsräumen (Werkstätten) nicht mehr als 85 dB(A).

Unter Beachtung der aufgeführten wirtschaftlichen und rechtlichen Faktoren muss die Planung nicht zuletzt ein gutes Gesamtbild des Unternehmens zum Ziel haben. Die Betriebsstätte muss in Gesamtgestaltung, Ausführung und Ausstattung dem anvisierten Unternehmensbild entsprechen.

Über die Betriebsstättenplanung beraten die technischen Beratungsstellen der Handwerkskammern, über die jeweiligen fachlichen Vorschriften des Umwelt- und Immissionsschutzrechtes auch die Fachorganisation (Innung). Auskunft geben darüber hinaus die Gewerbeaufsichtsbehörden der Länder und die Berufsgenossenschaften, die gleichzeitig die Einhaltung immissions- und arbeitsschutzrechtlicher Bestimmungen kontrollieren.

2.2.3 Betriebsübernahme und Kaufpreisermittlung

Der Jungunternehmer muss sich bei der Betriebsgründung an einem neuen Standort seine Absatz- und Beschaffungsmärkte meist völlig neu aufbauen. In vielen Branchen erschwert der Mangel an geeigneten neuen Standorten und der für die Neugründung erforderliche – meist recht hohe – Kapitalaufwand diese Form der Betriebsgründung. Daher wird vielfach die Übernahme eines bestehenden Betriebes vorgezogen.

Bei einer ins Auge zu fassenden Betriebsübernahme sind folgende Vorteile und Risiken abzuwägen:
- Vorteile:
  - eingeführtes Unternehmen mit festem Kundenstamm,
  - reibungslose Fortführung des Betriebes,
  - zweckentsprechende Betriebsstätte mit Einrichtung und Geschäftsausstattung,
  - eingearbeitetes Personal,
  - feststehender Übernahmepreis.
- Risiken:
  - Haftung für Verbindlichkeiten des übernommenen Unternehmens,
  - fehlende bau- und planungsrechtliche Voraussetzungen zur Erweiterung des Betriebes,
  - veraltete Betriebseinrichtung und Geschäftsausstattung,
  - Pflicht zur Übernahme der bestehenden Arbeits- und Anstellungsverhältnisse,
  - fehlende Anerkennung des Übernehmers durch das übernommene Personal.

Ob Vorteile oder Risiken überwiegen, hängt von den individuellen Gegebenheiten des Betriebes ab. Eine fundierte Entscheidung setzt zunächst einmal eine genaue Prüfung der Wirtschafts- und Ertragslage des Betriebes voraus. Die Bilanzen und die Gewinn- und Verlustrechnungen der letzten Jahre geben darüber Auskunft, wie die Entwicklung des Betriebes war und wie es um die Ertragskraft bestellt ist. Anhand dieser Daten kann man auch abschätzen, ob der geforderte Übernahmepreis des Betriebes bzw. die geforderte Pacht angemessen ist.

2. Das müssen Sie wissen: Die Grundentscheidungen des Existenzgründers

Der *Erwerb einer tätigen Beteiligung* an einem Unternehmen als leitender Mitarbeiter und Gesellschafter kann eine Vorstufe zur Übernahme des Unternehmens sein. Als Mitarbeiter hat man die Möglichkeit, den Betrieb, das Betriebspersonal und Umfeld des Betriebes kennen zu lernen, Marktkenntnisse und unternehmerische Erfahrungen zu sammeln und dabei auf den Rat eines erfahrenen Unternehmers zurückgreifen zu können. Zu beachten ist jedoch, dass der Erwerb oder die Pacht eines Betriebes Konsequenzen für die Existenzgründungsfinanzierung haben kann.

Bei der Übernahme eines Betriebes und beim Erwerb einer Beteiligung stellt sich die Frage nach dem *Übernahmepreis (Kaufpreis)* bzw. dem Wert des zu übernehmenden Betriebes. Der Wert des Betriebes *(Unternehmenswert)* spielt im Übrigen auch bei jedem familieninternen Betriebsübergang (Generationswechsel) und in der Erbauseinandersetzung innerhalb der Unternehmerfamilie eine Rolle. Die Ermittlung eines objektiven bzw. angemessenen Unternehmenswertes ist sehr schwierig. Grundsätzlich hat die Betriebswirtschaftslehre hierzu zwei Methoden entwickelt: die Ermittlung des Substanzwertes und des Ertragswertes.

Der *Substanzwert* entspricht dem Verkehrswert (Zeitwert) des betriebsnotwendigen Anlage- und Umlagevermögens, also dem Preis, den der Erwerber für Grundstück, Gebäude, Maschinen, Werkzeuge, Fahrzeuge, Geräte- und Warenlager im heutigen Zustand bezahlen müsste. Der Substanzwert stellt also die Summe der Verkehrswerte der einzelnen betrieblichen Vermögensteile dar.

Der *Ertragswert* geht von den Gewinnen aus, die der Übernehmer mit dem Betrieb in Zukunft voraussichtlich erzielen kann. Zur Berechnung des Ertragswertes nimmt man die Gewinne der letzten drei bis fünf Jahre als Ausgangsgrundlage und bereinigt diese um etwaige außerordentliche Erlöse und Erträge. Das durchschnittliche und um diese außerordentlichen Positionen bereinigte Betriebsergebnis wird mit einem angemessenen Zinssatz (ca. 6–8 %) kapitalisiert. Der Substanzwert drückt die nachhaltige Ertragskraft des Unternehmens aus.

Die positive Differenz zwischen Ertragswert und Substanzwert wird als *Firmenwert* bezeichnet. Im Firmenwert drücken sich die über die materiellen Vermögenswerte hinausgehenden „immateriellen" Werte, d. h. die vor allem die Marktstellung des Unternehmens, die Kundenbeziehungen und die Qualität des Mitarbeiterstammes, aus. Der Firmenwert ist also das Entgelt dafür, dass ein Nachfolger im Vergleich zu einem Neugründer einen eingeführten und funktionierenden Betrieb übernimmt.

Ertragswert und Substanzwert stellen Anhaltspunkte für die Wertermittlung des Betriebes dar. Vielfach wird ein Mittelwert zwischen beiden angesetzt. Auch die Einigung auf den Substanzwert und einen mehr oder weniger großen pauschalen Firmenwertzuschlag stellt eine übliche Wertermittlungsmethode dar. Letztlich bestimmen aber die Gesetze des Marktes, d. h. Angebot und Nachfrage, den Preis.

Der Kauf des gesamten Unternehmens gegen Einmalzahlung ist dabei nur eine der möglichen *Übernahmeformen*. Vor allem der bisherige Unternehmer, d. h. der Betriebsübergeber, hat oft ein Interesse an einer Verrentung des Kaufpreises oder an der Verpachtung des Unternehmens. Hier spielen Versorgungsaspekte und steuerliche Gesichtspunkte eine Rolle. Finanzierungsaspekte sowie Haftungsfragen in Bezug auf die übernommenen Verbindlichkeiten und Gewährleistungen sprechen aus der Sicht des Übernehmers eher für eine „Übernahme in einem Akt". Die richtige Gestaltung der Übernahme erfordert in jedem Falle die Beratung durch einen Steuerberater sowie einen Betriebsberater der Handwerkskammer.

Meister-Tipp: Die Genehmigung des Betriebsstandortes

**Ihr Betriebsstandort muss in jedem Fall den Segen der Baubehörde haben!
Eine Ausnahme gilt nur dann, wenn eine bisher schon genehmigte gewerbliche Nutzung, beispielsweise bei einer Betriebsübernahme, unverändert fortgeführt wird.**

Schon die Umnutzung der bisher für den privaten Bedarf genutzten Räumlichkeiten, z. B. einer Garage, in eine Betriebsstätte erfordert im Regelfall eine baurechtliche Genehmigung. Dies gilt auch für bereits gewerblich genutzte Räume, wenn sie eine andere gewerbliche Nutzung erfahren, z. B. für Lagerräume, die zu einer Werkstätte umfunktioniert werden sollen. Oft wird bei der Betriebsgründung zudem nicht beachtet, dass die gewerberechtliche Anmeldung des Betriebes, d. h. die Gewerbeanzeige bei der Gemeinde, keine Genehmigung darstellt und diese auch von der Gemeinde nicht automatisch als Genehmigungsantrag an die Baugenehmigungsbehörde weitergeleitet wird.

Vor allem bei Betriebsstätten, die in Wohnlagen oder am unmittelbaren Ortsrand vorgesehen sind, empfiehlt es sich, eine „Voranfrage" zu stellen. Dies gilt gleichermaßen für die angesprochenen Umnutzungen wie für gänzlich neue Nutzungen, z. B. beim Neubau. Verzichten können Sie i. d. R. auf eine Voranfrage bei einer Ansiedlung auf einem ausgewiesenen Gewerbegebiet!

Die Voranfrage, offiziell „Antrag auf Erteilung eines Vorbescheides", ermöglicht es dem Existenzgründer rechtsverbindlich zu klären, ob die grundsätzliche Zulässigkeit seines Vorhabens gegeben ist. Darüber hinaus kann man mit der **Bauvoranfrage** Antwort auf weitere für die Planung wichtige Fragen erhalten. Der Antrag kann vom Bauherrn selbst – ohne Einschaltung eines „Bauvorlageberechtigten" (Architekten) – gestellt werden.

So könnten Ihre Fragen an die Baubehörde lauten:
- **Bei Umnutzung:** Ist im Anwesen *(Ort, Straße, Hausnummer, Räume lt. Zeichnung)* die Nutzungsänderung der bisher als privat/gewerblich *(bisherige Nutzung)* genutzten Räume zur Nutzung als *(zukünftige Nutzung/Branche)* zulässig?
- **Bei neuem Standort:** Ist auf dem Grundstück *(Ort, Straße, Hausnummer bzw. Flur, Flurstücknummer)* die Nutzung gemäß Betriebsbeschreibung als *(zukünftige Nutzung/ Branche)* zulässig?

- Ist zur **Genehmigung** meines Vorhabens die **Einwilligung des/der Nachbarn** erforderlich? Gegebenenfalls, welche Nachbarn sind zu berücksichtigen?
- Ist zur **Genehmigung** meines Vorhabens der **Nachweis von Stellplätzen** erforderlich? Ist die Möglichkeit einer Ablösung der Stellplatzpflicht durch Gemeindesatzung gegeben?
- Kann abweichend vom normalen Bauantragverfahren im Falle meines Vorhabens das **vereinfachte Genehmigungsverfahren** beantragt werden oder eine **Genehmigungsfreistellung** (§ 66 LBO) erfolgen?
- Sind für die Erteilung einer **Genehmigung** besondere **Fachgutachten/Stellungnahmen** erforderlich? Wenn ja, welche? Welche Unterlagen können zur Beschleunigung des Vorhabens vom Antragsteller selbst beigebracht werden?

An Unterlagen benötigen Sie in der Regel:
- Antragsformular (zur Not auch formlos!), Vervielfältigung der Flurkarte, Lageplan bzw. Bauskizze und
- kurze Betriebsbeschreibung mit den Angaben über die Maschinenausstattung, insoweit sie Rückschluss auf den „Störungsgrad" des Betriebes erlaubt.

Die zuständige Baugenehmigungsbehörde (Untere Bauaufsichtsbehörde), an die die Voranfrage zu richten ist, befindet sich je nach der landesrechtlichen Regelung entweder bei der Stadtverwaltung oder beim Landratsamt.

2.3 Die Rechtsform

In der Wahl der Rechtsform ist jedes Unternehmen frei. Die Entscheidung über die Rechtsform ist bei der Betriebsgründung zu treffen. Bei einer Betriebsübernahme und – zwangsläufig – bei der Beteiligung an einem bestehenden Unternehmen ist die Rechtsform des vorhandenen Betriebes zu überprüfen. Sie muss auch später immer dann überprüft werden, wenn sich die persönlichen, betrieblichen und steuerrechtlichen Verhältnisse wesentlich ändern. In diesen Fällen ist gegebenenfalls eine Änderung der Rechtsform (Umwandlung) vorzunehmen.

Eine Empfehlung für die bestmögliche Rechtsform kann nur auf den Einzelfall bezogen gegeben werden. Vor der Entscheidung ist daher unbedingt ein Unternehmensberater oder ein Steuerberater zu befragen. Die folgenden Gesichtspunkte sind bei der Wahl der Rechtsform von Bedeutung:
- die Leitungsbefugnisse (Alleinverantwortung oder Leitungsteilung),
- die Gewinn- und Verlustbeteiligung,
- die Risikoübernahme und Haftung,
- die Finanzierungsmöglichkeiten,
- die steuerlichen Gestaltungsmöglichkeiten,
- die Gründungsmodalitäten und
- der laufende Aufwand der Rechtsform.

Die im Handwerk gebräuchlichen Rechtsformen weisen im Einzelnen folgende Merkmale auf:

2.3.1 Einzelunternehmen

Der Kapitalgeber (Inhaber) und Betriebsleiter (Geschäftsführer) sind hier identisch. Dem Einzelunternehmer steht allein der im Betrieb erwirtschaftete Gewinn zu, er trägt das Risiko und haftet auch mit seinem Privatvermögen. Es besteht ein Höchstmaß an Selbstständigkeit und Eigenverantwortlichkeit des Unternehmers.

Der Unternehmer im Handwerk muss selbst die handwerksrechtlichen Voraussetzungen (Meisterprüfung) erfüllen. Das Einzelunternehmen weist relativ einfache Gründungsmodalitäten ohne notarielle Beurkundungspflichten auf. Es ist kein gesetzlich vorgeschriebenes Mindestkapital erforderlich. Wegen des Fehlens von Mitgesellschaftern sind gesellschaftsrechtliche Vereinbarungen entbehrlich. Die Eintragung ins Handelsregister braucht für einen Kleinbetrieb nicht vorgenommen zu werden. Sie wird aber dann notwendig, wenn die Führung des Unternehmens einen „kaufmännisch eingerichteten Geschäftsbetrieb" (vgl. Seite 59) erfordert.

2.3.2 Gesellschaft bürgerlichen Rechts (GbR)

Die GbR ist „ein Zusammenschluss zweier oder mehrerer Personen zur gemeinsamen Führung eines Betriebes". Sie besitzt als Personengesellschaft – im Gegensatz zur Kapitalgesellschaft (juristische Person) – keine eigene Rechtspersönlichkeit und kann daher grundsätzlich nur über die Mitwirkung aller ihrer Gesellschafter handeln. Sie stellt die einfachste Gesellschaftsform dar, die auch ohne schriftlichen Vertrag gegründet werden kann. Die Schriftform des Gesellschaftsvertrages ist jedoch üblich und empfehlenswert (Mustervertrag siehe Seite 196).

Die GbR wird vielfach als vorläufige Gesellschaftsform gerade auch von Existenzgründern gewählt. Die GbR findet man aber auch als „Gesellschaft auf Zeit", die für einen bestimmten, exakt umrissenen gemeinsamen Zweck der Gesellschafter, wie z. B. die Ausführung eines Großauftrages (Arbeitsgemeinschaft im Baugewerbe), gegründet wird.

Sofern vertraglich nichts anderes vereinbart, steht die Leitungsbefugnis allen Gesellschaftern gemeinsam zu (Einstimmigkeit). Die Gesellschafter sind zu gleichen Teilen am Gewinn beteiligt. Jeder Gesellschafter haftet für die Schulden der Gesellschaft solidarisch, unmittelbar und unbeschränkt, auch mit seinem Privatvermögen. Ein Gläubiger kann sich also nach Belieben an jeden Gesellschafter halten, und zwar in Höhe der ganzen Schuld. Beim Handwerksbetrieb, der in der Form der GbR geführt wird, muss ein Gesellschafter die handwerksrechtlichen Voraussetzungen erfüllen, die Anstellung eines Meisters ist nicht ausreichend für die Eintragung in die Handwerksrolle.

2.3.3 Gesellschaft mit beschränkter Haftung (GmbH)

Hier handelt es sich um eine Kapitalgesellschaft mit eigener Rechtspersönlichkeit (juristische Person).

Die Gründung der GmbH erfolgt durch Gesellschaftsvertrag in notarieller Form und Eintragung ins Handelsregister. Das Mindeststammkapital beträgt 25.000,- €. Jede Stammeinlage muss mindestens zu 25 % eingezahlt sein. Insgesamt müssen mindestens 25.000,- € sofort aufgebracht werden. Das erforderliche Mindeststammkapital kann auch in Form von Sachwerten bereitgestellt werden.

Die Gründung einer „Ein-Mann-GmbH" (ein Gesellschafter) ist möglich. Dabei müssen über den nicht eingezahlten Betrag der Stammeinlage entsprechende Sicherheiten (z. B. Bankbürgschaften) nachgewiesen werden.

In der GmbH besteht grundsätzlich keine persönliche Haftung der Gesellschafter für Gesellschaftsschulden. Die Gesellschafter haften beschränkt lediglich mit ihrer Kapitaleinlage. Man beachte aber: Bis zur Eintragung der GmbH in das Handelsregister haften die

Gesellschafter für die bis zu diesem Zeitpunkt entstandenen Verbindlichkeiten auch mit ihrem Privatvermögen. Der allgemeine Haftungsausschluss in der GmbH kommt auch dann nicht in vollem Umfang zum Tragen, wenn zur Absicherung z. B. von Bankkrediten Teile des Privatvermögens als Sicherheit dienen. Die Leitungsbefugnis wird in der GmbH auf bestimmte Organe übertragen.

Die *Gesellschafterversammlung* (beschließendes Organ) hat u. a. folgende Aufgaben:
- Feststellung des Jahresabschlusses,
- Verwendung des Jahresüberschusses,
- Bestellung/Abberufung des Geschäftsführers.

Der/die *Geschäftsführer* (ausführendes Organ):
- Führung der Geschäfte,
- Vertretung der Gesellschaft.

Für die GmbH besteht Publizitätszwang, d. h. eine Pflicht zur Veröffentlichung des Jahresabschlusses (Veröffentlichung der Bilanz; bei kleineren Betrieben in Kurzfassung). Ferner müssen die Gesellschaftsform (GmbH), die Handelsregister-Nr. und der/die Namen des/der Geschäftsführer(s) auf den Geschäftspapieren angegeben werden.

In einem Handwerksbetrieb, der in der Rechtsform der GmbH betrieben wird, muss entweder der Gesellschafter oder der Betriebsleiter (Geschäftsführer) die handwerksrechtlichen Voraussetzungen erfüllen.

Die Steuerbelastung der Einzelunternehmung und der Gesellschaft bürgerlichen Rechts (GbR) einerseits und der GmbH andererseits unterscheiden sich insbesondere hinsichtlich der Gewerbesteuer. Während bei den erstgenannten Rechtsformen z. B. Vergütungen für Unternehmertätigkeit, für die Überlassung von Unternehmerdarlehen oder von Wirtschaftsgütern, die im Eigentum des Unternehmers stehen, zum Gewinn bzw. Gewerbeertrag zählen und damit der Gewerbesteuer unterliegen, sind diese Beträge in der GmbH Betriebsausgaben und schmälern die entsprechende Bemessungsgrundlage der Gewerbesteuer.

Da dem Einzelunternehmen und der GbR, nicht aber der GmbH, ein Freibetrag von 24.500,- € zusteht, entstehen nennenswerte Steuervorteile in der GmbH aber erst dann, wenn wesentlich über diesem Betrag liegende Gewerbeerträge erwirtschaftet werden.

Die GmbH ist wegen der notariellen Beurkundungspflichten, der notwendigen Handelsregistereintragungen bei Gründung und Änderungen wesentlicher Geschäftsverhältnisse sowie aufgrund der Publizitäts- und Prüfungspflichten für den Jahresabschluss eine relativ aufwendige und kostenintensive Rechtsform.

Meister-Tipp: Rechtsform

Bei der Wahl der richtigen Rechtsform sind die betriebswirtschaftlichen Berater der Handwerkskammer behilflich. Ihr Rat kann kostenlos in Anspruch genommen werden!

Bei Betriebsgründungen im Handwerk wird heute zu rd. 60 % das Einzelunternehmen als Rechtsform gewählt. 30 % entscheiden sich für die GmbH. Sie wird vornehmlich gewählt, um Leitungs- bzw. Betriebsführungsaufgaben zu teilen sowie die Haftung zu begrenzen. Eine GbR gründen knapp 10 %, viele als Vorstufe zur GmbH. Die Rechtsformen des Handelsrechts (OHG und KG) haben erheblich an Bedeutung verloren. Von Betriebsgründern werden sie kaum gewählt.

2.4 Kapitalbedarf und Finanzierung

Der Start in die Selbstständigkeit macht eine gewissenhafte Ermittlung des Kapitalbedarfs und der benötigten Finanzierungsmittel notwendig. Das bei der Gründung eingesetzte Kapital ist auf Jahre im Unternehmen gebunden. Die Finanzierung des Unternehmens muss daher sehr sorgfältig vorbereitet werden. Sie ist in der Regel nicht ohne den Rat eines Fachmannes optimal zu gestalten.

2.4.1 Ermittlung des Kapitalbedarfs

Die für die betrieblichen Investitionen benötigten Finanzierungsmittel sind auf der Grundlage eines *Investitionsplanes* aufzustellen. Der Investitionsplan stellt eine Aufstellung aller Einzelmaßnahmen eines Investitionsvorhabens mit den voraussichtlich hierfür anfallenden Kosten dar. In diesen Plan ist all das aufzunehmen, was zur Ausstattung des zukünftigen Unternehmens gehören soll und finanziert werden muss, d. h.
- Maschinen, Geräte und Werkzeuge,
- Büro- und Geschäftsausstattung,
- Fahrzeuge und
- sonstiges Anlagevermögen.

Bei einem Grundstückskauf bzw. dem Kauf eines Betriebsgebäudes ist der Kaufpreis in den Investitionsplan aufzunehmen.

Bei der Übernahme eines bestehenden Betriebes gehören zu den Investitionen nicht nur der Übernahmepreis und die Aufwendungen für die Übernahme von Material und Waren. Vielmehr sind auch Modernisierungsaufwendungen und die Ausgaben für eine eventuelle Ergänzung der Material- und Warenbestände zu berücksichtigen.

Die Ausstattung des ersten Material- bzw. Warenlagers ist stets in den Investitionsplan aufzunehmen, obwohl die Aufwendungen für den Ankauf von Material und Waren keine Investitionen darstellen. Sie werden jedoch im Rahmen der öffentlichen Existenzgründungsförderung mitfinanziert.

Der *Gesamtkapitalbedarf* setzt sich nicht nur aus den Mitteln zusammen, die für die oben aufgeführten Investitionen benötigt werden, sondern auch aus den laufenden Ausgaben, die während der Anlaufphase entstehen und noch nicht durch Erlöse (Betriebseinnahmen) gedeckt werden. Dieser *Betriebsmittelbedarf* muss gleichfalls vorfinanziert werden.

Bei dem bis zu den ersten Betriebseinnahmen bzw. bei dem für die Vorfinanzierung der Aufträge entstehenden Betriebsmittelbedarf handelt es sich im Wesentlichen um

2. Das müssen Sie wissen: Die Grundentscheidungen des Existenzgründers

- Personalkosten,
- Raumkosten,
- Werbe- und Vertriebskosten,
- Fahrzeugkosten,
- Büro- und Verwaltungskosten sowie um
- Finanzierungskosten.

In die Berechnungen muss auch das kalkulatorische Unternehmerentgelt eingehen. Dies ist deshalb wichtig, weil während der Anlaufzeit Ausgaben für die private Lebenshaltung entstehen und hierfür die entsprechenden Mittel zur Verfügung stehen müssen.

Der konkrete Betriebsmittelbedarf wird anhand einer Zusammenstellung der oben genannten Kosten und Ausgaben ermittelt. Der Zeitraum, für den die Betriebsmittel benötigt werden und entsprechend bereitzustellen sind, richtet sich nach der durchschnittlichen Produktionsdauer und nach dem Zahlungsziel, das den Kunden eingeräumt wird.

Auf der Grundlage des Investitionsplanes und des Gesamtkapitalbedarfes wird dann der *Finanzierungsplan* erstellt. Er ist eine Darstellung der einzusetzenden Finanzierungsmittel und enthält demnach folgende Positionen:
- Eigenkapital
- langfristiges Fremdkapital (öffentliche Finanzierungshilfen, Hausbankdarlehen) sowie evtl.
- kurzfristiges Fremdkapital (Kontokorrentkredit, Lieferantenkredit).

Anhand der oben geschilderten Grundlagen soll an einem Beispiel die Errechnung des Gesamtkapitalbedarfs einer Existenzgründung, hier für den Fall einer Betriebsübernahme, dargestellt werden:

Investitionsmittelbedarf

bauliche Maßnahmen (Renovierung und Modernisierung)	10.000,- €
Erwerb von Betriebseinrichtung und Geschäftsausstattung	70.000,- €
Summe Investitionen	80.000,- €
Übernahme und Ergänzung des Materiallagers	10.000,- €
Investitionsmittelbedarf gesamt	**90.000,- €**

Betriebsmittelbedarf

Personalkosten	45.000,- € pro Jahr
Sachkosten (Raumkosten u. a.)	28.000,- € pro Jahr

Zinsaufwand aus Investitionsfinanzierung	5.000,- € pro Jahr
kalkulatorisches Unternehmerentgelt	30.000,- € pro Jahr
Betriebsmittelbedarf gesamt, pro Jahr	108.000,- € pro Jahr

Der Betriebsmittelbedarf beträgt danach rd. 300,- € pro Tag (108.000,- € : 365 Tage). Bei einer durchschnittlichen Produktionsdauer von 15 Tagen und einem Zahlungsziel von **30 Tagen** entsteht ein Betriebsmittelbedarf von 45 x 300,- € = **13.500,- €**.

Zusammenfassend werden an Kapitalmitteln benötigt:
- Investitionsmittelbedarf — 90.000,- €
- Betriebsmittelbedarf — 13.500,- €
- **Gesamtkapitalbedarf** — **103.500,- €**

2.4.2 Finanzierung des Kapitalbedarfs

Nach der Ermittlung des Gesamtkapitalbedarfes stellt sich die Frage der richtigen Finanzierung. Nicht wenige Existenzgründer scheitern daran, dass bei der Existenzgründung Finanzierungsfehler begangen wurden. Gerade während der Existenzgründungsphase unterliegt das junge Unternehmen wirtschaftlichen Schwankungen (keine Vollauslastung der Kapazitäten, unregelmäßiger Auftragseingang usw.). Umso mehr muss der Existenzgründer Grundregeln beachten, damit das Unternehmen nicht in Liquiditätsschwierigkeiten kommt. Bei der Betriebsgründung stellt sich in diesem Zusammenhang die Frage nach dem erforderlichen Eigenkapital und den Möglichkeiten, aber auch den Grenzen der Fremdfinanzierung.

In der Praxis steckt heute meist die Höhe des vorhandenen Eigenkapitals den Rahmen ab, in dem ein Investitionsvorhaben verwirklicht und Fremdkapital aufgenommen werden kann. Handwerkern stehen oft nur geringe Eigenmittel zur Verfügung. Bei einer Eigenkapitalbasis von vielfach nur 15 % bis 20 % des Gesamtkapitalbedarfs müssen beträchtliche Fremdmittel aufgenommen werden.

Eigenkapital

Als Eigenkapital werden vom Existenzgründer in der Regel zuerst einmal Einlagen aus seinem privatem Vermögen (Sparguthaben oder Sachwerte) in das Unternehmen eingebracht. Bei einer Gründung einer Gesellschaft erfolgt die Aufbringung des Eigenkapitals durch die einzelnen Gesellschafter in der gleichen Form als Geld- oder Sachvermögen. In einigen Bundesländern werden zudem öffentliche Zuschüsse (Prämien) für Existenzgründer gewährt und stehen damit dem jungen Unternehmen als zusätzliches Eigenkapital zur Verfügung.

Nach der Betriebsgründung, d. h. in den Folgejahren, sind es in erster Linie die *Gewinne* des Unternehmens – insoweit sie vom Unternehmer/Gesellschafter nicht für private

2. Das müssen Sie wissen: Die Grundentscheidungen des Existenzgründers

Zwecke entnommen werden – die dem Betrieb als Eigenmittel zur Verfügung stehen *(Selbstfinanzierung)*. Der nicht entnommene Gewinn kann offen als zusätzliches nominales, haftendes Eigenkapital (GmbH: Stammkapital) oder als Rücklage ausgewiesen werden. Die Kapitalbildung erfolgt hier also durch „Sparen im Betrieb". Gewinne sind für kleine und mittlere Betriebe die wichtigste Selbstfinanzierungsquelle.

Eigenkapital wächst dem Betrieb auch durch die vorgenommenen *Abschreibungen* zu. Sie stehen, insoweit sie in der betrieblichen Kalkulation berücksichtigt wurden und in den Betriebserlösen ihren Niederschlag gefunden haben, dem Unternehmen nach Ablauf der Abschreibungsfrist in Höhe der kalkulierten Abschreibungsbeträge gleichsam als „Rückstellung" für Neuanschaffungen bzw. für Ersatzanschaffungen zur Verfügung.

Die dem Betrieb in einem Geschäftsjahr zur Verfügung stehenden Eigenkapitalmittel (Selbstfinanzierungsmittel) kann man danach wie folgt berechnen:

Gewinn
+ Abschreibungen
+ Privat- bzw. Gesellschafter-Einlagen
– Privatentnahmen bzw. Gewinnausschüttung
= Selbstfinanzierungsmittel

Die Selbstfinanzierung hat gegenüber der Fremdfinanzierung den Vorteil, dass keine Zins- und Tilgungsleistungen anfallen und die Liquiditätslage somit positiv beeinflusst wird. Eine hohe Selbstfinanzierungsquote ist betriebs- und volkswirtschaftlich wünschenswert. Sie wird erheblich von der Steuerpolitik beeinflusst.

Langfristige Fremdmittel

Das Darlehen stellt die Grundform der langfristigen Fremdfinanzierung dar. Es wird i. d. R. als Realkredit (Sicherung durch materielle Werte, z. B. Grundschuld) gewährt, aber auch als Personalkredit (Sicherung durch Bürgschaft). Laufzeit: mehr als 5 Jahre, meist 10 bis 15 Jahre. Die Rückzahlung erfolgt als:
○ Annuitätendarlehen:
   Kapitaldienst (Zins- und Tilgungssumme) fällt in stets gleich bleibender Höhe an. Der Zinsanteil fällt, der Tilgungsanteil steigt um die ersparten Zinsen.
○ Abzahlungsdarlehen:
   Nur die Tilgung ist hier gleich bleibend (Festtilgung), der Zinsanteil fällt, d. h. der Kapitaldienst nimmt mit der Zeit ab; übliche Rückzahlungsweise bei öffentlichen Finanzierungshilfen.

Öffentliche Finanzierungshilfen (Programmkredite) sind eine Sonderform langfristiger Darlehen. Mit Hilfe öffentlicher Finanzierungsmittel können heute die meisten Betriebs-

2.4 Kapitalbedarf und Finanzierung

gründungen mitfinanziert werden. Die staatliche Existenzgründungsförderung betrifft sowohl die Neugründung, die Betriebsübernahme als auch die Übernahme einer tätigen Beteiligung und erfolgt im Wesentlichen durch Darlehen mit vergünstigten Konditionen.

Im Einzelnen können derzeit folgende Programmkredite und Finanzhilfen in Anspruch nehmen:
- die Eigenkapitalhilfe (EKH) des Bundes,
- das ERP-Existenzgründungsdarlehen,
- Mittelstandsdarlehen (MFP) der Länder,
- Anspar- und Gründungsprämienprogramme der Länder,
- Überbrückungsgeld für Arbeitslosengeldbezieher,
- Investitionszulagen in den neuen Bundesländern und in bestimmten weiteren Fördergebieten (Regionalförderung).

Die Eigenkapitalhilfe sowie die ERP-Mittel sind Finanzierungshilfen des Bundes mit besonders günstigen Konditionen. Die aktuellen Konditionen sind jeweils bei der Hausbank bzw. bei den Existenzgründungsberatern der Handwerkskammern zu erfahren.

Die vom Staat zur Verfügung gestellten Programmkredite, wie die ERP-Mittel weisen i. d. R. günstige Konditionen (Mittelstandsförderung) und einen in der Regel über die gesamte Laufzeit festen Zinssatz auf. Der Zinssatz liegt bei den meisten Programmkrediten etwa 1,5 % unter dem marktüblichem Satz.

Die Eigenkapitalhilfe ist ein eigenkapitalähnliches Darlehen, für das dingliche Sicherheiten nicht gestellt werden müssen. Im Regelfall sind gemäß den Richtlinien für dieses Programm 15 % des Investitionsmittelbedarfs einer Existenzgründung mit eigenen Mitteln zu finanzieren. Die Eigenkapitalhilfe stockt diesen Anteil um 25 % auf 40 % des Gesamtkapitalbedarfs auf. Weitere 50 % lassen sich in den meisten Fällen über das ERP-Existenzgründungsprogramm finanzieren. Die Restfinanzierung von 10 % muss dann über andere Fremdmittel, z. B. über ein Hausbankdarlehen, erfolgen.

Generell ist bei der Inanspruchnahme von öffentlichen Mitteln Folgendes zu beachten:
- auf die Gewährung der staatlichen Hilfen besteht kein Rechtsanspruch;
- es muss sich um die erste Existenzgründung handeln;
- der Existenzgründer muss sich auf jeden Fall mit Eigenmitteln am Vorhaben beteiligen;
- mindestens 10 % der Investitionen sind mit Bankdarlehen (oder Darlehen von Dritten) zu finanzieren;
- der Existenzgründer muss die für das auszuübende Handwerk entsprechende Qualifikation besitzen;
- das Vorhaben muss eine nachhaltig tragfähige Existenzgrundlage erwarten lassen.

2. Das müssen Sie wissen: Die Grundentscheidungen des Existenzgründers

> **Meister-Tipp: Öffentliche Finanzierungshilfen**
>
> Sparen Sie sich das Lesen von Förderprogrammen und Förderrichtlinien!
> Ein optimaler Finanzierungsplan kann nie ohne die Hilfe eines Experten aufgestellt werden.
>
> Die weitaus überwiegende Zahl aller Investitionsvorhaben von Existenzgründern und von mittelständischen Betrieben wird mit Hilfe von öffentlichen Programmkrediten finanziert. Andererseits lässt sich über öffentliche Finanzierungshilfen niemals die gesamte Investitionssumme finanzieren. Der Anteil der öffentlichen Mittel ist sowohl prozentual als auch in der absoluten Höhe begrenzt und variiert von Programm zu Programm. Vielfach besteht eine Kombinationsmöglichkeit verschiedener Programme. Die Förderprogramme sind zudem ständigen Änderungen unterworfen. Es empfiehlt sich daher in jedem Fall schon vor Antragstellung die Kontaktaufnahme mit der Betriebsberatung der jeweiligen Kammer. Sie sind nicht nur bei der Aufstellung des optimalen Finanzierungsplanes behilflich. Sie überprüfen auch das Investitionsvorhaben auf seine betriebswirtschaftliche Tragfähigkeit hin.

Kreditsicherheiten

Voraussetzung für die Gewährung von Fremdkapital ist zunächst einmal die persönliche Kreditwürdigkeit (Bonität) des Unternehmers, die abhängig von seinem Ansehen, seiner Zuverlässigkeit, seinen Vermögensverhältnissen und der Ertragslage des Unternehmens ist. Zusätzlich werden meist weitere Sicherheiten wie die Mithaftung (Bürgschaft) weiterer Personen und die Verpfändung oder Übereignung materieller Sicherungswerte gefordert. Die Kreditgeber (Kreditinstitute) holen sich zur Prüfung der persönlichen Kreditverhältnisse und der Bonität Informationen durch:

- Beobachtung der bestehenden Geschäftsbeziehungen,
- Einsicht in die Bilanzen (3 Jahre),
- Auskunfteien (Schufa),
- Einsicht in öffentliche Register,
- Betriebsbesichtigung.

Die am häufigsten im Handwerk verwendeten Kreditsicherheiten im Einzelnen:

Bürgschaft

Im Bürgschaftsvertrag verpflichtet sich der Bürge, für die Erfüllung der Verbindlichkeit eines Schuldners einzustehen. Man muss hierbei zwei Arten unterscheiden:

- Ausfallbürgschaft:
  Der Gläubiger muss bei dieser Bürgschaftsform, bevor er den Bürgen in Anspruch nimmt, nachweisen, dass er erfolglos die Zwangsvollstreckung in das gesamte Vermögen des Schuldners versucht hat. Der Bürge muss für den dem Gläubiger nach Vollstreckung noch entstehenden Ausfall eintreten. Ausfallbürgschaften gewähren, wenn Privatpersonen (Ehepartner) oder sonstige Bürgen nicht zur Verfügung stehen, die in allen Bundesländern bestehenden *Bürgschaftsgesellschaften* (Bürgschaftsbanken, Kreditgarantiegemeinschaften) als Selbsthilfeeinrichtungen der mittelständischen Wirtschaft (Gesellschafter der Bürgschaftsgesellschaften im Handwerk: Handwerksorganisationen, Kreditinstitute und Land).
- Selbstschuldnerische Bürgschaft:
  Dies ist die Bürgschaftsform mit dem größeren Risiko für den Bürgen. Kommt hier der Schuldner seinen Verpflichtungen nicht nach, kann sich der Gläubiger sofort an den Bürgen wenden. Der Bürge hat nicht das Recht der „Einrede der Vorausklage", d. h., er kann nicht auf die Möglichkeit zur Zwangsvollstreckung zur Befriedigung des Gläubigers verweisen. Kreditinstitute verlangen stets selbstschuldnerische Bürgschaften.

Pfandrechte

Bei den Grundpfandrechten werden Grundstücke (Grund und Boden sowie Gebäude) als Kreditsicherheit verwendet. Sie werden durch Eintragung ins Grundbuch bestellt.
- Hypothek:
  Die Hypothek ist die Belastung eines Grundstückes in der Weise, dass an denjenigen, zu dessen Gunsten die Hypothek eingetragen ist (Kreditinstitut), eine bestimmte Geldsumme aus dem Grundstück zu zahlen ist. Die Hypothek ist vom Bestand einer Forderung abhängig.
- Grundschuld:
  Im Gegensatz zur Hypothek setzt die Grundschuld keine bestehende Forderung voraus. Sie enthält eine vom Schuldgrund losgelöste Verpflichtung, aus einem Grundstück eine bestimmte Summe zu zahlen. Für den Gläubiger hat die Grundschuld den Vorteil, dass eine Änderung des Schuldsaldos den Bestand der Grundschuld nicht berührt. Grundstückseigentümer können sich eine Eigentümergrundschuld eintragen und darüber einen Brief ausstellen lassen. Bei Kreditbedarf kann die Grundschuld ohne Umschreibung abgetreten werden. Grundschulden sind die heute übliche Form der Kreditsicherung. Die Eintragung einer Grundschuld und – vielfach zusätzlich – die Stellung einer Bürgschaft sind die üblichen Sicherheiten für Darlehen an Handwerksbetriebe. Dies gilt auch i. d. R. für die Sicherung staatlicher Programmkredite.

Sicherungsübereignung

Hier wird dem Darlehensgeber (Kreditinstitut, Lieferant) das Eigentum an Gegenständen (z. B. Maschinen) übertragen. Der Schuldner bleibt weiterhin Besitzer und kann die Sache wirtschaftlich nutzen.

Eigentumsvorbehalt

Der Gläubiger bleibt laut ausdrücklicher Vereinbarung bis zur völligen Bezahlung Eigentümer der gelieferten Gegenstände. Eigentumsvorbehalt wird üblicherweise bei Lieferantenkrediten und bei Ratengeschäften vereinbart (Allgemeine Geschäftsbedingungen).

Meister-Tipp: Gespräch mit der Bank

Für das Gespräch mit der Bank oder dem Berater ist eine gute Vorbereitung notwendig!

Hierzu müssen folgende Unterlagen vorhanden sein:
- Kurzbeschreibung des Vorhabens (Unternehmenskonzept),
- Investitions- und Betriebsmittelbedarf (Angebote, Kostenschätzungen),
- Umsatz- und Ertragsvorschau,
- eventuell Vorverträge (Pachtvertrag, Gesellschaftsvertrag).

Die Hausbank hat im Übrigen eine zentrale Funktion bei der Finanzierung der Betriebsgründung, aber auch im Verlaufe der gesamten zukünftigen Geschäftstätigkeit. Die Beratungs- und Betreuungsqualität sollte bei der Wahl der Hausbank ebenso berücksichtigt werden wie günstige Darlehens- und Kreditkonditionen. Bei Verhandlungen mit der Bank ist auch auf die Nebenbedingungen zu achten. Schätzkosten, Beurkundungsgebühren, Gebühren für Eintragungen im Grundbuch, etwaige Bereitstellungskosten für Darlehen sind in die Kostenbetrachtungen einzubeziehen. Bei einem Vergleich mit Angeboten anderer Kreditinstitute ist immer der Effektivzinssatz des Darlehens heranzuziehen.

Finanzierungsgrundsätze

Bei der Aufstellung eines jeden Finanzierungsplanes sind die folgenden Regeln als Finanzierungsgrundsätze zu beachten:
- Das Anlagevermögen und die dauernd gebundenen Teile des Umlaufvermögens (z. B. eiserner Warenbestand) sind mit Eigenkapital und langfristigem Fremdkapital zu finanzieren.

2.4 Kapitalbedarf und Finanzierung

○ Die Laufzeit des Fremdkapitals soll der Nutzungsdauer der zu finanzierenden Anlagegüter entsprechen.
○ Eigenkapital und Fremdkapital sollen in einem angemessenen Verhältnis stehen.
○ Die Finanzierung des Betriebsmittelbedarfs kann über öffentliche Finanzierungsmittel, notfalls auch durch einen Betriebsmittelkredit, der in der Regel ein Kontokorrentkredit ist, erfolgen.
○ Der Kapitaldienst muss aus dem Ertrag einer Investition erwirtschaftet werden und darf die Kapitaldienstgrenze nicht überschreiten.

Die bei der Aufnahme von Fremdmitteln zu beachtende monatliche/jährliche *Kapitaldienstgrenze* des Unternehmens kann aus folgenden Schätzgrößen ermittelt werden:

Umsatz
– Ausgaben aus Aufwendungen (keine Afa)
– Privatentnahmen (einschl. privater Steuern)

oder

Gewinn
+ Abschreibungen
– Privatentnahmen (einschl. privater Steuern)

Finanzierungsbeispiel

Investitions- und Finanzierungsplan

Investitionen	€
Grundstück und Gebäude	0
Betriebsausstattung	10.000
Maschinen	40.000
Fuhrpark	20.000
Warenerstausstattung	10.000
Investitionsbedarf	**80.000**
Betriebsmittel	10.000
Kapitalbedarf gesamt	**90.000**

2. Das müssen Sie wissen: Die Grundentscheidungen des Existenzgründers

Finanzierungsmittel	Betrag	Aus-zah-lung	Zins	Aus-zah-lung	zinsfrei	til-gungs-frei	Til-gungs-jahre
	€	€	%	%	Jahre	Jahre	Jahre
Eigenmittel	12.000	12.000					
Eigenkapitalhilfe	20.000	19.200	6,25 % (ab 6. Jahr)	96,0 %	2	10	10
ERP-Programm (DtA)	40.000	40.000	5,25 %	100,0 %	0	3	7
Landesmittel	8.000	7.680	4,60 %	96,0 %	0	2	8
Kontokorrentkredit	10.000	0	11,00 %	100,0 %	0	11	1
Finanzierungsmittel:	**90.000**	**78.880**					

Kapitaldienst 1.–11. Jahr

		Jahr 1 €	Jahr 2 €	Jahr 3 €	Jahr 4 €	Jahr 5 €	Jahr 6 €	Jahr 7 €	Jahr 8 €	Jahr 9 €	Jahr 10 €	Jahr 11 €
EKH (Eigen-kapitalhilfe)	Zins	140	140	740	940	1.140	1.250	1.250	1.250	1.250	1.250	1.188
	Tilg.	0	0	0	0	0	0	0	0	0	0	2.000
DtA-ERP-Existenzgr.	Zins	2.100	2.100	2.100	1950	1.650	1.350	1.050	750	450	150	0
	Tilg.	0	0	0	5.714	5.714	5.714	5.714	5.714	5.714	5.714	0
GuW Saar	Zins	368	368	345	299	253	207	161	115	69	23	0
	Tilg.	0	0	1.000	1.000	1.000	1.000	1.000	1.000	1.000	1.000	0
Kontokor-rentkredit (Hausbank)	Zins	550	550	550	550	550	550	550	550	550	550	550
	Tilg.	0	0	0	0	0	0	0	0	0	0	0
Summe Zins:		3.158	3.158	3.735	3.739	3.593	3.357	3.011	2.665	2.319	1.973	1.738
Summe Tilgung:		0	0	1.000	6.714	6.714	6.714	6.714	6.714	6.714	6.714	2.000
Kapitaldienst (Zins und Tilgung), gerundet für die ersten 11 Jahre:												
Jährlich:		3.300	3.200	4.700	10.500	10.300	10.100	9.700	9.400	9.000	8.700	3.700
Monatlich:		267	267	392	875	858	842	808	783	750	725	308

Land: Saarland, Stand: 1. Februar 2002

2.4.3 Umsatz- und Ertragsvorschau

Zu den wohl wichtigsten Kapiteln bei der Planung der Existenzgründung gehört die Umsatz- und Ertragsvorschau. Sie liefert Zielgrößen, die der Existenzgründer zu Beginn seiner Selbstständigkeit anstrebt und die ihm auch später als Messlatte für den Erfolg seines Unternehmens dienen. Auch bei der Beantragung öffentlicher Mittel muss er anhand einer Umsatz -und Ertragsvorschau nachweisen, dass die Existenzgründung Erfolg versprechend ist.

Mindestgewinn

Existenzgründer streben meist zunächst einmal ein Einkommen an, das über dem bisherigen Arbeitseinkommen liegt. Mit dem zukünftigen Einkommen müssen die Aufwendungen für die private Lebensführung und die soziale Absicherung abgedeckt werden. Der unter dieser Zielsetzung angestrebte Mindestgewinn setzt sich im Wesentlichen aus folgenden Einzelpositionen zusammen:

Kosten des Lebensunterhaltes
+ Handwerkerpflichtversicherung bzw. Altersversorgung
+ Krankenversicherung
+ private Lebens-/Unfallversicherung
+ Verpflichtungen für Haus/Wohnung
+ Einkommen-/Kirchensteuer/Solidaritätszuschlag
+ sonstige Ausgaben (z. B. private Verpflichtungen aus Krediten)
= notwendige Privatausgaben/Mindestgewinn

Dieser Mindestgewinn wird jedoch nur dann ausreichen, wenn er auch die Ausgaben für die betrieblichen Investitionen, Rücklagen und Risiken berücksichtigt. Davon ist aber nicht ohne weiteres auszugehen, denn die Tilgungsbeträge für Investitionskredite gehen nicht – verlustmindernd – in die Gewinnermittlung laut Buchführung ein und müssen deshalb dem Gewinn noch zugeschlagen werden. Andererseits stellen die in der betrieblichen Erfolgsrechnung berücksichtigten Abschreibungen keine Ausgaben dar und stehen damit für die Finanzierung, d. h. auch zur Bestreitung der Tilgungsausgaben, zur Verfügung.

Mit Blick auf diese Zusammenhänge spielt als eine weitere Zielgröße für den Existenzgründer der *„cash-flow"* eine Rolle, der definiert ist als die Summe des in der Buchführung ausgewiesen Gewinnes zuzüglich der Abschreibungen. Der cash-flow steckt also den Finanzierungsrahmen für den Existenzgründer ab und ist darüber hinaus eine wichtige Wirtschaftlichkeitskennzahl des Unternehmens.

2. Das müssen Sie wissen: Die Grundentscheidungen des Existenzgründers

Mindestumsatz

Welcher Umsatz entspricht nun dem anzustrebenden Mindestumsatz bzw. cash-flow?

Hierzu sind in einem ersten Schritt alle Personal- und Sachkosten (ohne Abschreibungen) zu ermitteln. Unberücksichtigt bleiben in dieser ersten Zusammenstellung, die der Ermittlung des voraussichtlichen Rohgewinnes dient, der Material- bzw. der Wareneinsatz des Unternehmens.

> Bruttolöhne und -gehälter
> + Arbeitgeberanteile zur Sozialversicherung
> = Summe Personalkosten
> + Raumkosten
> + Kfz-Kosten (ohne Abschreibungen)
> + Gebühren, Versicherungen, Beiträge
> + Bürokosten
> + Steuerberatungskosten
> + Kosten für Werbung
> + Finanzierungskosten
> + sonstige Kosten (ohne Abschreibungen)
> = Summe Sachkosten
> **= Gesamtkosten**

Gesamtkosten

Addiert man zu diesen Gesamtkosten den Gewinn und die Abschreibungen, d. h. den cash-flow, so erhält man den *Rohgewinn*.

> Gesamtkosten
> + Cash-flow (Gewinn und Abschreibungen)
> = Rohgewinn

Auf der Grundlage dieses Rohgewinnes lässt sich unter Beachtung des Material- bzw. des Wareneinsatzes (Material- bzw. Wareneinsatzfaktor) der jeweiligen Branche der notwendige Mindestumsatz errechnen. Im Material-/Wareneinsatzfaktor drückt sich der nach Abzug des Rohgewinnes verbleibende Material- bzw. Materialanteil des Umsatzes aus. Bei einem branchenüblichen Rohgewinn von z. B. 60 % vom Umsatz beträgt der Material-/Wareneinsatz 40 % (Material-/Wareneinsatzfaktor: 0,40).

Der Mindestumsatz errechnet sich dann nach der Formel:

2.4 Kapitalbedarf und Finanzierung

$$\text{Mindestumsatz} = \frac{\text{Rohgewinn}}{1 ./. \text{Wareneinsatzfaktor}}$$

Wurde im konkreten Fall unter den oben genannten Branchenbedingungen ein Rohgewinn von 150.000,- € errechnet, so ergibt sich folgende Berechnung:

$$\text{Mindestumsatz} = \frac{150.000 \text{ €}}{1 ./. 0,40} = 250.000 \text{ €}$$

Meister-Tipp: Mindestumsatz

Die Umsatz- und Ertragsvorschau ist das wichtigste Kapitel bei der Planung Ihrer Existenzgründung. Mit ihr müssen Sie nicht zuletzt bei der Beantragung öffentlicher Mittel nachweisen, dass Ihr Vorhaben Erfolg versprechend ist!

Die durchschnittlichen Rohgewinnanteile und damit die Material-/Wareneinsatzfaktoren für die einzelnen Handwerksbranchen können auf Seite 194 entnommen werden. Es ist dabei zu bedenken, dass die hier aufgeführten Durchschnittswerte von den individuellen Gegebenheiten des einzelnen Betriebes mehr oder weniger stark abweichen können. Ob die errechnete Umsatzgröße auch mit dem geplanten Betrieb zu erreichen ist, lässt sich zumindest annäherungsweise anhand der vorgesehenen Ausstattung des Betriebs an Maschinen und Betriebsräumen sowie an der Zahl der Mitarbeiter abschätzen. Grobe Anhaltspunkte liefern gleichfalls die Angaben auf Seite 194 über die in der Vergangenheit erzielten Pro-Kopf-Umsätze einzelner Branchen.

Die obige Rechnung sollte möglichst in Zusammenarbeit mit einem Existenzgründungsberater der Handwerkskammer durchgeführt werden, der mit weiteren Informationen und Analysen dienlich sein kann.

3. Tipps und Hilfen für Existenzgründer

3.1 Berechnungsschemas

3.1.1 Mindestgewinn

Mindestgewinn	pro Jahr
Kosten des Lebensunterhalts	_____ €
+ Handwerkerpflichtversicherung	_____ €
+ Krankenversicherung	_____ €
+ private Lebens-/Unfallversicherung	_____ €
+ Verpflichtungen für Haus/Wohnung	_____ €
+ Bausparverträge	_____ €
+ sonstige Ausgaben (z. B. private Verpflichtungen aus Krediten)	_____ €
Mindestgewinn vor privaten Steuern	_____ €
+ Einkommen-/Kirchensteuer/Solidaritätszuschlag	_____ €
= Mindestgewinn	_____ €

3.1.2 Rohgewinn

3.1.2.1 Cash-flow

	pro Jahr
Mindestgewinn	_____ €
+ Tilgungsbeträge für Geschäftsschulden	_____ €
= Cash-flow	_____ €

3.1.2.2 Gesamtkosten

Bruttolöhne und Gehälter	_____ €
+ Arbeitgeberanteile zur Sozialversicherung	_____ €
Personalkosten, insgesamt	_____ €
Raumkosten	_____ €
+ Kfz-Kosten (ohne Abschreibungen)	_____ €
+ Gebühren, Versicherungen und Beiträge	_____ €
+ Bürokosten	_____ €
+ Steuerberatungskosten	_____ €
+ Kosten der Werbung	_____ €
+ Finanzierungskosten	_____ €
+ sonstige Kosten (ohne AfA)	_____ €
Sachkosten, insgesamt	_____ €
Personalkosten	_____ €
Sachkosten	_____ €
Gesamtkosten	_____ €

Cash-flow (siehe Punkt 3.1.2.1)	_____ €
+ Gesamtkosten ohne Abschreibungen (siehe Punkt 3.1.2.2)	_____ €
= Rohgewinn	_____ €

3.1.3 Mindestumsatz

$$\text{Mindestumsatz} = \frac{\text{Rohgewinn}}{1 - \text{Wareneinsatzfaktor*})}$$

*) vgl. hierzu Seite 190

3.2 Richtwerte

3.2.1 Durchschnittsumsätze

Umsatz je Beschäftigten	€ pro Jahr
Handwerksbetriebe, insgesamt	64.300
darunter: Betriebe mit 1–3 Beschäftigten	56.500

3.2.2 Rohgewinne

Branche/Beruf		Anteil Handwerk/ Handel in %	Umsatz pro Beschäftigten in €	Rohgewinn in % des Umsatzes
Maurer und Betonbauer	Betriebe insgesamt		70.800	54
	Betr. mit 1–3 Besch.		70.400	53
Zimmerer	Betriebe insgesamt		62.200	54
	Betr. mit 1–3 Besch.		59.400	49
Dachdecker	Betriebe insgesamt		60.600	59
	Betr. mit 1–3 Besch.		68.800	56
Fliesen-, Platten- und Mosaikleger	Betriebe insgesamt		61.600	63
	Betr. mit 1–3 Besch.		53.000	61
Steinmetze und Steinbildhauer	Betriebe insgesamt		66.300	71
	Betr. mit 1–3 Besch.		64.700	66
Stuckateure	Betriebe insgesamt		56.100	71
	Betr. mit 1–3 Besch.		52.900	66
Maler und Lackierer	Betriebe insgesamt		42.800	73
	Betr. mit 1–3 Besch.		43.700	69
Metallbauer	Betriebe insgesamt		68.100	60
	Betr. mit 1–3 Besch.		50.600	60

3.2 Richtwerte

Feinwerkmechaniker	Betriebe insgesamt	89/11	80.300	67
	Betr. mit 1-3 Besch.	78/22	60.400	61
Installateur und Heizungsbauer	Betriebe insgesamt	90/10	70.800	50
	Betr. mit 1-3 Besch.	86/14	69.500	45
Kälteanlagenbauer	Betriebe insgesamt	76/24	104.300	48
	Betr. mit 1-3 Besch.	83/17	83.300	48
Elektrotechniker	Betriebe insgesamt	78/22	61.300	52
	Betr. mit 1-3 Besch.	73/27	58.500	49
Informationstechniker	Betriebe insgesamt	40/60	95.600	48
	Betr. mit 1-3 Besch.	44/56	66.600	40
Kfz-Techniker	Betriebe insgesamt	28/72	177.400	25
	Betr. mit 1-3 Besch.	57/43	104.400	35
Tischler	Betriebe insgesamt	88/12	64.900	54
	Betr. mit 1-3 Besch.	87/13	54.400	51
Raumausstatter	Betriebe insgesamt	74/26	60.000	49
	Betr. mit 1-3 Besch.	79/21	53.700	51
Bäcker	Betriebe insgesamt	79/21	41.400	60
	Betr. mit 1-3 Besch.	73/27	52.700	48
Fleischer	Betriebe insgesamt	84/16	58.100	49
		86/14	69.200	43
Orthopädieschuhmacher	Betriebe insgesamt	53/47	56.600	64
	Betr. mit 1-3 Besch.	67/33	50.500	68
Friseure	Betriebe insgesamt		21.500	86
	Betr. mit 1-3 Besch.		25.100	84
Augenoptiker	Betriebe insgesamt	72/28	72.100	62
	Betr. mit 1-3 Besch.	81/19	73.300	61

Anmerkungen:
Anteil Handwerk/Handel, wenn nicht anders angegeben, > 90 %;
Beschäftigte: einschl. tätige Inhaber und Auszubildende;
Rohgewinn = Umsatz ./. Materialaufwand und Fremdleistungen.

Quelle: Statistisches Bundesamt, Kostenstruktur im Handwerk 1998

3.3 Musterverträge

3.3.1 Gesellschaft bürgerlichen Rechts (GbR-Vertrag)

Gesellschaftsvertrag

zwischen

Name .... geb. am .... in ....
Wohnanschrift: ....
....

und

Name .... geb. am .... in ....
Wohnanschrift: ....
....

gründen zur Führung eines ....–Betriebes eine Gesellschaft bürgerlichen Rechts (GbR). Die Gesellschaft führt die Bezeichnung

....

§ 1 Betriebsitz

Der Betriebssitz der Gesellschaft ist: Ort: ....
Straße .... Nr. ....

§ 2 Geschäftsjahr

Die Gesellschaft beginnt am .... Ihre Dauer ist unbestimmt. Geschäftsjahr ist das Kalenderjahr.

§ 3 Beteiligungen

Herr/Frau .... bringt in die Gesellschaft ein:
eine Bareinlage in Höhe von € ....
eine Sacheinlage in Höhe von € .... in Form ....

Herr/Frau .... bringt in die Gesellschaft ein:
eine Bareinlage in Höhe von € ....
eine Sacheinlage in Höhe von € .... in Form ....

§ 4 Geschäftsführung und Vertretung

Zur Geschäftsführung und Vertretung sind die Gesellschafter einzeln berechtigt und verpflichtet. Geschäftsführung und Vertretung erstrecken sich auf alle Handlungen, die der Geschäftszweck gewöhnlich mit sich bringt.

Für die folgenden Geschäftsvorfälle sind die Gesellschafter nur gemeinschaftlich vertretungsberechtigt:
Geschäftsvorfälle mit einem Gegenstandswert von mehr als ....€, Einleitung und Führung von Rechtsstreitigkeiten.

Herr/Frau .... ist als Betriebsleiter für die technische Leitung des Betriebes und – insoweit Auszubildende eingestellt werden – als ausbildungsberechtigter Lehrherr für deren ordnungsgemäße Ausbildung verantwortlich.

Nebentätigkeiten eines Gesellschafters sind nur mit Zustimmung des anderen Gesellschafters zulässig.

Der Betriebsleiter erhält – unabhängig davon, ob ein Gewinn erzielt worden ist – monatlich einen Betrag von € ....

Der Gesellschafter .... erhält – als Vorgriff auf den Gewinn – monatlich einen Betrag in Höhe von € ....

§ 5 Rechnungswesen, Jahresabschluss

Alle Einnahmen aus der Berufstätigkeit der Gesellschafter sind Einnahmen der Gesellschaft. Alle durch den Betrieb der Gesellschaft veranlassten Ausgaben sind Betriebsausgaben.

Über das Ergebnis des Geschäftsjahres ist – sofern sich aufgrund gesetzlicher Bestimmungen nicht anderes ergibt – bis spätestens 30. Juni des Folgejahres ein Jahresabschluss in der Form einer Einnahmeüberschussrechnung nach § 4 Abs. 3 EStG vorzulegen.

Am Gewinn/Verlust der Gesellschaft sind die Gesellschafter entsprechend ihrer Beteiligung am Gesellschaftsvermögen beteiligt.

Der Gewinn/Verlust der Gesellschaft und die Gewinnverteilung wird auf der Grundlage des Jahresabschlusses spätestens 2 Monate nach Vorlage der Jahresrechnung von den Gesellschaftern gemeinsam verbindlich festgestellt.

§ 6 Kündigung

Jeder Gesellschafter kann die Gesellschaft mit einer Frist von 1 Jahr zum Ende des Kalenderjahres schriftlich kündigen. Weitergehende gesetzliche Kündigungsgründe bleiben unberührt. Der Betrieb wird durch den verbleibenden Gesellschafter fortgeführt.

§ 7 Tod eines Gesellschafters

Beim Tod eines Gesellschafters wird der Betrieb durch den verbleibenden Gesellschafter fortgeführt.

§ 8 Auseinandersetzung und Abfindung

In allen Fällen der Vermögensauseinandersetzung sowie der Auflösung der Gesellschaft ist eine Trennungs-/Abfindungsbilanz aufzustellen. In diese Bilanz sind alle Vermögensgegenstände der Gesellschaft mit ihrem Zeitwert anzusetzen und entstehende Abfindungen bis spätestens .... Monate nach Aufstellung der Trennungs-/Abfindungsbilanz auszuzahlen.

§ 9 Informations- und Kontrollrecht

Jeder Gesellschafter kann auf seine Kosten einen zur Verschwiegenheit verpflichteten Dritten bei der Wahrnehmung seiner Rechte hinzuziehen.

§ 10 Vertragsänderungen

Änderungen und Ergänzungen dieses Vertrages bedürfen der Schriftform.

Ort, Datum .... Unterschriften ....

Betriebsleitererklärung

Name, Vorname: ....

Wohnanschrift: ....

Geburtsdatum: ....

Ich erkläre, dass ich im Betrieb (Firma) .... als Betriebsleiter tätig bin.

1. Meinen Beruf übe ich
   ❏ noch selbstständig aus
   ❏ nicht mehr selbstständig aus
   ❏ nur als Betriebsleiter im vorgenannten Betrieb aus
   ❏ außerdem bei der
   Firma .... als .... tätig.
   (Zutreffendes bitte ankreuzen!)

2. Meine Arbeitszeit für die Betriebsleitung beträgt .... Stunden wöchentlich.
   Mein Bruttoverdienst/meine Gewinnentnahme beträgt monatlich € ....

3. In dem genannten Betrieb leite ich alle Arbeiten des ....-Handwerks persönlich.
   Gleichzeitig bestätige ich, dass keine weiteren Zusatzverträge in Bezug auf die Betriebsleitertätigkeit in der Firma .... bestehen.

4. Als Betriebsleiter bin ich für die technische Leitung des Betriebes und für die Ausbildung von Lehrlingen im eingetragenen Handwerk verantwortlich.

Es ist uns bekannt, dass ohne Betriebsleiter das eingetragene Handwerk nicht ausgeübt werden darf und Lehrlinge in diesem Handwerk nicht ausgebildet werden dürfen.

Sollte der Betriebsleiter ausscheiden, so ist sowohl der Betriebsinhaber als auch der ausscheidende Betriebsleiter verpflichtet, dies unverzüglich der Handwerkskammer mitzuteilen.

Ort, Datum ....

Betriebsinhaber: Betriebsleiter:

....

© A. Spaniol „Der Weg zum Meisterbrief", 2002

3.3.2 Arbeitsvertrag

Arbeitsvertrag

zwischen

Name/Firma .... Betriebssitz ....
(im Folgenden: „Arbeitgeber") ....

und

Name .... geb. am .... in ....
(im Folgenden: „Arbeitnehmer")

Wohnanschrift:

....

....

wird Folgendes vereinbart:

§ 1 Beginn des Arbeitsverhältnisses und Aufgabengebiet

Der Arbeitnehmer wird mit Wirkung vom .... als .... eingestellt. Er kann im Bedarfsfalle auch für andere, seiner Vorbildung und seinen Fähigkeiten entsprechende Arbeiten eingesetzt werden. Eine Minderung der Vergütung darf hiermit jedoch nicht verbunden sein.

§ 2 Probezeit, Kündigungsfristen

Die ersten 3 Monate des Arbeitsverhältnisses gelten als Probezeit. Während der Probezeit können beide Parteien mit einer Frist von 2 Wochen zum Monatsende kündigen.

Nach Ablauf der Probezeit ist eine Kündigung nur unter Einhaltung einer Frist von .... Wochen/Monaten zulässig. Die Kündigungsfrist verlängert sich bei längerer Beschäftigungsdauer entsprechend der gesetzlichen Vorschriften.

Die Kündigung bedarf zu ihrer Wirksamkeit der Schriftform.

§ 3 Vergütung

Die Vergütung beträgt € .... pro Std./Monat. Die Vergütung wird am Monatsende fällig.

Vom Arbeitgeber gewährte Gratifikationen gelten nur als freiwillige Leistungen und begründen keinen rechtlichen Anspruch für die Zukunft.

§ 4 Arbeitszeit

Die Arbeitszeit richtet sich nach der betriebsüblichen Zeit und beträgt wöchentlich .... Std.

Der Arbeitgeber ist berechtigt, bei dringenden betrieblichen Erfordernissen Überstunden anzuordnen. Bis zu .... Überstunden können nach Absprache mit dem Arbeitgeber durch Freizeit ausgeglichen oder vergütet werden.

§ 5 Arbeitsverhinderung

Der Arbeitnehmer ist verpflichtet, im Falle einer Arbeitsverhinderung infolge Krankheit oder aus sonstigen Gründen dem Arbeitgeber unverzüglich Mitteilung zu machen. Bei Arbeitsunfähigkeit infolge Krankheit hat der Arbeitnehmer dem Arbeitgeber spätestens am dritten Tag der Erkrankung eine ärztliche Bescheinigung vorzulegen, aus der sich die voraussichtliche Dauer der Arbeitsunfähigkeit ergibt.

§ 6 Urlaub

Der Arbeitnehmer erhält .... Arbeitstage Urlaub. Der Zeitpunkt des Urlaubsantrittes ist mit den betrieblichen Notwendigkeiten abzustimmen.

§ 7 Nebentätigkeit

Dem Arbeitnehmer ist jede Nebentätigkeit, die seine Arbeitsleistung oder die Interessen des Arbeitgebers beeinträchtigen kann, untersagt. Der Arbeitnehmer ist verpflichtet, den Arbeitgeber vor Aufnahme einer Nebenbeschäftigung zu informieren.

§ 8 Verschwiegenheitspflicht

Der Arbeitnehmer verpflichtet sich, über alle betrieblichen Angelegenheiten, die ihm im Rahmen seiner Tätigkeit zur Kenntnis gelangen, auch nach seinem Ausscheiden, Stillschweigen zu bewahren.

§ 9 Ausschlussklausel

Ansprüche aus dem Arbeitsverhältnis müssen innerhalb einer Frist von 6 Monaten nach Zugang der letzten Vergütungsabrechnung geltend gemacht werden, andernfalls sind sie verwirkt.

§ 10 Nebenabreden und Vertragsänderungen

Nebenabreden und Änderungen des Vertrages bedürfen der Schriftform. Sollten einzelne Bestimmungen dieses Vertrages unwirksam oder nichtig sein, so berührt dies die Gültigkeit der übrigen Bestimmungen nicht.

Ort, Datum ....

Arbeitgeber: .... Arbeitnehmer: ....

© A. Spaniol „Der Weg zum Meisterbrief", 2002

3.3.3 Werkvertrag

Bauvertrag

Zwischen

....

.... Auftraggeber – nachfolgend AG genannt –

und der Firma

....

.... Auftragnehmer – nachfolgend AN genannt –

wird nachfolgender Vertrag geschlossen:

1. Gegenstand des Vertrages

Dem AN wird die Ausführung der ....-arbeiten für das Bauvorhaben .... übertragen.

2. Vertretung der Vertragspartner

2.1 AG
Der AG wird vertreten durch (z. B. Architekt) ....
Der Vertreter ist zu Vertragsänderungen, Vergabe von Zusatzleistungen und Stundenlohnarbeiten
❏ nicht berechtigt
❏ berechtigt bis zu einem Wert von .... % der Auftragssumme.

Der Vertreter ist zur Durchführung der Abnahme
❏ berechtigt
❏ nicht berechtigt.

2.2 AN
Der AN wird vertreten durch ....

3. Vertragsbestandteile (zu § 1 VOB/B)

Vertragsbestandteile sind in nachstehender Reihen- und Rangfolge:
Dieser Bauvertrag, die ggf. in Ziffer 13 genannten Anlagen sowie
❏ die Leistungsbeschreibung   Anlage Nr. ....
❏ die Pläne Nr. ....   Anlage Nr. ....
❏ sonstige Vertragsbedingungen   Anlage Nr. ....

die VOB Teile B und C in der bei Angebotsabgabe von den Finanzbauverwaltungen für die Bauaufgaben des Bundes eingeführten Fassung.

Die VOB/B ist ❏ nicht beigefügt ❏ beigefügt

4. Vergütung (zu § 2 VOB/B)

4.1 Als Vergütung für die in Nr.1 bezeichneten Leistungen wird vereinbart

❏ die vorläufige Summe von .... € (zzgl. MwSt.) zur Abrechnung nach ausgeführten Mengen zu Einheitspreisen gemäß beiliegendem Leistungsverzeichnis – **Einheitspreisvertrag –**

❏ die Pauschalsumme von .... € (zzgl. MwSt.) **– Pauschalvertrag –** Die vom Pauschalvertrag erfassten Leistungen erstrecken und beschränken sich auf
....
....

❏ Abrechnung nach Stundenlohn zu folgenden Verrechnungssätzen **– Stundenlohnvertrag –**

Meister:	.... €/Std.	Stoffkosten:
Polier:	.... €/Std.	....
Facharbeiter:	.... €/Std.	
Helfer:	.... €/Std.	❏ vgl. Anlage
	.... €/Std.	Gerätekosten: ....
		....
		❏ vgl. Anlage (jeweils zzgl. MWSt.)

4.2 Gleitklausel

❏ wird nicht vereinbart
❏ wird wie folgt vereinbart: ....

5. Ausführungsfristen

5.1 Die Ausführung ist zu beginnen

❏ am ....
❏ innerhalb von 12 Werktagen nach Aufforderung durch den AG. Diese erfolgt spätestens am ....

5.2 Die Arbeiten sind

❏ bis zum .... fertig zu stellen.

- ❏ Die Arbeiten sind innerhalb von .... Werktagen nach Beginn der Ausführung fertig zu stellen.
- ❏ Die Arbeiten sind gemäß dem beiliegenden Bauzeitenplan fertig zu stellen.
- ❏ Gemäß § 5 Nr. 1 Satz 2 VOB/B gelten folgende Einzelfristen als Vertragsfristen

....

6. Besonderheiten der Baustelle

6.1 Für die Zugangswege wird unverbindlich auf Folgendes hingewiesen:

....

....

6.2 Dem Auftragnehmer werden unentgeltlich zur Verfügung gestellt (§ 4 Nr. 4 VOB/B)
6.2.1 Lager und Arbeitsplätze:

....

Etwa darüber hinaus erforderliche Lager- und Arbeitsplätze hat der Auftragnehmer zu beschaffen; die Kosten sind durch Vertragspreise abgegolten.

6.2.2 Wasseranschluss:

....

6.2.3 Stromanschluss:

....

6.2.4 ....

6.2.5 Kosten des Verbrauchs hat der AN zu tragen.

7. Bauwesenversicherung (zu § 7 VOB/B)

....

....

8. Vertragsstrafe (zu § 11 VOB/B)

- ❏ wird nicht vereinbart
- ❏ Im Falle des Verzuges hat der AN zu zahlen
    - ❏ hinsichtlich der vereinbarten Fertigstellungsfrist .... % für jeden Werktag der Verspätung.
    - ❏ hinsichtlich der vereinbarten Einzelfristen .... % für jeden Werktag der Verspätung

  insgesamt jedoch höchstens 10 % der Bruttoabrechnungssumme.

9. Gewährleistungsfrist (zu § 13 VOB/B)

- ❏ 4 Jahre (Regelfrist gemäß § 13 Nr. 4 VOB/B)
- ❏ In Abweichung von der Regelfrist der VOB/B wird Folgendes vereinbart:

....

❏ Folgende Anlagen sind i. S. v. § 13 Nr. 4 Abs. 2 VOB/B wartungsbedürftig:
.... ❏ vgl. Anlage
  ❏ Dem AN wird hierfür die Wartung für die Dauer der Gewährleistungsfrist übertragen.
  ❏ Dem AN wird hierfür die Wartung nicht übertragen.

10. Rechnungen (zu § 14 VOB/B)

Alle Rechnungen sind bei ....
in ....facher Fertigung einzureichen. Die notwendigen Rechnungsunterlagen (z. B. Massenberechnung, Abrechnungszeichnungen, Handskizzen) sind in zweifacher Fertigung einzureichen.

11. Zahlungen (zu § 16 VOB/B)

❏ Es gelten die in § 16 VOB/B festgelegten Zahlungsfristen.
❏ Die Zahlungen werden wie folgt geleistet:
....
....

❏ vgl. anliegenden Zahlungsplan

12. Sicherheitsleistungen (zu § 17 VOB/B)

❏ wird nicht vereinbart
❏ wird vereinbart
  ❏ durch Bürgschaft ❏ durch Bareinbehalt ❏ durch ....
❏ in Höhe von .... % der Brutto-Angebotssumme für Vertragserfüllung
❏ in Höhe von .... % der Brutto-Abrechnungssumme für die Sicherstellung der Gewährleistung
  einschl. Schadensersatz und die Erstattung von Überzahlungen.

13. Sonstige Vereinbarungen

....
....
....

❏ vgl. Anlage Nr. ....

14. Streitigkeiten (zu § 18 VOB/B)

❏ Streitigkeiten entscheiden die ordentlichen Gerichte. Im kaufmännischen Geschäftsverkehr wird als Gerichtsstand .... vereinbart.

❏ Alle Streitigkeiten aus diesem Vertrag – mit Ausnahme evtl. gerichtlicher Beweissicherungsverfahren – werden durch Schiedsgericht laut beigefügter Schiedsgerichtsvereinbarung entschieden.*

..........................., den ...., den ....
(Ort, Datum)   (Ort, Datum)

..........................., den ...., den ....
(Auftragnehmer)   (Auftraggeber)

* Formulierungsvorschlag siehe nächste Seite

Erläuterungen zum Bauvertrag

Zu 2.1 (Vertretung)
Es empfiehlt sich eine konkrete Aussage zum Umfang der Vollmacht z. B. des Architekten. Ohne eine solche hängt der Umfang der Vollmacht von den jeweiligen Umständen des Einzelfalles ab.

Zu 3. (Vertragsbestandteile)
Dieser Bauvertrag basiert auf der unverfälschten Grundlage der VOB. Es ist darauf zu achten, dass durch Ausfüllen dieses Vertrages oder durch sonstige Vertragsbedingungen keine maßgeblichen Abweichungen zur VOB vorgenommen werden. Ansonsten droht die Nichtigkeit einzelner VOB-Bestimmungen und sonst. Klauseln nach dem AGB-Gesetz. Sofern das Bauvertragsformular bei Vertragspartnern verwendet wird, die nicht durch Baufachleute vertreten sind, empfiehlt sich die VOB Teil B beizulegen.

Zu 4.2 (Gleitklausel)
Gleitklauseln empfehlen sich insbesondere bei längeren Ausführungsfristen. Insbesondere bei öffentlichen Aufträgen sollte auf die in den staatlichen Vergabehandbüchern vorhandenen Formulierungen zu Lohn- und Materialklauseln zurückgegriffen werden.

Zu 7. (Bauwesenversicherung)
Folgende Formulierung empfiehlt sich:
„Wurde vom Auftraggeber abgeschlossen. Die Kosten i. H. v. .... ‰ der Auftragssumme werden von der Schlussrechnung abgezogen."

Zu 8. (Vertragsstrafe)
Sie sollte 0,2 % der Bruttoabrechnungssumme pro Werktag nicht überschreiten.

Zu 12. (Sicherheitsleistung)
In der Regel beträgt eine vereinbarte Sicherheit 5 % der Abrechnungssumme. Dem AN sollte das Wahlrecht zwischen den verschiedenen Arten der Sicherheit (Bürgschaft, Bareinbehalt, Hinterlegung; § 17 Nr. 2 VOB/B) belassen werden – § 17 Nr. 3 VOB/B.

Zu 14. (Streitigkeiten)
Soll eine Schiedsgerichtsvereinbarung getroffen werden, empfiehlt sich folgende Formulierung auf gesondertem Blatt:

Zwischen ....

und ....

wird hiermit vereinbart, dass alle Streitigkeiten aus dem Vertrag vom .... betreffend .... unter Ausschluss des ordentlichen Rechtsweges durch ein Schiedsgericht nach der Schiedsgerichtsordnung für das Bauwesen in der jeweils gültigen Fassung erledigt werden. Das Schiedsgericht entscheidet auch über die Rechtswirksamkeit und den Geltungsbereich der Schiedsgerichtsvereinbarung.
Sollte ein ordentliches Gericht den Schiedsspruch aufheben oder einen Schiedsvergleich für unwirksam erklären, so kann der Partner, der einen Anspruch gegen den anderen Partner auch weiterhin geltend machen will, dies nur dadurch tun, dass er von neuem das Schiedsverfahren einleitet.
Für das neue Schiedsgericht gelten Absatz 1 und 2 dieser Schiedsvereinbarung entsprechend.

Als Gerichtsstand für die Niederlegung des Schiedsspruches oder Schiedsvergleiches und für die Vornahme gerichtlicher Handlungen wird die Zuständigkeit des ....gerichts in .... vereinbart.
Für die Durchführung eventueller gerichtlicher Beweissicherungsverfahren verbleibt es bei der Zuständigkeit der ordentlichen Gerichte.

.........................., den ....

rechtsgültige
Unterschriften

Abgedruckt mit freundlicher Genehmigung © Ernst Vögel Verlag, 93491 Stamsried

3.4 Behördenwegweiser

3.4.1 Die 8 Schritte zum eigenen Betrieb

1. Eintragung in die Handwerksrolle

Jede selbstständige Ausübung eines Handwerks erfordert die Eintragung in die Handwerksrolle der für den Betriebssitz zuständigen Handwerkskammer. Die Eintragung ist auch dann erforderlich, wenn das Handwerk nebenberuflich ausgeübt wird und keine weiteren Personen (Lehrlinge) eingestellt werden. Es genügt i. d. R. die Vorlage des Meisterbriefes. Wurde die Meisterprüfung im Kammerbezirk abgelegt, wird auf die Vorlage des Meisterbriefes verzichtet. Der eingetragene Handwerker erhält die Handwerkskarte (Ausweis für die Eintragung im Scheckkartenformat).

2. Anmeldung beim Gewerbeamt

Mit der Handwerkskarte kann die Eintragung in das Gewerberegister der Stadt/Gemeinde vorgenommen werden (Gewerbeanzeige). Eine Gewerbeanzeige muss auch im Falle einer Betriebsübernahme erfolgen. Das Gewerbeamt informiert von sich aus u. a. die Berufsgenossenschaft (s. u.), das Finanzamt und das Statistische Landesamt.

3. Genehmigung der Betriebsstätte

Die Gewerbeanzeige stellt keine Erlaubnis dar, das Gewerbe an einem bestimmten Ort betreiben zu dürfen. Hierzu bedarf es einer besonderen Genehmigung durch die Untere Bauaufsichtsbehörde (UBA). Diese Genehmigung ist entweder über einen Antrag auf Umnutzung (z. B von bisher privat genutzten Räumen oder von reinen Lagerräumen in eine Produktionsstätte) bzw. – im Falle genehmigungspflichtiger Baumaßnahmen (Neu-/Umbau) – über einen Bauantrag einzuholen. Wird eine früher bereits genehmigte Betriebsstätte unverändert übernommen, so braucht ein Genehmigungsantrag allerdings nicht mehr gestellt zu werden. Die UBA ist in Groß- und Mittelstädten bei der Stadtverwaltung, im Übrigen meist beim jeweiligen Landkreis angesiedelt (vgl. auch „Bauanfrage" S. 173).

4. Anmeldung bei der Berufsgenossenschaft

Unabhängig von der Meldung durch das Gewerbeamt sollte der Existenzgründer unmittelbar Kontakt mit der für die Branche zuständigen Berufsgenossenschaft aufnehmen. Die Adresse erfährt man bei der Handwerkskammer. Der Existenzgründer muss klären, ob er selbst – was nach Satzung der Berufsgenossenschaft unterschiedlich geregelt ist – in der Unfallversicherung pflichtversichert ist oder ob er sich freiwillig versichern möchte. Bei der Beschäftigung von Mitarbeitern ist die Mitgliedschaft des Betriebes in der Berufsgenossenschaft in jedem Fall Pflicht.

5. Anmeldung beim Arbeitsamt

Wenn Mitarbeiter beschäftigt werden, so ist eine Anmeldung auch beim Arbeitsamt (Betriebsnummernstelle) notwendig. Der Existenzgründer erhält eine Betriebsnummer und ein „Schlüsselverzeichnis" über versicherungspflichtige Tätigkeiten. Diese Unterlagen werden für die Anmeldungen der Mitarbeiter bei den Sozialversicherungsträgern benötigt.

6. Anmeldungen bei Krankenkasse und Rentenversicherungsträger

Arbeitnehmer müssen bei einer gesetzlichen Krankenkasse angemeldet werden. Mit der Anmeldung bei der Krankenkasse erfolgt gleichzeitig die Meldung an den Rentenversicherungsträger. Mit der Krankenkasse und mit dem Rentenversicherungsträger ist auch die weitere Fortführung bzw. die Änderung des Kranken- und Rentenversicherungsverhältnisses des Existenzgründers selbst zu klären. In der Rentenversicherung besteht für den selbstständigen Handwerker eine Versicherungspflicht bei der Landesversicherungsanstalt.

7. Handelsregister – Eintragung

Sofern der Handwerker sich in der Rechtsform der GmbH selbstständig macht, ist der Abschluss eines Gesellschaftsvertrages mit Beurkundung durch den Notar notwendig. Danach hat die Eintragung der Gesellschaft in das Handelsregister des Amtsgerichtes zu erfolgen. Auch als Einzelunternehmer ist ab einem gewissen Geschäftsumfang die Eintragung im Handelsregister Pflicht. Die Handelsregistereintragung kann immer auch freiwillig erfolgen. Näheres hierzu erfährt man bei der Handwerkskammer.

8. Besondere Nachweise in bestimmten Branchen

In einer Reihe von Berufen sind zusätzliche Nachweise zu erbringen. So müssen Elektrotechniker oder Gas-/Wasserinstallateure, wenn sie Arbeiten an öffentlichen Versorgungsnetzen durchführen wollen, in das jeweilige Installateurverzeichnis ihres Bezirkes eingetragen werden. Neben der notwendigen Qualifikation (Meisterprüfung) ist hier ein Nachweis über die für diese Arbeiten erforderliche Betriebsausrüstung zu bringen. Auch für die Nahrungsmittelhandwerke oder für Betriebe, die mit umweltgefährdenden Stoffen arbeiten, bestehen zusätzliche Nachweispflichten.

III. Spezialinfos für alle Gewerke

1. Das hilft Ihnen weiter: Anschriften und Webadressen

1.1 Fachschulen

1.1.1 Meisterschulen der Fachverbände, Innungen und privater Träger

Baugewerbe (Maurer und Betonbauer, Zimmerer, Stuckateure, Fliesen-, Platten- und Mosaikleger)

Berufsförderungsgesellschaft des Baden-Württembergischen Stuckateurhandwerks GmbH Fockentalweg 8 71229 Leonberg	Tel. 0 71 52/2 33 07 Fax: 0 71 52/2 81 52 www.ueba-stuckateur.de
Bauinnung Donau-Ries Meisterschule Kerschensteinerstr. 35 86720 Nördlingen	Tel. 0 90 81/2 59 70 Fax: 0 90 81/29 97 25
Steinbeisschule Gewerbliche Schule für Bautechnik Steinbeisstr. 5 70191 Stuttgart	Tel. 07 11/2 57 66 72 Fax: 07 11/2 57 96 33 www.stb.s.bw.schule.de
Berufsförderungswerk des Bayerischen Baugewerbes e. V. Schulungszentrum Bahnhofstraße 20 90557 Burgthann	Tel. 0 91 83/2 61 Fax: 0 91 83/41 29
Fachschule für das Bauhandwerk Meisterschule der Stadt Augsburg	Tel. 08 21/3 24 40 87

1. Das hilft Ihnen weiter: Anschriften und Webadressen

Siebenbrunner Str. 22
86179 Augsburg

obm Lehrinstitut für Meisterbildung
Ditthornstr. 10
93055 Regensburg
Postfach 12 02 29
93024 Regensburg

Tel. 09 41/79 65-0
Fax: 09 41/79 65-2 11

Meisterschule für Bauhandwerker
Dipl.-Ing. Helmut Grauf
Oberhäuserstr. 92
91522 Ansbach

Tel. 09 81/6 17 41
Fax: 09 81/6 17 71

Fachschule für Bautechnik
Meisterschule für das
Bauhandwerk im
Berufsbildungszentrum für Bau
und Gestaltung München
Luisenstr. 9–11
80333 München

Tel. 0 89/55 76 45
Fax: 0 89/55 43 50
www.fsbaute.musin.de

Bauinnung München
Berufsbildungsstätte
Westendstr. 179
80686 München

Tel. 0 89/57 07 04-0
Fax: 0 89/5 70 26 87
www.bauinnung-muenchen.de

Fachschule für Bauhandwerk der
Landesgewerbeanstalt Bayern
Meisterschule für Maurer und
Zimmerer
Luitpoldstr. 15
84034 Landshut

Tel. 08 71/6 08 14
Fax: 08 71/6 08 19
www.lga.de

Städt. Gewerbliches
Berufsbildungszentrum II.
Tiefe Gasse 6
97084 Würzburg

Tel. 09 31/6 40 15
Fax: 09 31/61 32 13

Baugewerksinnung Berlin
Lehrbauhof der Fachgemeinschaft
Bau Berlin e. V.

Tel. 0 30/7 21 30 41
Fax: 0 30/7 22 60 03

Belßstraße 12
12277 Berlin

Überbetriebliches Tel. 03 35/54 07 54
Ausbildungszentrum der
Bauwirtschaft
Heinrich-Hildebrand-Str. 20
15232 Frankfurt (Oder)

Holztechnische Fachschule Finsterwalde Tel. 0 35 31/85 11
Friedrich-Engels-Str. 21
03228 Finsterwalde

Bundesfachschule des Deutschen Tel. 05 61/9 58 97-13
Zimmerhandwerks e. V. Fax: 05 61/58 29 23
Werner-Heisenberg-Str. 4 www.bundesfachschule-zimmerhandwerk.de
34123 Kassel

Innung des Bauhandwerks Darmstadt Tel. 0 61 51/31 47 77
Hindenburgstr. 1
64295 Darmstadt

Berufsförderungswerk des Deutschen Tel. 02 31/91 75-0
Baugewerbes (BFW-BAU) Fax: 02 31/91 75-1 50
Schulungszentrum Dortmund www.bfw-bau.de
Iggelhorst 26–28
44169 Dortmund

Ingenieurschule für Bauwesen Tel. 0 36 21/5 24 13
und Zimmerer-Meisterschule
Trützschlerplatz 1
99867 Gotha

Dachdecker

Bundesbildungszentrum des Deutschen Tel. 02 21/37 20 58
Dachdeckerhandwerks e. V. Mayen Fax: 02 21/38 43 36
Geschäftsstelle Köln www.bbz-dachdecker.de
Postfach 51 10 67
50946 Köln

1. Das hilft Ihnen weiter: Anschriften und Webadressen

Dachdeckerbildungszentrum
Baden-Württemberg
Rüpurrer Str. 13
76137 Karlsruhe

Tel. 07 21/3 48 62-3
Fax: 07 21/3 48 64

Dachdeckerfachschule Bayern
Freyunger Str. 8
94065 Waldkirchen

Tel. 0 85 81/91 02 53
Fax: 0 85 81/91 02 54

Berufsbildungsstätte des
Berliner Dachdeckerhandwerks
Nicolaistr. 5
12247 Berlin

Tel. 0 30/7 71 60 35
Fax. 0 30/7 71 70 86

Ausbildungszentrum des Dachdeckerhandwerks
Niedersachsen, Bremen und Sachsen-Anhalt e. V.
Herrenstr. 17
37444 St. Andreasberg

Tel. 0 55 82/9 16 20
Fax: 0 55 82/91 62 62

Berufs- und Fachschule des
westfälischen Dachdeckerhandwerks
Böttenbergstr. 20
59889 Eslohe

Tel. 0 29 73/9 70 90
Fax: 0 29 73/97 09 44

Schulungsstätte der Dachdeckerinnung
Hamburg
Barmbeker Markt 19
22081 Hamburg

Tel. 0 40/2 99 94 90
Fax: 0 40/29 99 49 30

Berufsbildungsverein des
Dachdeckerhandwerks
Mecklenburg-Vorpommern und
Schleswig-Holstein e. V.
Am Flugplatz 4, Gebäude 75
23560 Lübeck-Blankensee

Tel. 04 51/5 04 02 30
Fax: 04 51/5 04 02 40
www.dachdeckerbbv.de

Dachdeckerschule Lehesten
Friedrichsbruch 3
07349 Lehesten

Tel. 03 66 53/2 23 08
Fax: 03 66 53/2 50 23
www.dachdeckerschule-lehesten.de

Landesfachschule des
Dachdeckerhandwerks

Tel. 03 31/62 30 05
Fax: 03 31/61 35 22

Land Brandenburg
Röhrenstr. 6
14480 Potsdam

Landesbildungszentrum des Tel. 0 37 71/21 24 81
Sächsischen Dachdeckerhandwerks e. V. Fax: 0 37 71/21 28 90
Lößnitzer Str. 50 www.lbz-schlema.de
08301 Schlema

Steinmetze und Steinbildhauer

Bildungszentrum für das Steinmetz- Tel. 0 53 53/9 51 50
und Bildhauerhandwerk Fax: 0 53 53/95 15 20
Dr. Heinrich-Gremmels-Str. 15
38154 Königslutter am Elm

Sächsische Steinmetzschule Tel. 0 35 94/70 33 98
August-Bebel-Straße 17 Fax: 0 35 94/70 55 27
01877 Demnitz-Thumnitz www.steinmetzschule.de

Maler und Lackierer

Badische Malerfachschule Tel. 0 78 21/2 30 01
Ludwig-Frank-Straße 16 Fax: 0 78 21/3 07 15
77933 Lahr www.bamala.de

Fachschule für Gestaltung Tel. 07 11/8 90 25-0
Loebener Str. 97 Fax: 07 11/8 90 25-2 20
70469 Stuttgart www.stg.s.bw.schule.de

Fachschule für das Maler- und Tel. 09 11/5 69 23 00
Lackiererhandwerk Fax: 09 11/5 69 23 01
Meisterschule
Deumentenstr. 1
90489 Nürnberg

Fachschule für Maler Tel. 09 31/6 40 15
Tiefe Gasse 6 Fax: 09 31/6 13 23
97084 Würzburg

1. Das hilft Ihnen weiter: Anschriften und Webadressen

Malerschule
Unterer Talweg 30
86179 Augsburg

Tel. 08 21/8 23 31

Meisterschule für das Maler- und
Lackiererhandwerk
Luisenstr. 11
80333 München

Tel. 0 89/2 33 03 27
Fax: 0 89/23 33 28 01

Meisterschule für Fahrzeuglackierer
Ungsteiner Str. 27
81539 München

Tel. 0 89/6 80 78 20
Fax. 0 89/68 07 82 61

Fachschule Farbe
Arndtstr. 21
22085 Hamburg

Tel. 0 40/2 99 94 11 50
Fax: 0 40/22 71 52 68
www.farbe-hamburg.de

Weiterbildungszentrum der
Maler- und Lackiererinnung Rhein-Main
Haasstr. 9–11
64293 Darmstadt

Tel. 0 61 51/8 79 32 71
Fax. 0 61 51/8 79 32 71

Fachschule Farb- und Lacktechnik
Hildesheim
Steuerwalder Straße 158
31137 Hildesheim

Tel. 0 51 21/7 53 40
Fax: 0 51 21/74 34 25
www.ffh-prisma.de

Maler- und Lackiererfachschule
Hafenbrücke 1
21614 Buxtehude

Tel. 0 41 61/26 77
Fax: 0 41 61/51 30 81

Malerbildungszentrum
Fasanenstr. 24–26
33607 Bielefeld

Tel. 05 21/29 00 24
Fax: 05 21/2 75 31
www.malerbildungszentrum.de

Metallbauer

Bundesfachschule Metallhandwerk
Northeim
Am Rhumekanal 18
37154 Northeim

Tel. 0 34 22/34 59
Fax: 0 34 22/6 64 73
www.metallhandwerk.de/fsmetall

Bundesfachschule Metallhandwerk Tel. 03 43 22/5 15-11
Roßwein Fax: 03 43 22/4 33 05
Döbelner Str. 58
04741 Roßwein

Dr. Louis-Schnur-Schule Tel. 0 30/6 18 20 26
Köpenicker Str. 148/149
10997 Berlin

Bildungszentrum Metall GmbH Tel. 0 40/85 31 01-22
Große Bahnstr. 101 Fax: 0 40/85 31 01-23
22769 Hamburg

Metallfachschule Hessen Tel. 0 61 71/5 60 01
Ludwig-Ehrhard-Str. 20 Fax: 0 61 71/41 57
61440 Oberusel www.metallfachschule.de

Landesfachschule Metall Niedersachsen Tel. 0 41 31/5 21 24
Am Domänenhof 5 www.lvm.metallhandwerk.de
21337 Lüneburg

Elektro (Elektrotechniker, Informationstechniker)

Bundesfachlehranstalt für Elektrotechnik e. V. Tel. 04 41/3 40 92-0
Donnerschweerstr. 184 Fax: 04 41/3 40 92-1 29
26123 Oldenburg www.bfe.de

Bildungszentrum für Elektrotechnik e. V. Tel. 0 66 41/26 40
Vogelsbergstr. 25 Fax: 0 66 41/6 18 80
36341 Lauterbach www.bzl-online.de

Meisterschule für Elektrotechnik Tel. 0 48 32/99 83-00
und Elektronik Fax: 0 48 32/99 83-09
Marschstr. 30 a
25704 Meldorf

Friedrich-Ebert-Schule Tel. 07 11/36 07-1 00
Fachschule für Maschinentechnik Fax: 07 11/36 07-1 02
Steinbeisstr. 17 www.fes.es.bw.schule.de
73730 Esslingen am Neckar

1. Das hilft Ihnen weiter: Anschriften und Webadressen

Werner-Siemens-Schule
Meisterschule für das
Elektroinstallateur-Handwerk
Heilbronner Str. 153
70191 Stuttgart

Tel. 07 11/2 55 78-0
Fax: 07 11/2 55 78-20
www.wss-stuttgart.de

Kreishandwerkerschaft
Bodenseekreis
Lindauer Str. 11
88046 Friedrichshafen

Tel. 0 75 41/2 20 28
Fax: 0 75 41/3 22 40

Bildungszentrum Landesinnung
der Elektrohandwerke Hamburg
Eifferstr. 446–450
20537 Hamburg

Tel. 0 40/25 40 20-0
Fax: 0 40/25 40 20-35

Berufsbildungsstätte
START GmbH
Hamburger Tor 4b
19288 Ludwigslust

Tel. 0 38 74/42 12-11
Fax: 0 38 74/42 12-30
www.start-gmbh.de

Elektro-Bildungszentrum e. V.
Schorfenberger Str. 66
01139 Dresden

Tel. 03 51/85 06-3 00
Fax: 03 51/85 06-3 55
www.ebz.de

Heinrich-Hertz-Schule
Bundesfachschule für die
Elektrohandwerke
Südendstr. 51
76135 Karlsruhe

Tel. 07 21/13 3 48 47
Fax: 07 21/1 33 48 29
www.hhs.ka.bw.schule.de

Installateur und Heizungsbauer

Zeppelin Gewerbeschule Konstanz
Pestalozzistr. 2
78467 Konstanz

Tel. 0 75 31/59 27-0
Fax: 0 75 31/59 27-99

Meisterschule für Sanitär- und
Heizungstechnik
Augustenstr. 30
90461 Nürnberg

Tel. 09 11/2 32–26 01
Fax: 09 11/2 32–89 01

1.1 Fachschulen

Hessische Meisterschule für
Sanitär-, Heizungs- und Klempnertechnik
Goethestr. 32
35390 Gießen

Tel. 06 41/97 49 00
Fax: 06 41/9 74 90 60
www.klempnerhandwerk.de

Fachverband Sanitär-, Heizungs- und
Klempnertechnik Hessen
Sandkauterweg 15
35394 Gießen

Tel. 06 41/9 74 37-0
Fax: 06 41/9 74 37-23
www.shk.de

Heinrich-Meidinger-Schule
Bertholdstr. 1
76131 Karlsruhe

Tel. 07 21/1 33-49 00
Fax: 07 21/1 33-48 99
www.hms.ka.bw.schule.de

Kfz-Techniker, Karosserie- und Fahrzeugbauer

Innung des Kraftfahrzeughandwerks
Augsburg-Schwaben
Robert-Bosch-Str. 1
86167 Augsburg

Tel. 08 21/70 20 51
Fax: 08 21/70 97 11
www.kfzgewerbe.de

BBZ der Kfz-Innung
München-Oberbayern
Gärtnerstr. 90
80992 München

Tel. 0 89/1 43 62-0
Fax: 0 89/1 40 45 79

Innung des Kraftfahrzeughandwerks
für Mittelfranken
Hermannstr. 21–23
90439 Nürnberg

Tel. 09 11/6 57 09-0
Fax: 09 11/6 57 09 40

Landesfachschule des Kfz-Handwerks Hessen
Meisterschule des Kraftfahrzeughandwerks
Heerstr. 149
60488 Frankfurt am Main

Tel. 0 69/97 65 13 23
Fax: 0 69/7 68 12 31
www.landesfachschule.de

Innung des Kraftfahrzeug-Gewerbes
Darmstadt
Virchowstr. 15
64291 Darmstadt

Tel. 0 61 51/3 51 23-0
Fax: 0 61 51/3 51 23-1

1. Das hilft Ihnen weiter: Anschriften und Webadressen

Haus des Kfz-Gewerbes
Billstr. 41
20539 Hamburg

Tel. 0 40/7 89 52-0
Fax: 0 40/7 89 52-1 16

Bildungs- und Technologiezentrum
Stiftstr. 83
25746 Heide

Tel. 04 81/85 66-0
Fax: 04 81/85 66-21
www.btz-heide.de

Haus des Kfz-Gewerbes GmbH,
Bildungszentrum des Kfz-Gewerbes
Region Dresden
Tiergartenstr. 94
01219 Dresden

Tel. 03 51/2 53 90
Fax: 03 51/2 53 93 09
www.kfz-dresden.de

Bildungs- und Technologiezentrum des
Kfz-Gewerbes GmbH
Hohenziatzer Chaussee 16
39291 Möckern

Tel. 03 92 21/9 53
Fax: 03 92 21/9 55 99
www.btz-moeckern.de

BQZ Verein für Berufsbildung e.V.
Karl-Gustav-Str. 4
16816 Neuruppin

Tel. 0 33 91/50 42 37
Fax: 0 33 91/50 42 41
www.kfzmeister.de

Bildungsverein Friesack e. V.
Berliner Allee 6
14662 Friesack

Tel. 03 32 35/18 11
Fax: 03 32 35/8 21 99

Meisterschule für Metallberufe
Max-Eyth-Str.1–5
72555 Metzingen

Tel. 0 71 23/9 65 50
Fax: 0 71 23/96 55 19

Kreishandwerkerschaft Ravensburg
Zeppelinstr. 16
88212 Ravensburg

Tel. 07 51/36 14 11
www.kreishandwerkerschaft-rv.de

Philipp-Matthäus-Hahn-Schule
Kanalstr. 29
72622 Nürtingen

Tel. 0 70 22/9 32 53-0
Fax. 0 70 22/9 32 53-2 16
www.pmhs.es.bw.schule.de

Meisterschule für das Kfz-Technikerhandwerk
Grüngärtenweg 10
79206 Breisach

Tel. 76 67/70 56
Fax. 76 67/8 02 95
www.gs-breisach.fr.bw.schule.de

1.1 Fachschulen

Wilhelm-Maybach-Schule
Gnesener Str. 44
70374 Stuttgart

Tel. 07 11/9 54 63 60
Fax: 07 11/95 46 36 20
www.wilhelm-maybach-schule.de

Friedrich-August-Haselwander-Schule
Gewerbliche Schulen Offenburg
Moltkestr. 23
77654 Offenburg

Tel. 07 81/46 70
Fax: 07 81/44 02 27
www.gs.og.bw.schule.de

Karosserie- und Fahrzeugbauerinnung
Hans-Scholl-Str. 25
04454 Holzhausen

Tel. 03 42 97/8 96 25
Fax: 03 42 97/8 96 25

Ferdinand-Braun-Schule
Goerdelerstr. 7
36037 Fulda

Tel. 06 61/96 83-0
Fax: 06 61/96 83-2 00
www.fbs.fulda.net

TÜV Akademie Rheinland GmbH
Ausbildungsbereich Bonn
Fraunhoferstr. 8
53121 Bonn

Tel. 02 28/9 88 64 20
Fax: 02 28/66 76 39
www.tuev-akademie.de

TÜV Ostdeutschland
Bildungswerk
Fiete-Schulze-Str. 5
06116 Halle (Saale)

Tel. 03 45/5 60 03 87

DEKRA Akademie GmbH
Karl-Gustav-Str 1
16816 Neuruppin

Tel. 0 33 91/50 51 37
Fax: 0 33 91/50 51 39
www.dekra-akademie.de

Tischler

Meisterschule des holz-,
aluminium- und kunststoff-
verarbeitenden Handwerks
Dammstr. 45
31134 Hildesheim

Tel. 0 51 21/4 10 42
Fax: 0 51 21/2 77 09

Fachschule für Holztechnik
Felix-Fechenbach-Schule

Tel. 0 52 31/6 08-3 00
Fax: 0 52 31/6 08-3 79

1. Das hilft Ihnen weiter: Anschriften und Webadressen

Klingenbergstraße 2
32758 Detmold

Holzfachschule Bad Wildungen e. V. Tel. 0 56 21/79 19-0
Giflitzer Straße 3 Fax: 0 56 21/7 38 74
34537 Bad Wildungen www.holzfachschule.de

Meisterschule für Schreiner/Tischler Tel. 07 51/36 81 00
Gartenstr. 128 Fax: 07 51/3 68-1 18
88212 Ravensburg www.gbs.rv.bw.schule.de

Meisterschule für Tischler Tel. 0 62 02/9 46 01
an der Gewerbeschule Schwetzingen Fax: 0 62 02/94 63 20
Lessingstr. 18 www.gewerbeschule.de
68723 Schwetzingen

Fachschule für Holztechnik Tel. 07 11/8 90 04-0
Loebener Str. 59 Fax: 07 11/8 90 04-2 20
70469 Stuttgart www.holz.s.bw.schule.de

Meisterschule für Tischler Tel. 0 70 71/97 82 12
an der Gewerblichen Schule www.gstue.bw.schule.de
Raichbergstr. 81–83
72072 Tübingen-Derendingen

Meisterschule für das Schreinerhandwerk Tel. 0 95 31/92 36-0
Gleusdorfer Str. 14 Fax: 0 95 31/92 36-30
96106 Ebern www.meisterschule-ebern.de

Fachschule für Schreiner und Tel. 0 88 21/27 51
Holzbildhauer des Bezirks Oberbayern Fax: 0 88 21/7 19 96
Haupstr. 70 www.fachschule-schreiner.de
82467 Garmisch-Patenkirchen

Meisterschule für das Schreinerhandwerk Tel. 0 98 31/40 81
Bismarckstr. 24 Fax: 0 98 31/40 82
91710 Gunzenhausen www.meisterschule-gunzenhausen.de

Meisterschule für das Schreinerhandwerk Tel. 0 89/29 64 96
Kerschensteiner Berufsbildungszentrum Fax: 0 89/22 27 82
Liebherrstr. 13 bbz.lu.rp.schule.de
80538 München

Lehrinstitut der Holzwirtschaft
und Kunststofftechnik e. V.
Küpferlingstr. 66
83024 Rosenheim

Tel. 0 80 31/2 18 50

Meisterschule für das Tischlerhandwerk
Bildungs- und Begegnungsstätte
der Handwerkskammer Berlin
Dahlemer Weg 40–44
14167 Berlin

Tel. 0 30/81 07 08 10
Fax: 0 30/81 07 08 17

Glaser

Fachschule für Glas-,
Fenster- und Fassadenbau
Otto-Wels-Str. 11
76189 Karlsruhe

Tel. 07 21/9 86 57 21
Fax: 07 21/9 86 57 23

Bundesfachschule des Glaserhandwerks
An der Glasfachschule 6
65589 Hadamar

Tel. 0 64 33/91 33-0
Fax: 0 64 33/57 02
www.glaserhandwerk.de

Ausbildungszentrum des
Glaserhandwerks
Alte Jakobstr. 124–128
10969 Berlin

Tel. 0 30/2 51 02 28
Fax: 0 30/2 51 31 57

Nahrungsmittelhandwerke

Bundesfachschule des Deutschen
Bäckerhandwerks e. V. Weinheim
Geschäftsstelle Bad Honnef
Bondorfer Straße 23
53604 Bad Honnef

Tel. 0 22 24/77 04-0
Fax: 0 22 24/77 04-40
www.baeckerhandwerk.de/bundesfachschule

Erste Deutsche Bäckerfachschule e. V.
Zur Bäckerschule 5
57462 Olpe
Postfach 12 80
57442 Olpe

Tel. 0 27 61/6 35 07
Fax: 0 27 61/6 36 53
www.biv-wl.de

1. Das hilft Ihnen weiter: Anschriften und Webadressen

Fachschulabteilung der Ersten
Deutschen Bäckerfachschule e. V.
Bergstr. 79/81
44791 Bochum

Tel. 02 34/5 18 45-46
Fax: 02 34/51 34 71
www.baeckerhandwerk.de/s-bochum.htm

Bayerische Bäckerfachschule Lochham
Josef-Schöfer-Sraße 1
82166 Gräfelfing

Tel. 0 89/85 32 49
Fax: 0 89/85 19 07

Bäckerfachschule Hannover
Herschelstr. 28
30159 Hannover

Tel. 05 11/1 31 87 08
Fax: 05 11/1 44 55
www.biv-baecker.de

Württembergische Bäckerfachschule
Wilhelmstr. 7
70182 Stuttgart

Tel. 07 11/1 64 11-50
Fax: 07 11/1 64 11 80
www.liv-baecker.de

Badische Bäckerfachschule
Südenstraße 5
76137 Karlsruhe

Tel. 07 21/38 55 88
Fax: 07 21/38 76 90

Karl-Grüßer-Fachschule
Kärntener Str. 8
10827 Berlin

Tel. 0 30/78 79 79-0
Fax: 0 30/7 88 15 10
www.baecker-berlin.de

Säschsische Bäckerfachschule
Dresden-Helmsdorf e.V.
Geschäftsstelle:
Hohe Straße 22
01069 Dresden

Tel. 03 51/4 71 53 53
Fax: 03 51/4 71 01 00
www.bfs-sachsen.de

Meisterschule für Konditoren
Simon-Knoll-Platz 3
81669 München

Tel. 0 89/45 99 29-0
Fax: 0 89/45 99 29-29
www.mskond.musin.de

Johannes-Gutenberg-Schule
Fachschule für Konditoren
Mannheimer Str. 21
69115 Heidelberg

Tel. 0 62 21/5 28-7 00
Fax: 0 62 21/2 14 72
www.jgs-heidelberg.de

Berufsbildungszentrum der
Kreishandwerkerschaft Iserlohn

Tel. 0 23 71/95 81-0
Fax: 0 23 71/5 28 00

1.1 Fachschulen

Handwerkerstr. 2
58638 Iserlohn

www.bbz-khmk.de

Meisterschule des Fleischer-
handwerks der Handwerkskammer
für Oberfranken
Haus des Handwerks
Kerschensteiner Straße
95448 Bayreuth

Tel. 09 21/91 02 74
Fax: 09 21/91 03 44

Fachschule der Fleischerinnung
Berlin
Beusselstr. 44
10553 Berlin

Tel. 0 30/3 96 40 81
Fax: 0 30/3 96 88 48
www.fleischer-innung-berlin.de

Erste Norddeutsche Fleischerfachschule
Ausbildungszentrum Hamburg
Marktstr. 57
20357 Hamburg

Tel. 0 40/4 32 20 42
Fax: 0 40/43 74 14

Private Fleischerschule Heidelberg GmbH
Wasserturmstr. 50
69214 Heidelberg/Eppelheim

Tel. 0 62 21/76 46 26
Fax: 0 62 21/79 28 88

Frankfurter Fleischerfachschule
J. A. Heyne
Mörfelder Landstr. 52–54
60598 Frankfurt am Main

Tel. 0 69/61 36 27
Fax: 0 69/61 86 52
www.fachschule-heyne.de

Staatliche Fachschule für Fleischtechnik
C.-Baumann-Straße 22
95326 Kulmbach

Tel. 0 92 21/8 40 21

Bayerische Fleischerschule Landshut
Dr. Herbert Huber GmbH
Straubinger Str. 16
84030 Landshut

Tel. 08 71/7 20 30
Fax: 08 71/7 20 50
www.fleischerschule-landshut.de

DOEMENS
Fachschule für Brauermeister
Stefanusstr. 8
82166 Gräfelfing

Tel. 0 89/8 58 05-22
Fax: 0 89/8 58 05-26
www.doemens.org

1. Das hilft Ihnen weiter: Anschriften und Webadressen

Versuchs- und Lehranstalt
für Brauerei in Berlin
Brauerlehranstalt
Seestr. 13
13353 Berlin

Tel. 0 30/45 08 02 90
Fax: 0 30/4 53 30 52
www.vlb-berlin.de

Erste Thüringer Meisterschule
des Fleischerhandwerks
Rohr-Kloster
Am Troistedter Weg
99428 Nohra

Tel. 0 36 43/5 41-7 27
Fax: 0 36 43/5 41-7 92

Textil-, Leder- und Bekleidungshandwerke

Bundesfachschule für das
raumausstattende Handwerk e. V.
Willersstr. 9
26123 Oldenburg

Tel. 04 41/8 12 16
Fax: 04 41/8 76 60
www.die-oldenburger.de

Landesverband für das
Bayerische Raumausstatter-
und Sattlerhandwerk
Birnauer Str. 16
80809 München

Tel. 0 89/30 79 79 33
Fax: 0 89/30 79 79 35

Deutsche Meisterschule für Mode
Roßmarkt 15
80331 München

Tel. 0 89/23 32 24 23
Fax: 0 89/23 32 60 07
www.fashionschool.de

Akademie JAK Modedesign
Friedrich-Ebert-Damm 311
22159 Hamburg

Tel. 0 40/6 45 29 41
Fax: 0 40/6 45 25 82
www.jak.de

AMD Akademie Mode Design
Wendenstr. 35c
20097 Hamburg

Tel. 0 40/23 78 78-0
Fax: 0 40/23 78 78-78
www.amdnet.de

M. Müller & Sohn
Fachschule für Mode und Schnitttechnik
Rostocker Str. 20
20099 Hamburg

Tel. 02 11/38 10 55
members.aol.com/muellerson

Landesinnungsverband Hessen　　　　　　　　　　Tel. 0 69/72 57 94
des Schuhmacherhandwerks　　　　　　　　　　　Fax: 0 69/72 37 74
Bockenheimer Landstr. 21　　　　　　　　　www.schuh-he.de/LIV/liv.html
60325 Frankfurt am Main

Schuhmacher-Innung Hamburg　　　　　　　　　　Tel. 0 40/34 30 77
Holstenwall 12　　　　　　　　　　　　　　　　Fax: 0 40/3 58 90 98
20355 Hamburg

Süddeutsche Bildungsstätte　　　　　　　　　　Tel. 0 89/2 71 04 58
für das Schuhmacherhandwerk　　　　　　　　　Fax: 0 89/2 72 27 73
Nordenstr. 40　　　　　　　　　　　　www.schuhmacher-innung.de
80801 München

Friseurhandwerk

Landesinnungsfachschule Berlin　　　　　　　　www.frieseurberlin.de
Konstanzer Str. 25
10709 Berlin

Friseur-Institut Hamburg　　　　　　　　　　　Tel. 0 40/39 13 81
Arnoldstr. 26　　　　　　　　　　　　　　　　Fax: 0 40/3 90 74 98
22765 Hamburg　　　　　　　　　　　　www.friseurinnung-hh.de

Fachlehranstalt des　　　　　　　　　　　　　Tel. 04 41/8 21 54
Niedersächsischen　　　　　　　　　　　　　Fax: 04 41/8 85 94 89
Friseurhandwerks e. V.　　　　　　　　www.friseurmeisterschule.de
Willerstr. 9
26123 Oldenburg

Meisterschule der Friseurinnung Köln　　　　　Tel. 02 21/25 26 23
Richard-Wagner-Str. 32　　　　　　　　　　　Fax: 02 21/25 11 16
50674 Köln　　　　　　　　　　　　　　　www.friseure-koeln.de

Ausbildungszentrum der Friseur-Innung　　　　Tel. 05 11/42 91 92
Ricklinger Stadtweg 92
30459 Hannover

Münchrath Fachschulungszentrum　　　　　　　Tel. 02 21/7 40 08 29
Ritterstr. 14　　　　　　　　　　　　　　　Fax: 02 21/7 40 08 06
50668 Köln

1. Das hilft Ihnen weiter: Anschriften und Webadressen

Inter-Studio Harder GbR
Königstr. 61
47051 Duisburg

Tel. 02 03/33 41 76
Fax: 02 03/33 30 47
www.inter-studio-harder.de

Friseur-Meisterschule
Rodenbecker Str. 86
32427 Minden

Tel. 05 71/2 64 78
Fax: 05 71/84 02 06

Friseur Fach- und
Meisterschule Beck
Pfarrstr. 14
46236 Bottrop

Tel. 0 20 41/2 26 89
Fax: 0 20 41/68 89 41

Berufsbildungsstätte des
westf.-lipp. Friseurhandwerks
Deggingstr. 16
44151 Dortmund

Tel. 02 31/52 76 15
Fax: 02 31/57 51 75
www.friseurtreff.de

SAKO Schulen
Meisterschule für das
Friseurhandwerk
Kaiserstr. 29
55116 Mainz

Tel. 0 61 31/63 84 70

Friseur Bildungszentrum
Baden-Württemberg
Gerberstr. 26
70178 Stuttgart

Tel. 07 11/6 07 70 11
www.liv-friseure.de

Friseurschule Amann
Arndtstr. 12
79539 Lörrach

Tel. 0 76 21/8 97 78
Fax: 0 76 21/1 22 57
www.friseurschule.de

Friseur- und Meisterschule
Richard Hotz
Waldseer Str. 44
77781 Biberach

Tel. 0 73 51/2 34 60
www.meisterkurse-hotz.de

Meistervorbereitungsschule
für das Friseurhandwerk
K. und E. Rohrmann

Tel. 0 62 21/48 03 17
Fax: 0 62 21/45 15 02
www.meisterkurse.de

1.1 Fachschulen

Schröderstr. 15
69120 Heidelberg/Neckar

Meisterschule Kraus
Robert-Koch-Str. 6
78333 Stockach

Tel. 0 77 71/42 52
Fax: 0 77 71/50 44

SBF Seminar für berufliche Fortbildung e.V.
Mannheimer Str. 21
69115 Heidelberg

Tel. 0 62 21/2 85 65
Fax: 0 62 21/2 85 68
www.sbf-heidelberg.de

Ausbildungsstätte der Friseurinnung München
Holzstr. 8
80469 München

Tel. 0 89/2 31 11 00
Fax: 0 89/2 60 58 49

Friseur-Fachstudio Weiden
Paul Müller
Parksteiner Str. 17
92637 Weiden

Tel. 09 61/6 70 87-0
Fax: 09 61/6 70 87-17

Internationale Friseurfachschule
Meininghaus
Friedrich-von-Schletz-Straße 4
91301 Forchheim

Tel. 0 91 91/1 33 08
Fax: 0 91 91/6 65 31
www.meininghaus.com

Bildungsstätte der Friseurinnung
Augsburg
Stettenstr. 20
86150 Augsburg

Tel. 08 21/51 63 67
Fax: 08 21/15 53 75
www.friseurinnung-augsburg.de

Gesundheitshandwerke

Höhere Fachschule für Augenoptik
Bayenthalgürtel 6–8
50968 Köln

Tel. 02 21/38 40 56
Fax: 02 21/34 43 16
www.hfak.de

Institut für Berufsbildung,
staatlich anerkannte private
augenoptische Fachschule
Kriegsstr. 216 A
76135 Karlsruhe

Tel. 07 21/84 83 77
Fax: 07 21/84 59 37

1. Das hilft Ihnen weiter: Anschriften und Webadressen

Bundesfachschule für
Orthopädie-Schuhtechnik
Ricklinger Stadtweg 92
30459 Hannover

Tel. 05 11/42 10 52
Fax: 05 11/42 10 53
www.bfo.de

Münchner Bildungsstätte
für Orthopädie-Schuhtechnik
Ungsteiner Str. 27
81539 München

Tel. 0 89/6 89 32 55
Fax: 0 89/6 89 29 33

DRK, Bildungswerk für soziale
und pflegerische Berufe Sachsen
Goetheallee 39
01309 Dresden

Tel. 03 51/3 36 00 80
www.drk-bildungswerk-sachsen.de

Bundesfachschule für
Orthopädie-Technik
Schliepstr. 6–8
44135 Dortmund

Tel. 02 31/52 69-41
Fax: 02 31/57 49 48
www.ot-bufa.de

Fortbildungsseminar
für Orthopädietechnik
Neckarhauser Str. 72
68535 Edlingen-Neckarhausen

Tel. 06 21/47 18 56

Meisterschule für Orthopädie-Technik
Fachschule der Stadt München
Liebherrstr. 13
80538 München

Tel. 0 89/22 73 56
Fax: 0 89/22 27 82

Institut für medizinische
Forschung und Weiterbildung,
Meisterschule für Zahntechnik
Friedrichsstr. 6
07580 Ronneburg

Tel. 03 66 02/3 45-31
Fax: 03 66 02/3 45-32
www.picodent.de

Institut des Zahntechnikerhandwerks
in Niedersachsen e. V.
Seeweg 4
30827 Garbsen

Tel. 0 51 31/47 73 57
Fax: 0 51 31/47 73 59
www.nzi.de

Sonstige Handwerksberufe

Bundesfachschule für
Musikinstrumentenbau
Römerhügelweg 53
71636 Ludwigsburg

Tel. 0 71 41/46 40 11
Fax: 0 71 41/46 40 10
www.gs2.lb.bw.schule.de

Staatliche Berufsfachschule
und Fachschule für Geigenbau
und Zupfinstrumentenmacher
Partenkirchener Str. 24
82481 Mittenwald

Tel. 0 88 23/13 53
Fax: 0 88 23/44 91

Akademie für Fotografie Hamburg e. V.
Langenfelder Str. 93
22769 Hamburg

Tel. 0 40/8 50 46 43
Fax: 0 40/8 51 43 78
www.aph-ev.de

Landesverband der Berufsfotografen
Berlin-Brandenburg
Ahornallee 50
14050 Berlin

Tel. 0 30/3 01 90 17
Fax: 0 30/3 01 95 09

Goldschmiedeschule mit
Uhrmacherschule Pforzheim
St.-Georgen-Steige 65
75175 Pforzheim

Tel. 0 72 31/39 25 31
Fax: 0 72 31/39 21 21
www.goldschmiedeschule.de

Staatliche GS
Nachrichten-, Feinwerk- und Zeitmesstechnik,
Hermelinweg 8
22159 Hamburg

Tel. 0 40/68 89-47 24
Fax: 0 40/68 89-47 10

Staatliche Feintechnikschule
Rietenstr. 9
78054 Villingen-Schwenningen

Tel. 0 77 20/83 34-0
Fax: 0 77 20/83 34-49
www.fts.vs.bw.schule.de

Landesinnung des Boots- und
Schiffbauerhandwerks in Schleswig-Holstein
Gustav-Adolf-Str 7a
23568 Lübeck

Tel. 04 51/3 44 30
Fax: 04 51/3 44 30

Meisterschule für Schilder- und Tel. 0 89/68 20 43
Lichtreklamehersteller www.sfg.s.bw.schule.de/fachschule/meisterschule/wt
Ungsteiner Straße 27
81539 München

Bundesfachschule für Werbetechnik Tel. 0 78 21/2 30 01
Ludwig-Frank-Straße 16 Fax: 0 78 21/3 07 15
77933 Lahr www.bamala.de

1.1.2 Meisterschulen der Handwerkskammern und Anbieter von Meistervorbereitungskursen für mehrere Berufe

Baden-Württemberg

Gewerbeakademie der Tel. 07 61/2 18 00-0
Handwerkskammer Freiburg Fax: 07 61/2 18 00-50
Wirthstr. 28 www.handwerkskammer-freiburg.de
79110 Freiburg

Berufsbildungs- und Tel. 0 71 31/7 91-0
Technologiezentrum (BTZ) Fax: 0 71 31/7 91-2 00
der Handwerkskammer Heilbronn www.hwk-heilbronn.de
Allee 76
74072 Heilbronn

Bildungsakademie der Tel. 07 21/16 00-0
Handwerkskammer Karlsruhe Fax: 07 21/16 00-1 99
Hertzstr. 177 www.hwk-karlsruhe.de
76187 Karlsruhe

Oberbadische Meisterschule Tel. 0 75 31/5 87-0
der Handwerkskammer Konstanz Fax: 0 75 31/6 72 34
Adam-Opel-Str. 6 www.hwk-konstanz.de
78467 Konstanz

BTZ der Handwerkskammer Mannheim Tel. 06 21/3 38 07-0
Gutenbergstr. 49 Fax: 06 21/3 38 07-77
68167 Mannheim www.hwk-mannheim.de

Handwerkskammer Reutlingen Tel. 0 71 21/24 12-0
Gewerbeakademie Fax: 0 71 21/24 12-432

1.1 Fachschulen

Hindenburgstr. 58
72762 Reutlingen

www.hwk-reutlingen.de

BTZ der Handwerkskammer
Stuttgart
Holderäcker Str. 37
70499 Stuttgart

Tel. 07 11/8 67 00-0
Tel. 07 11/8 67 00-66
Fax: 07 11/9 87 90 30
www.hwk-stuttgart.de

Handwerkskammer Ulm
Olgastr. 72
89073 Ulm

Tel. 07 31/14 25-0
Fax: 07 31/14 25-5 33
www.hwk-ulm.de

Friedrich-Weinbrenner-Gewerbeschule
Bissierstr. 17
79114 Freiburg

Tel. 07 61/2 01-77 42
Fax: 07 61/2 01-74 98

Johann-Jakob-Widmann-Schule
Paulinenstr. 38
74076 Heilbronn

Tel. 0 71 31/56 24 56
Fax: 0 71 31/56 24 57

Heinrich-Hübsch-Schule
Fritz-Erler-Str. 16
76137 Karlsruhe

Tel. 07 21/1 33 48 01
Fax: 07 21/1 33 48 09
www.karlsruhe.de/schulen/

Gewerbe Akademie Schopfheim
der Handwerkskammer Freiburg
Belchenstr. 74
79650 Schopfheim

Tel. 0 76 22/68 68-0
Fax: 0 76 22/68 68-50
www.handwerkskammer-freiburg.de

Gewerbliche Schule
Max-Eyth-Straße 9
74523 Schwäbisch-Hall

Tel. 07 91/95 51-10
Fax: 07 91/95 51-1 17
www.gbs.sha.bw.schule.de

Ferdinand-von-Steinbeis-Schule
Gewerbliche Schule II Ulm
Egginer Weg 26
89077 Ulm

Tel. 07 31/1 61-38 29
Fax: 07 31/1 61-16 28
www.fss.schule.ulm.de

Gewerbe-Akademie
Oberbadische Meisterschulen
Opelstraße 6
78467 Konstanz

Tel. 0 75 31/5 87-2 24
Fax: 0 75 31/6 72 34
www.gewerbe-akademie.de

1. Das hilft Ihnen weiter: Anschriften und Webadressen

Robert-Mayer-Schule
Weimarstraße 26
70167 Stuttgart

Tel. 07 11/2 16 73 44
Fax: 07 11/2 16 71 97
www.rms.s.bw.schule.de

Heinrich-Meidinger-Schule
Bertholdstr. 1
76131 Karlsruhe

Tel. 07 21/1 33-49 00
Fax: 07 21/1 33-48 99
www.hms.ka.bw.schule.de

Walter-Rathenau-Gewerbeschule
Friedrichstraße 51
79098 Freiburg i. Br.

Tel. 07 61/2 01-79 44
Fax: 07 61/2 01-74 99
www.wrg.fr.bw.schule.de

Heinrich-Lanz-Schule
Hermann-Heimerich-Ufer 10
68167 Mannheim

Tel. 06 21/3 40 76
Fax: 06 21/2 93 76 42
www.mannheim.de

Balthasar-Neumann-Schule I
Franz-Sigel-Straße 59 a
76646 Bruchsal

Tel. 0 72 51/7 83-5 00
Fax: 0 72 51/7 83-5 10
www.bms1.ka.bw.schule.de

Gewerbeakademie Donaueschingen
Schulstr. 11
78166 Donaueschingen

Tel. 07 71/34 86
Fax: 07 71/1 25 65

Gewerbliche Schulen Rheinfelden
Hardstr. 12
79518 Rheinfelden

Tel. 0 76 23/81 34
Fax: 0 76 23/63 82
www.gws-rheinfelden.de

Seminar für berufliche Fortbildung e. V.
Mannheimer Str. 21
89115 Heidelberg

Tel. 0 62 21/2 85 65
Fax: 0 62 21/2 85 68
www.sbf-heidelberg.de

Bayern

Meisterschulen des Handwerks
Friedenstr. 26
81671 München

Tel. 0 89/41 60 02-0
Fax: 0 89/41 60 02-29
www.meisterschulen-mchn.de

Berufsbildungs- und Technologiezentrum
Mühldorf der Handwerkskammer

Tel. 0 86 31/38 73-0
Fax: 0 86 31/38 73-50

1.1 Fachschulen

für München und Oberbayern
Töginger Str. 49
84453 Mühldorf am Inn

www.hwk-muenchen.de

Berufsbildungs- und
Technologiezentrum
der Handwerkskammer
für München und Oberbayern
Brückenkopf 3 + 5
85051 Ingolstadt/Donau

Tel. 08 41/9 65 21 00
Fax: 08 41/9 65 21 21
www.hwk-muenchen.de

Handwerkskammer für Schwaben
Schmiedberg 4
86152 Augsburg

Tel. 08 21/32 59-2 59
Fax: 08 21/32 59-2 71
www.hwk-schwaben.de

Handwerkskammer für Mittelfranken
Sulzbacher Str. 11
90489 Nürnberg

Tel. 09 11/5 30 90
Fax: 09 11/5 30 92 88
www.hwk-mittelfranken.de

Handwerkskammer für Oberfranken
Berufsbildungs- und Technologiezentrum
Bayreuth
Kerschensteiner Str. 8–10
95448 Bayreuth

Tel. 09 21/9 10-0
Fax: 09 21/9 10-3 09
www.hwk-oberfranken.de

Berufsbildungs- und Technologiezentrum der Handwerkskammer
für Unterfranken
Dieselstr. 10
97082 Würzburg

Tel. 09 31/4 50 30
Fax: 09 31/45 03-1 01
www.hwk-unterfranken.de

Handwerkskammer Niederbayern
obm Lehrinstitut für Meisterbildung
Ditthornstr. 10
93055 Regensburg

Tel. 09 41/79 65-1 40
Fax: 09 41/79 65-2 11
www.hwkno.de

Handwerkskammer Niederbayern
Hauptverwaltung Passau
Nikolastr. 10
94032 Passau

Tel. 08 51/53 01-0
Fax: 08 51/5 81 45
www.hwkno.de

1. Das hilft Ihnen weiter: Anschriften und Webadressen

Handwerkskammer Coburg
Hinterer Floßanger 6
96450 Coburg

Tel. 0 95 61/5 17-0
Fax: 0 95 61/6 85 86
www.hwk-coburg.de

Berlin

Bildungs- und
Technologiezentrum der
Handwerkskammer Berlin
Mehringdamm 14
10961 Berlin

Tel. 0 30/2 59 03-02
Fax: 0 30/2 59 03-4 78
www.hwk-berlin.de

Brandenburg

Handwerkskammer Potsdam
Charlottenstr. 34–36
14467 Potsdam

Tel. 03 31/37 03-72
Fax: 03 31/37 03-1 27
www.hwk.potsdam.de

Handwerkskammer Potsdam
TCC Caputh
Schwielowseestr. 58
14548 Caputh

Tel. 03 32 09/7 08-34
Fax: 03 32 09/7 08 36
www.hwk.potsdam.de

Handwerkskammer
Frankfurt (Oder)
Spiekerstr. 11
15230 Frankfurt (Oder)

Tel. 03 35/56 19-0
www.handwerkskammer-ff.de

Akademie des Handwerks
HWK Cottbus
Lausitzer Str. 1–7
03046 Cottbus

Tel. 03 55/78 35-1 43
Fax: 03 55/78 35-2 80
www.hwk-cottbus.de

Technologie- und
Berufsbildungszentrum
Königs-Wusterhausen e. V.
Fernstr. 27
15741 Pätz

Tel. 03 37 63/76-0
Fax: 03 37 63/6 22 88

Bremen

Technologietransfer-Zentrum
des Bremischen Handwerks e. V.
Schongauer Str. 2
28219 Bremen

Tel. 04 21/3 86 71 67
Fax: 04 21/3 86 71 88
www.handwerkbremen.de

Akademie des Handwerks
an der Unterweser e. V.
Columbusstr. 2
27570 Bremerhaven

Tel. 04 71/1 85-2 49
Fax: 04 71/1 85-3 03
www.handwerkbremen.de

Hamburg

Gewerbeförderungsanstalt
der Handwerkskammer
Hamburg
Goetheallee 7–9
22765 Hamburg

Tel. 0 40/3 59 05-1
Fax: 0 40/3 59 05-7 00
www.hwk-hamburg.de

Hessen

Handwerkskammer Wiesbaden
Bahnhofstr. 63
65185 Wiesbaden

Tel. 06 11/1 36-0
Tel. 06 11/1 36-1 21
Fax: 06 11/13 61 55
www.hwk-wiesbaden.de

Berufsbildungszentrum der
Handwerkskammer Kassel
Falderbaumstr. 18
34123 Kassel

Tel. 05 61/95 96-0
Fax: 05 61/95 96-1 00
www.hwk-kassel.de

Handwerkskammer Rhein-Main
Bockenheimer Landstr. 21
60325 Frankfurt am Main

Tel. 0 69/9 71 72-0
Fax: 0 69/9 71 72-1 99
www.hwk-rhein-main.de

Kreishandwerkerschaft Darmstadt
Hindenburgstr. 1
64295 Darmstadt

Tel. 0 61 51/3 00 81 10
Fax: 0 61 51/3 00 81 20
www.hwk-rhein-main.de

1. Das hilft Ihnen weiter: Anschriften und Webadressen

Kreishandwerkerschaft Fulda
Rabanusstr. 33
36037 Fulda

Tel. 06 61/9 02 24 12
Fax: 06 61/9 02 24 20

Kreishandwerkerschaft
Gelnhausen-Schlüchtern
Brentanostr. 2–4
63571 Gelnhausen

Tel. 0 60 51/92 28-0
Fax: 0 60 51/92 28 30

Kreishandwerkerschaft Gießen
Goethestr. 32
35390 Gießen

Tel. 06 41/9 74 90-0
Fax: 06 41/9 74 90 60

Kreishandwerkerschaft Hanau
Martin-Luther-King-Str. 1
63452 Hanau

Tel. 0 61 81/80 91-0
Fax: 0 61 81/80 91-33

Kreishandwerkerschaft Schwalm-Eder
Engelhard-Breul-Str. 6
34576 Homberg/Efze

Tel. 0 56 81/98 81-0
Fax: 0 56 81/98 81-90
www.kh-net.de/schwalm-eder

Kreishandwerkerschaft
Wiesbaden-Rheingau-Taunus
Postfach 37 68
Rheinstr. 36
65185 Wiesbaden

Tel. 06 11/37 20 99
Fax: 06 11/37 20 90
www.kh-net.de/wiesbaden

Berufsbildungszentrum Marburg
Umgehungsstr. 1
35053 Marburg

Tel. 0 64 21/4 00 30
Fax: 0 64 21/40 03 43
www.kh-net.de/marburg

Mecklenburg-Vorpommern

Handwerkskammer Schwerin
Friedensstr. 4 a
19053 Schwerin

Tel. 03 85/74 17-1 52
Fax: 03 85/74 17-1 51
www.hwk-schwerin.de

Handwerkskammer Rostock
Ostmecklenburg-Vorpommern
August-Bebel-Str. 104
18055 Rostock

Tel. 03 81/45 49-0
Fax: 03 81/4 92 29 73
www.hwk-omv.de

Handwerkskammer Ostmecklenburg-
Vorpommern
Hauptverwaltungssitz Neubrandenburg
Weiterbildung
Friedrich-Engels-Ring 11
17033 Neubrandenburg

Tel. 03 95/55 93-0
Fax: 03 95/55 93-1 69
www.hwk-omv.de

SR Bildungszentrum Wismar GmbH
Wallstr. 2c
23966 Wismar

Tel. 0 38 41/25 86 01
Fax: 0 38 41/25 86 02
www.bzwismar.de

Niedersachsen

Handwerkskammer Hannover
Berliner Allee 17
30175 Hannover

Tel. 05 11/34 85 90
Fax: 05 11/3 48 59 32
www.hwk-hannover.de

Handwerkskammer Braunschweig,
Berufsbildungszentrum
Hamburger Str. 234
38114 Braunschweig

Tel. 05 31/23 00 40
Fax: 05 31/2 30 04 89
www.hwk-braunschweig.de

Handwerkskammer Hildesheim
Berufsbildungszentrum
Kruppstr. 18/20
31135 Hildesheim

Tel. 0 51 21/1 62-0
Fax: 0 51 21/5 76 59
www.hwk-hildesheim.de

Handwerkskammer Lüneburg-Stade
Berufsbildungszentrum Handwerk
Rudolf-Diesel-Str. 9
21684 Stade/Niederelbe

Tel. 0 41 41/60 62-0
Fax: 0 41 41/60 62 17
www.hwk-lueneburg-stade.de

Handwerkskammer Oldenburg
Theaterwall 32
26122 Oldenburg

Tel. 04 41/2 32-0
Fax: 04 41/2 32-2 18
www.hwk-oldenburg.de

Handwerkskammer Osnabrück Emsland
Berufsbildungs- und Technologiezentrum
Bramscher Str. 134–136
49088 Osnabrück

Tel. 05 41/69 29-0
Fax: 05 41/6 92 92 90
www.hwk-os-el.de

Handwerkskammer für Ostfriesland
Berufsbildungszentrum
Straße des Handwerks 2
26603 Aurich

Tel. 0 49 41/17 97 32
Fax: 0 49 41/17 97 40
www.hwk-aurich.de

Kreishandwerkerschaft
Aschendorf-Hümmling
Borkumer Str. 20-24
26871 Papenburg

Tel. 0 49 61/27 25/50 68
Fax: 0 49 61/22 73
www.handwerk-papenburg.de

Kreishandwerkerschaft Göttingen
Reinhäuser Landstr. 9
37083 Göttingen

Tel. 05 51/5 07 60 13
Fax: 05 51/5 07 60 20

Kreishandwerkerschaft Lingen
Haus des Handwerks
Beckstr. 21
49809 Lingen/Ems

Tel. 05 91/97 30 20
Fax: 05 91/9 73 02 88
www.lingener-handwerk.de

Berufsbildungszentrum
der Kreishandwerkerschaft Vechta
An der Gräfte 22
49377 Vechta

Tel. 0 44 41/94 10
Fax: 0 44 41/94 12 50

Kreishandwerkerschaft
Wilhelmshaven
Kieler Str. 74
26382 Wilhelmshaven

Tel. 0 44 21/2 13 47
Fax: 0 44 21/99 21 65
www.wilhelmshaven-handwerk.de

Nordrhein-Westfalen

Berufsbildungs- und Gewerbe-
förderungseinrichtung
der Handwerkskammer Aachen
Tempelhofer Str. 15-17
52068 Aachen

Tel. 02 41/96 74-0
Fax: 02 41/96 74-2 40
www.hwk-aachen.de

BBZ der Handwerkskammer
Arnsberg
Altes Feld 20
59821 Arnsberg (Westfalen)

Tel. 0 29 31/8 77-3 05
Fax: 0 29 31/8 77-1 60
www.hwk-arnsberg.de

Handwerkskammer Ostwestfalen-Lippe
Obernstr. 48
33602 Bielefeld

Tel. 05 21/56 08-5 99
Fax: 05 21/56 08-5 09
www.handwerk-owl.de

Bildungszentrum der HWK Düsseldorf
Georg-Schulhoff-Platz 1
40221 Düsseldorf

Tel. 02 11/87 95-4 23
Fax: 02 11/87 95-4 22
www.hwk-duesseldorf.de

Handwerkskammer Dortmund
Haus der Handwerksförderung
Ardeystr. 93–95
44139 Dortmund

Tel. 02 31/91 10-0
Fax: 02 31/91 10-1 35
www.hwk-do.de

Handwerkskammer zu Köln
– Gewerbeförderung –
Rheingasse 11
50667 Köln

Tel. 02 21/20 22-0
Fax: 02 21/20 22-3 70
www.handwerkskammer-koeln.de

Handwerkskammer Münster
Institut für Umweltschutz
Echelmeyerstr. 1
48019 Münster

Tel. 02 51/7 05-0
Fax: 02 51/7 05-11 30
www.hwk-muenster.de

Technologie- und Berufsbildungszentrum Paderborn
Waldenburger Str. 19
33098 Paderborn

Tel. 0 52 51/70 00
Fax: 0 52 51/70 02 09
www.hwk-muenster.de

Bildungszentrum Kreishandwerkerschaft
Gelsenkirschen
Emscherstr. 44
45891 Gelsenkirchen

Tel. 02 09/97 08 10
Fax: 02 09/9 70 81 99
www.kreishandwerkschaft-emscher-lippe.de

Kreishandwerkerschaft Minden-Lübbecke
Handwerkerbildungszentrum Minden
Goethestr. 31
32427 Minden

Tel. 05 71/8 28 22-0
Fax: 05 71/2 97 51
www.kh-mi-lk.de

1. Das hilft Ihnen weiter: Anschriften und Webadressen

Kreishandwerkerschaft Recklinghausen
Dortmunder Str. 18
45665 Recklinghausen

Tel. 0 23 61/48 03-0
Fax: 0 23 61/48 03-23
www.kh-recklinghausen.de

Rheinland-Pfalz

Handwerkskammer Rheinhessen
Göttelmannstr. 1
55130 Mainz

Tel. 0 61 31/99 92-0
Fax: 0 61 31/99 92-63
www.hwk.de

Handwerkskammer Koblenz
Friedrich-Ebert-Ring 33
56068 Koblenz

Tel. 02 61/3 98-0
Fax: 02 61/3 98-3 48
www.hwk-koblenz.de

Handwerkskammer Trier
Berufs- und Technologiezentrum
Loebstr. 18
54292 Trier

Tel. 06 51/2 07-0
Fax: 06 51/2 07-2 22
www.hwk.trier.de

Handwerkskammer der Pfalz
Am Altenhof 15
67655 Kaiserslautern

Tel. 06 31/36 77-0
Fax: 06 31/36 77-1 80
www.hwk-pfalz.de

Bezirksverband Pfalz
Meisterschule für Handwerker
Fachschule für Technik
Am Turnerheim 1
67657 Kaiserslautern

Tel. 06 31/36 47-4 05
Fax: 06 31/36 47-4 04
www.hwk-pfalz.de

Sachsen

Handwerkskammer Dresden
Bildungszentrum Handwerk
Meisterschule
Am Lagerplatz 8
01099 Dresden

Tel. 03 51/8 08 75 10
Fax: 03 51/8 08 75 11
www.hwk-dresden.de

BTZ der Handwerkskammer zu Leipzig
Steinweg 3
04451 Borsdorf a. d. Parthe

Tel. 03 42 91/30-0
Fax: 03 42 91/30-1 22
www.hwk-leipzig.de

1.1 Fachschulen

Handwerkskammer Chemnitz
Limbacher Str. 195
09116 Chemnitz

Tel. 03 71/53 64-0
Fax: 03 71/53 64-2 22
www.hwk-chemnitz.de

Ostsächsischer Förderverein
für Aus- und Weiterbildung e. V.
Georgewitzer Str. 25
02708 Löbau

Tel. 0 35 85/40 39 70
Fax: 0 35 85/40 39 70
www.bszloebau.de

Sachsen-Anhalt

Handwerkskammer
Halle (Saale)
Gräfestr. 24
06110 Halle (Saale)

Tel. 03 45/2 99 90
Fax: 03 45/2 99 92 00
www.hwkhalle.de

Berufsbildungszentrum der
Handwerkskammer Magdeburg
Harzburger Str. 13
39118 Magdeburg

Tel. 03 91/6 24 80
www.hwk-magdeburg.de

Saarland

Handwerkskammer
des Saarlandes
Hohenzollernstr. 47–49
66117 Saarbrücken

Tel. 06 81/58 09-0
Fax: 06 81/58 09-1 77
www.hwk-saarland.de

Staatliche Meisterschule
Staatl. Fachschule für Technik
Hohenzollernstr. 47–49
66117 Saarbrücken

Tel. 06 81/5 60 17
Fax: 06 81/5 60 26
www.sb.shuttle.de/sb/meisterschule

Schleswig-Holstein

Berufsbildungsstätte der
Handwerkskammer Lübeck
Konstinstr. 2 a
23568 Lübeck

Tel. 04 51/3 88 87-0
Fax: 04 51/3 81 61
www.hwk-luebeck.de

1. Das hilft Ihnen weiter: Anschriften und Webadressen

Berufsbildungsstätte Kiel
der HWK Lübeck
Russeer Weg 167
24109 Kiel

Tel. 04 31/53 33 20
Fax: 04 31/5 33 32 50
www.hwk-luebeck.de

Handwerkskammer Flensburg
Gewerbeförderungsstelle
Johanniskirchhof 1–7
24937 Flensburg

Tel. 04 61/8 66-0
Fax: 04 61/8 66-1 10
www.hwk-flensburg.de

Kreishandwerkerschaft Pinneberg
Damm 39
25421 Pinneberg

Tel. 0 41 01/2 25 38-9
Fax: 0 41 01/20 68 14
www.handwerk-pinneberg.de

Thüringen

Handwerkskammer für Ostthüringen
Handwerkstr. 5
07545 Gera

Tel. 03 65/82 25-0
Fax: 03 65/82 25-1 99
www.hwk-gera.de

Handwerkskammer Erfurt
Fischmarkt 13
99084 Erfurt

Tel. 03 61/67 07-0
Fax: 03 61/6 42 28 96
www.hwk-erfurt.de

Handwerkskammer Südthüringen
Rosa-Luxemburg-Str. 9
98527 Suhl

Tel. 0 36 81/3 70-0
Fax: 0 36 81/37 02 90
www.hwk-suedthueringen.de

Berufsbildungszentrum
BTZ Rohr-Kloster
98530 Rohr

Tel. 03 68 44/4 70
Fax: 03 68 44/4 02 08
www.hwk-suedthueringen.de

1.2 Fachpresse

1.2.1 Handwerksmagazine und Handwerkszeitungen

handwerk magazin	Hans Holzmann Verlag GmbH & Co KG 86825 Bad Wörishofen www.handwerk-magazin.de
Deutsche Handwerks Zeitung	Hans Holzmann Verlag GmbH & Co KG 86825 Bad Wörishofen www.deutschehandwerkszeitung.de
Deutsches Handwerksblatt	Verlagsanstalt Handwerk 40221 Düsseldorf www.verlagsanstalt-handwerk.de
Norddeutsches Handwerk	Schlütersche Verlag und Druck 30173 Hannover www.handwerk.com

1.2.2 Fachzeitschriften und Fachzeitungen

Augenoptiker	**Focus** Spangenmacher Verlags GmbH & Co. KG, 40822 Mettmann www.mediawelt-services.de
Bäcker- und Konditoren	**Allgemeine Bäcker-Zeitung** Verlag Hugo Matthaes, 70027 Stuttgart www.matthaes.de
	Bäcker Zeitung Gildefachverlag GmbH & Co. KG, 31061 Alfeld e-mail: gildefachverlag-alfeld@t-online.de
	Der Bäckermeister Richard Pflaum Verlag GmbH & Co. KG, 80607 München www.pflaum.de
	Konditorei + Café Verlag Hugo Matthaes, 70027 Stuttgart www.matthaes.de

1. Das hilft Ihnen weiter: Anschriften und Webadressen

Bodenleger	**boden wand decke** Hans Holzmann Verlag GmbH & Co KG, 86825 Bad Wörishofen www.boden-wand-decke.de
Bauhandwerk	**Baugewerbe** Verlagsgesellschaft Rudolf Müller GmbH, 50933 Köln www.rudolf-mueller.de
	BauTrend Verlag Vogel Baumedien GmbH, 10961 Berlin www.baumedien.de
Dachdecker	**DDH – Das Dachdecker Handwerk** Verlagsgesellschaft Rudolf Müller GmbH, 50933 Köln www.rudolf-mueller.de
Elektrotechniker	**De – der elektromeister + deutsches elektrohandwerk** Hüthig & Pflaum Verlag GmbH & Co. KG, 80607 München E-Mail: lehwald@online-de.de
Fleischer	**Die Fleischerei** Hans Holzmann Verlag GmbH & Co KG, 86825 Bad Wörishofen www.fleischerei.de
	Der Metzgermeister Richard Pflaum Verlag GmbH & Co. KG, 80636 München www.metzgermeister.de
Friseure	**Deutsches Friseurhandwerk** Verlagsanstalt Handwerk, 40221 Düsseldorf www.verlagsanstalt-handwerk.de
	Friseur aktuell Verlagsanstalt Handwerk, 40221 Düsseldorf www.verlagsanstalt-handwerk.de
	Top hair international Magazinpresse Verlag, 80335 München www.tophair.de

1.2 Fachpresse

Gebäudereiniger	**rationell reinigen** Hans Holzmann Verlag GmbH & Co KG, 86825 Bad Wörishofen www.rationell-reinigen.de
Glaser	**Glas + Rahmen** Verlagsanstalt Handwerk, 40221 Düsseldorf www.verlagsanstalt-handwerk.de
Goldschmiede	**Der Ring** Verlag: Zentralverband der Dt. Gold- und Silberschmiede und Juweliere
Kraftfahrzeugtechnik	**Kfz-betrieb – mit Magazin** Die Wochenzeitung für Automobilhandel und Service Vogel Verlag und Druck KG, 97082 Würzburg
Kürschner	**Pelz & Markt** Winckelmann Verlag GmbH, 60329 Frankfurt
Maler- und Lackierer	**Der Maler- und Lackierermeister** Verlag W. Sachon GmbH + Co., 87714 Mindelheim www.sachon.de
Metallbau	**M & T Metallhandwerk, Fassadentechnik** Charles Coleman Verlag GmbH & Co. KG, 23552 Lübeck www.rudolf-mueller.de
Modellbau	**Modellbauer-Handwerk** Verlag Rüller Werbung, 44137 Dortmund www.modellbauer-handwerk.de
Orthopädie- und Schuhtechnik	**Orthopädie-Technik** Verlag Ortophädie-Technik, 44135 Dortmund
Raumausstatter	**boden wand decke** Hans Holzmann Verlag GmbH & Co KG, 86825 Bad Wörishofen www.boden-wand-decke.de **Raumausstattung-Fachzeitschrift RZ** Winkler Medien Verlag, 80333 München www.raum.de

1. Das hilft Ihnen weiter: Anschriften und Webadressen

Installateur und Heizungsbau	**sbz Sanitär-, Heizungs- und Klimatechnik** Gentner Verlag Stuttgart, 70193 Stuttgart www.shk.de
Schneider	**Rundschau für internationale Damenmode** Rundschau für internationale Herrenmode Rundschau-Verlag Otto G. Königer GmbH, 80802 München
Schornsteinfeger	**zds Schornsteinfeger** Deutscher Schornsteinfeger Verlag, 53840 Troisdorf www.zds-schornsteinfeger.de
Steinmetz	**Steinmetz** Ebner Verlag GmbH & Co. KG, 89073 Ulm www.natursteinonline.de
Tischler	**dds – das magazin für möbel und ausbau** Verlag „Der Deutsche Schreiner", 70190 Stuttgart www.dva.de
	BM Bau- und Möbelschreiner Konradin Verlag Robert Kohlhammer GmbH, 70765 Leinfelden- Echterdingen www.konradin.de
	MASSSTAB Verlag Schreinerservice GmbH des FHK Bayern, 81377 München www.schreiner.de
	EXAKT DRW Verlag Weinbrenner GmbH & Co., 70771 Leinfelden-Echterdingen www.holz-zentralblatt.com
	GENAU Verlagsanstalt Handwerk, 40221 Düsseldorf www.verlagsanstalt-handwerk.de
	HKH Perspektiven Verlagsanstalt Handwerk, 40221 Düsseldorf www.tischler.de/nrw
	Hobel + Span Steffgen Druck und Verlag GmbH, 56070 Koblenz E-Mail: steffgen-koblenz@t-online.de

1.2 Fachpresse

Zimmerer	**holzbaureport** Verlag holzbaureport, 80804 München www.zimmerer-bayern.com
Zweiradmechaniker	**Zweiradinfo** Verlagsanstalt Handwerk GmbH, 40221 Düsseldorf www.verlagsanstalt-handwerk.de

1.3 Fachmessen

Messe	Ort	Termin	Turnus (Jahre)	Webadresse
Handwerksmessen				
IHM – Internationale Handwerksmesse	München	2004 März	1	www.ihm-online.de
mitteldeutsche handwerksmesse	Leipzig	2004 Febr.	1	www.leipziger-messe,de
Haus und Wohnen – Die Meistermesse des Handwerks	Köln	2004 Nov.	2	www.koelnmesse.de
Handwerksmesse Koblenz	Koblenz	2005 April	2	www.messe-am-rhein.de
Branchenmessen				
Bautec, internationale Baufachmesse	Berlin	2004 Febr.	2	www.bautec.com
Bau – int. Fachmesse für Baustoffe, Bausysteme, Bauerneuerung	München	2005 Jan.	2	www.bau-muenchen.de
Bauma – int. Fachmesse für Baumaschinen	München	2004 April	3	www.bauma.de
Baufach – Baufachmesse Leipzig	Leipzig	2005 Okt.	2	www.baifach.de
denkmal – europäische Messe für Denkmalpflege und Stadterneuerung	Leipzig	2004 Okt.	2	www.denkmal-leipzig.de
Deubau – intern. Baufachmesse	Essen	2004 Jan.	2	www.deubau-essen.de
Dach + Wand	Frankfurt am Main	2004 Mai		www.messefrankfurt.com
ISH – int. Leitmesse für Sanitär und Heizung	Frankfurt am Main	2005 März	2	www.ish-frankfurt.de
Light + Building – int. Fachmesse für Licht und Elektrotechnik	Frankfurt am Main	2004	2	www.light-and-building.de

1.3 Fachmessen

EMO – Die Welt der Metallverarbeitung	Hannover	2005 Sept.	4	www.emo-hannover.de
Automechanika	Frankfurt am Main	2004 Sept.	2	www.automechanika.de
Leipziger Messe Auto Mobil International	Leipzig	2005 April	2	www.ami-leipzig.de
LIGNAplus Hannover – Weltmesse für die Holz- und Forstwirtschaft	Hannover	2005 Mai	2	www.messe.de
interzum – Möbelfertigung und Holzbau	Köln	2005 Mai	2	www.koelnmesse.de
fensterbau/frontale	Nürnberg	2004 März	2	www.frontale.de
R + T – int. Fachmesse Rollladen, Tore und Sonnenschutz	Stuttgart	2005 Febr.	2	www.messe-stuttgart.de
iba – int. Fachmesse, Weltmarkt des Backens	Düsseldorf	2003 Okt.	3	www.messe-duesseldorf.de
IFFA – int. Fleischwirtschaftliche Fachmesse	Frankfurt am Main	2004	3	www.iffa.de
Int. Funkausstellung	Berlin	2005 Aug.	2	www.ifa-berlin.de
IDS Int. Dental-Schau	Köln	2005 März	2	www.koelnmesse.de

1.4 Fachorganisationen

Fachorganisation	Webadresse
Zentralverband der Augenoptiker 40210 Düsseldorf	www.zva.de
Zentralverband des Deutschen Bäckerhandwerks 53588 Bad Honnef	www.baeckerhandwerk.de
Zentralverband des deutschen Baugewerbes 10003 Berlin	www.zdb.de
Deutscher Boots- und Schiffsbauer-Verband 20335 Hamburg	www.dbsv.de
Zentralverband des Deutschen Dachdeckerhandwerks – Fachverband Dach-, Wand- und Abdichtungstechnik 50946 Köln	www.dachdecker.de
Verband des deutschen Drechsler- und Holzspielzeugmacherhandwerks 90709 Fürth	www.drechsler.org
Zentralverband der deutschen Elektrohandwerke 60443 Frankfurt am Main	www.zveh.de
Hauptverband Farbe, Gestaltung, Bautenschutz (BIV des dt. Maler- und Lackiererhandwerks) 60388 Frankfurt am Main	www.farbe.de
Deutscher Fleischer-Verband 60596 Frankfurt am Main	www.fleischerhandwerk.de
Bundesinnung für das Flexographen-Handwerk 65187 Wiesbaden	www.bvdm-online.de
Zentralverband des Deutschen Friseurhandwerks 50670 Köln	www.friseurhandwerk.de
Bundesinnungsverband der Galvaniseure, Graveure und Metallbildner 42651 Solingen	www.biv.org
Bundesinnungsverband des Gebäudereiniger- Handwerks 53129 Bonn	www.gebaeudereiniger.de

1.4 Fachorganisationen

Bundesinnungsverband des Glaserhandwerks 65589 Hadamar	www.glaserhandwerk.de
Zentralverband der Deutschen Goldschmiede, Silberschmiede und Juweliere 61452 Königstein/Taunus	www.zv-gold.de
Grafische Verbände im Handwerk 64504 Groß-Gerau	www.handwerk-a-z.de/gross-gerau
Bundesinnung der Hörgeräteakustiker 55006 Mainz	www.biha-mainz.de
Bundesverband des holz- und kunststoffverarbeitenden Handwerks (BIV des Tischlerhandwerks) 65020 Wiesbaden	www.tischler.org
Bundesinnungsverband des Deutschen Kälteanlagenbauerhandwerks 53113 Bonn	www.biv-kaelte.de
Zentralverband Karosserie- und Fahrzeugtechnik 61118 Bad Vilbel	www.zfk.com
Deutscher Konditorenbund 41061 Mönchengladbach	www.konditoren.de
Zentralverband des Kraftfahrzeughandwerks 53040 Bonn	www.kfzgewerbe.de
Bundesinnungsverband des Deutschen Landmaschinenmechaniker-Handwerks 45138 Essen	www.landmaschinen-verband.de
Bundesverband Metall – Vereinigung Deutscher Metallhandwerke 45138 Essen	www.metallhandwerke.de
Bundesinnungsverband des Deutschen Modellbauerhandwerks 44137 Dortmund	www.modellbauer-handwerk
Verband Deutscher Mühlen 53181 Bonn	www.muehlen.org
Bundesinnungsverband für Orthopädie-Schuhtechnik 30459 Hannover	www.BIV-OS.de

1. Das hilft Ihnen weiter: Anschriften und Webadressen

Bundesinnungsverband für Orthopädietechnik 44006 Dortmund	www.ot-forum.de
Bundesverband mittelständischer Privatbrauereien 65555 Limburg	www.oms.de
Zentralverband Raum und Ausstattung 53177 Bonn	www.zvr.de
Bundesverband Rollladen + Sonnenschutz 53177 Bonn	www.bv-rolladen.de
Zentralverband Sanitär Heizung Klima 53757 Sankt Augustin	www.wasserwaermeluft.de
Bundesverband Schneid- Schleiftechnik 85283 Wolnzach	www.linner.com
Bundesverband des Schornsteinfegerhandwerks – Zentralinnungsverband 53757 Sankt Augustin	www.schornsteinfeger-ziv.de
Bundesinnung für das Siebdrucker-Handwerk 65008 Wiesbaden	www.bvdm-online.de
UNITEIS e. V. Verband der italienischen Speiseeishersteller 63500 Seligenstadt	www.uniteis.de
Bundesinnungsverband des Deutschen Steinmetz-, Stein- und Holzbildhauerhandwerks 60439 Frankfurt am Main	www.biv.naturstein-netz.de
Deutscher Textilreinigungs-Verband 53129 Bonn	www.dtv-bonn.de
Zentralverband Werbetechnik 44142 Dortmund	www.werbetechniker.de
Verband Deutscher Zahntechniker-Innungen 63264 Dreieich	www.vdzi.de

Der Autor

Adolf Spaniol, geb. 1940, lebt in Tholey (Saarland). Der Autor kommt aus einer Handwerkerfamilie. Nach dem Abitur praktische Tätigkeit im elterlichen Schreinereibetrieb und Möbeleinzelhandel. Studium an der Rechts- und Wirtschaftswissenschaftlichen Fakultät der Universität des Saarlandes mit Abschluss als Diplom-Kaufmann. Danach in einem Unternehmen der Elektroindustrie in München und in der Steuerberatung tätig.

Von 1967 bis 1974 Geschäftsführer einer Kreishandwerkerschaft mit 20 Innungen in Neunkirchen (Saar). Seit 1974 bei der Handwerkskammer des Saarlandes. Schwerpunkte seiner Tätigkeit in der Handwerksorganisation: In Zusammenarbeit mit Landkreisen und Berufsschulen Aufbau erster überbetrieblicher Schulungseinrichtungen des Handwerks, Beschäftigung mit wirtschafts- und kommunalpolitischen Fragen, Mitglied im Landesplanungsbeirat und im Mittelstandsbeirat bei der saarländischen Landesregierung, Leiter der HWK-Kontaktstelle „Handwerk und Gemeinde", HWK-Genehmigungslotse, Beratungen in Standortfragen. Auf Bundesebene Mitwirkung bei ZDH und WHKT in mehreren Ausschüssen für Wirtschaftsbeobachtung und Statistik sowie für Standortfragen des Handwerks. Dozent in Existenzgründungsseminaren und in Meistervorbereitungslehrgängen sowie Mitglied in mehreren Meisterprüfungsausschüssen.

Stichwortverzeichnis

A
Abfindung 87
Abgabenordnung (AO) 73
Abmahnung 87
Abnahme 95
Abschreibungen 109
Allgemeine Geschäftsbedingungen 91
Änderungskündigung 87
Anfechtbarkeit 91
Anlagedeckung 116
Annuitätendarlehen 182
Arbeitsamt 210
Arbeitslosenversicherung 78
Arbeitsstättenverordnung 170
Arbeitsvertrag 82, 200
Arbeitszeit, flexible 41
Arbeitszeugnisses 44
Aufhebungsvertrag 84
Auftragsablauf 45
Ausbildereignungsprüfung 15
Ausfallbürgschaft 185
Ausnahmebewilligung 152

B
Bauantrag 168
Bauvoranfrage 173
Befähigungsnachweis 152
Behördenwegweiser 209
Beitragsbemessungsgrenze 75
Berufsgenossenschaft 209
Berufsgenossenschaften 80
Beschäftigungsformen 40
Betriebsabrechnungsbogen (BAB) 110
Betriebsführungsaufgaben 31
Betriebsklima 44
Betriebsmittelbedarf 179
Betriebsorganisation 30
Betriebsplanung 169
Betriebsrat 86
Betriebsübernahme 171
Betriebsvermögensvergleich 108
Bilanz 109

Buchführung 107
Bürgschaft 184

C
Cash-flow 189, 192
Controlling 115

D
Deckungsbeitragsrechnung 113
Durchschnittsumsätze 194

E
Eigenkapital 181
Eigenkapitalhilfe (EKH) 183
Eigenkapitalquote 116
Eigenkapitalrentabilität 116
Eigentumsvorbehalt 99, 186
Einkommensteuer 67
Einkunftsarten 68
Einspruch 74
Eintragung 209
Einzelunternehmen 175
Entlohnung 42
Erbschaftsteuer 72
Erfolgsrechnung, kurzfristige 115
ERP-Existenzgründungsdarlehen 183
Ertragswert 172

F
Fachmessen 250
Fachorganisationen 252
Fachpresse 245
Fachschulen 211
Finanzbuchhaltung 107
Finanzierungsgrundsätze 186
Finanzierungshilfen, öffentliche 182
Finanzierungsplan 180
Finanzplanung 49
Firma 59
Firmenwert 172
Fixkosten 114
Franchising 38

Fremdfinanzierung 182
Führungsstil 44

G
Gebrauchsmuster 62
Gemeinde 55
Gerichte, ordentliche 56
Gerichtsbarkeiten 56
Gerichtsstand 104
Geschäftsfähigkeit 90
Gesellschaft bürgerlichen Rechts 176, 196
Gesellschaft mit beschränkter Haftung (GmbH) 176
Gewährleistung 94, 97, 100
Gewerbe, handwerksähnlich 160
Gewerbeanzeige 209
Gewerbeordnung 57
Gewerbesteuer 66
Gewinn 110, 113
Gewinn- und Verlustrechnung 109
Gewinneinkünfte 68
Gewinnermittlungsmethoden 108
Girokonto 52
Grundschuld 185

H
Handelsgesetzbuches (HGB) 58
Handelsrecht 58
Handelsregister 58, 210
Handelsspanne 114
Handwerk 25, 60
Handwerk, verwandte 152, 158
Handwerksberufe 154
Handwerkskammer 28
Handwerkskammern, Adressen 232
Handwerkskarte 61
Handwerksordnung (HwO) 60
Handwerksrolle 152, 209
Hausbank 186
Hebesatz 66
Hilfsbetrieb 155
Hochschulzugang 154

Hypothek 185

I
Illiquidität 50, 105
Innung 29
Insolvenzgeld 79
Insolvenzverfahren 105
Investitionsplan 179

J
Jahresabschluss 108

K
Kalkulationsmethode 111
Kapazitätsauslastung 113
Kapazitätsplanung 46
Kapitalbedarf 179
Kapitaldienst 182
Kapitaldienstgrenze 187
Kartellgesetz 57
Kaufvertrag 99
Kennzahlen 116
Klage 74
Kommunikationspolitik 36
Konditionenpolitik 36
Kontokorrentkredit 53
Körperschaftsteuer 72
Kostenrechnung 110
Kostenvoranschläge 94
Krankenversicherung 76
Kreditkarte 53
Kreditlinie 51
Kreditsicherheiten 184
Kreishandwerkerschaft 30
Kundendienst 35
Kündigung 84
Kündigungsfrist 84, 102
Kündigungsschutz 86
Kündigungsschutzklage 87

L
Ladenschlussgesetz 61

Leasing 103
Leiharbeit 42
Leistungslohn 43
Leistungsverzug 97
Lieferantenkredit 53
Liquiditätsplanung 49
Lohnfortzahlung 83
Lohnintensität 116
Lohnsteuer 71

M
Mahnverfahren 104
Mängelansprüche 95
Mängelbeseitigung 97
Marketing 33
Marketinginstrumente 34
Markt 22
Marktanalyse 33
Marktwirtschaft 22
Marktwirtschaft, soziale 23
Materialintensität 116
Mehrwertsteuer 64
Meister-BaföG 17
Meisterbrief 14, 152, 154
Meisterpreis 20
Meisterprüfung 11, 152
Meisterschulen 16, 211, 232
Meistervorbereitung 15
Mietvertrag 101
Mindestgewinn 189, 192
Mindestumsatz 190
Mitarbeiterführung 43
Mittelstandspolitik 24
Mutterschutzgesetz 88

N
Nacherfüllung 97, 100
Nebenbetrieb 155
Nichtigkeit 90
Nutzungsänderung 168

P
Pacht 102
Patent 62
Personalbeurteilung 44
Personalplanung 39
Pflegeversicherung 77
Preispolitik 36
Prinzip, ökonomisches 22
Privatversicherung 81
Produktivität 116
Produktpolitik 34
Prokura 59

Q
QM-Systeme 47

R
Rechnungswesen 107
Rechtsfähigkeit 90
Rechtsform 175
Rechtsordnung 55
Rentenversicherung 77
Revision 74
Richtwerte 194
Rohgewinn 114, 190, 192, 194

S
Schenkungsteuer 72
Schwerbehindertengesetz 88
Selbstfinanzierung 182
Selbstverwaltung 28
Sicherungsübereignung 99, 186
Sonderausgaben 69
Sortimentspolitik 34
Sozialprodukt 24
Sozialversicherung 75
Standortwahl 166
Stellenanzeige 45
Steuern 62
Steuerverfahren 73
Stundenverrechnungssatz 112
Substanzwert 172

Stichwortverzeichnis

T
Tarifverträge 85
Teilzeitbeschäftigung 41

U
Überschuldung 105
Überschusseinkünfte 68
Umnutzung 173
Umsatz- und Ertragsvorschau 189
Umsatzrentabilität 116
Umsatzsteuer 64
Umwelt- und Immissionsschutz 170
Unfallversicherung 80
Untere Bauaufsichtsbehörde (UBA) 209
Unternehmenskonzept 165
Unternehmenswert 172
Urlaub 83
UWG 57

V
Verdingungsordnung für Bauleistungen (VOB) 96
Vergütung 94
Verjährung 98
Verjährungsfristen 101
Versicherungen 75
Vertrag 89
Vertriebspolitik 38
Verzugszinsen 98
Vollstreckungsverfahren 105

W
Werbepolitik 36
Werbungskosten 69
Werkvertrag 93, 203
Winterausfallgeld 79
Wirtschaftspolitik 23

Z
Zahlungsverkehr 52
Zahlungsverzug 98
Zeitlohn 42
Zentralverband des Deutschen Handwerks 30
Zertifizierung 47